qb

Quanto basta. Microstorie di design / Just enough. Design microstories

FORMA

Forma Edizioni Srl
Firenze, Italia
redazione@formaedizioni.it
www.formaedizioni.it

Direzione editoriale / Editorial director
Laura Andreini

Redazione / Editorial staff
Maria Giulia Caliri
Monica Giannini
Giulia Turini

Progetto grafico e impaginazione / Graphic design and layout
Nilo Australi

Traduzioni / Translations
Katherine Fay

Fotolitografia / Photolitography
Forma Edizioni

Testi / Texts
© Gli autori

Materiale iconografico / Iconography
© Carlo Vannicola

ISBN 9 788855 211581

Indice

4 **Premessa**
Carlo Vannicola

8 **Una vita per il design**
Marco Casamonti

12 **Tra il descrivere e il presentare (il design)**
Vincenzo Cristallo

20 **Pensieri, parole, progetto**
Carlo Vannicola

28 **Editoriali**
Carlo Vannicola

Table of contents

6 Preface
Carlo Vannicola

10 Living for design
Marco Casamonti

16 Between description and presentation (design)
Vincenzo Cristallo

24 Thoughts, words, a project
Carlo Vannicola

28 Editorials
Carlo Vannicola

Premessa

Raccogliere in questo volume i redazionali introduttivi scritti in un lasso di tempo di sette anni, come anticipazioni editoriali di un resoconto tipologico e tecnologico degli oggetti legati al settore del bagno per la rivista “Area”, è la dimostrazione di come le attività di pensiero, minime e costanti nel tempo si possono cumulare come tessere della pratica del fare ricerca.

La successione temporale delle micro-narrazioni o microstorie, inserite in questo volume, evidenzia che esse sono riflessioni indivisibili che costituiscono un approccio del modo di immaginare e pensare lo sviluppo degli stimoli legati alla creatività di progetto.

Fare progetto equivale a sommare esperienze dirette e indirette, in un accumulo di informazioni che all'occasione si condensano in pensieri e parole, verbali o scritte, che rappresentano anticipazioni più o meno delineate delle successive fasi di sviluppo progettuale. Al peso dei pensieri, definibili tecnicamente come porzioni di onde elettriche all'interno delle attività cerebrali, si aggiunge quello delle frasi scritte, più facili da quantificare come somma di caratteri che ne delimitano la consistenza. Le parole scritte hanno permesso di trasmettere e conservare la pratica del racconto, della trasmissione verbale della storia, con le conseguenti evoluzioni, deformazioni, esaltazioni, personalizzazioni, che costituiscono una entità viva, dinamica, plasmabile alle esigenze del momento. Storie originali o reiterate, usate come mezzo per condensare esperienze e costituire memoria di esse. In molti casi ai racconti, per essere più incisivi, si aggiungono segni e immagini che ne rappresentano e semplificano la sostanza e stimolano la memoria visiva. Per chi ascolta o legge, essi si trasformano in messaggi condensanti o dilatanti il pensiero principale. Gli ideogrammi complessi, a corredo delle microstorie qui raccolte, sono esplicite necessità di generare ulteriori riflessioni e stimoli a chi assiste, in questo caso leggendo, all'esecuzione del pensiero. Nella formazione del designer la lettura o citazione del “reale”, equivale a ricercare gli stimoli originanti l’azione progettuale. Il fine è di trasferire le sollecitazioni ricevute in una evolutiva o innovativa ipotesi progettuale da validare con ulteriori approfondimenti teorici e pratici. In questo caso l’azione generante tali racconti è stata una precisa richiesta editoriale, definita da un sintetico sostantivo, identificativo della selezione di prodotti raccolti nelle pagine a seguire. Al tempo del *tweet*, evidenziare il valore del breve come gesto estremo di condensazione di pensiero è superfluo, eppure in un’era in cui il peso della descrizione della ricerca è spesso legato alla sua consistenza più che ai contenuti (come se un film di quattro ore è per principio più credibile, bello e incisivo di uno breve), è indispensabile evidenziare che condensare, sintetizzare, fin dall’antichità classica è sempre stato valorizzato come gesto di autorevolezza scientifica, aspetto che nei nostri tempi sembra aver perso d’importanza. Al di là di questa considerazione è tuttavia indispensabile mettere in evidenza che la pratica del “cinguettare” non è esaltazione del breve ma del “continuo intermittente”.

Momenti di interazione e di condivisione come emblema di una comunità che dialoga e che lascia spazio, tra un pensiero e un altro, alle considerazioni altrui.

Preface

In this volume, we have collected the introductory texts written by editors over a period of seven years, as their previews of a typological and technological discourse around objects connected with bath design, written for the periodical *Area*. We wanted to demonstrate how the business of thinking, in small and constant ways over a period of time, can accumulate like the tiles of a mosaic, forming the complete picture of a vast research project.

The temporal sequence of miniature narratives, or microstories, included in this volume, is illustrative of an indivisible process of reflection that is an approach to the way of imagining and thinking about the evolution of the stimuli linked to creativity.

Designing a project means expressing the sum total of direct and indirect experiences in a cumulus of information that, for the occasion, is condensed into thoughts and words, written or spoken, that outline – more or less sharply – the succeeding stages of the project's development. To the weight of the thoughts, technically definable as portions of electrical waves in cerebral activity, we add that of the written words, which can more easily be quantified as the sum of the characters that form them. The written words serve both to convey and to preserve the reality of the narrative, its verbal transmission, with the consequent developments, alterations, exaltations and adaptations that make it a living, dynamic thing, suited to the demands of the time. The stories may be original or reiterations, used as a means to condense experiences and memorialize them. In many cases, to make them more effective, the stories have been embellished with symbols and images that represent and simplify their essence and stimulate our visual memory. For those who read or listen to them, the stories become messages, condensing or expanding on the underlying thought process. The more complex ideograms accompanying the microstories collected here, are necessary precisely to generate further reflection. Ideally, they will stimulate those who hear or, in this case, read them, to give execution to those thought processes. In the training of every designer, reading or hearing about "real" situations is equivalent to seeking the original stimulus for the design activity. The purpose is to transfer the stimuli received into an evolutionary or innovative theoretical project to be validated with further theoretical or practical study. In this case, the action generating these stories was a precise editorial request, determined by a substantive idea, triggered by the selection of products collected in the subsequent pages. In the age of the tweet, emphasizing the value of brevity as an extreme gesture of the condensation of thought is superfluous, and yet in an era in which the weight of the description of research is often linked to its consistency more than to its content (as if a 4-hour movie were, as such, more credible, interesting and beautiful than a short one), it is essential to point out that the ability to condense and synthetize, has been admired since classical antiquity, as evidence of scientific authoritativeness, an aspect that seems to have lost importance in our time. Aside from this consideration, is it nonetheless essential to point out that the practice of "tweeting" is not so much an exaltation of brevity but of "intermittent continuity".

Moments of interaction and sharing as emblems of a community that communicates, and that leaves room, between one thought an another, for the considerations of others.

Una vita per il design

Per ogni ricercatore e studioso il momento della raccolta delle idee, della catalogazione e del riordino dei propri interessi, coincide con la pubblicazione di un volume che raccoglie anni di lavoro, di impegno, di progetti; in fondo è facile riconoscere in ogni libro una sorta di autoritratto testuale scritto e "disegnato" per osservare e ri-leggere, in modo organizzato, il proprio pensiero. Ma oltre il desiderio personale va considerato che il sapere se non reso trasmissibile e conosciuto rimane un esercizio fine a se stesso poiché, se non condivisa, ogni teoria resta racchiusa nell'alveo delle congetture individuali, incapace di alimentare riflessioni, dibattiti, approfondimenti.

Ecco, il libro di Carlo Vannicola va letto in questa duplice accezione: un'occasione per fare il punto su una vita dedicata a una disciplina, quella del design, che ha segnato ogni fase della sua esistenza, familiare oltre che professionale, con l'opportunità di offrire a ogni cultore della materia spunti di riflessione su cosa significhi progettare per l'industria in un mondo popolato da oggetti utili per l'abitare.

Senza scadere nel racconto nostalgico vale la pena ricordare, come nota introduttiva al testo, che Carlo è stato per anni, ed è ancora oggi, uno dei consulenti per il design di "Area" – rivista di architettura e arti del progetto – per la quale ha scritto e scrive con appassionata dedizione e capacità critica.

E ricordo che sono state numerose, specialmente in avvio di costruzione della testata e della sua linea editoriale, le occasioni di discussione e confronto che rammento con rinnovato interesse poiché ne apprezzavo una capacità trasversale di analisi in cui riconoscevo qualcosa che mi apparteneva culturalmente.

Inoltre abbiamo frequentato per lungo tempo le stesse aule universitarie dove insegnavamo la stessa materia, la progettazione, ma a scala diversa: per me l'edificio, la città, il territorio, per Carlo gli strumenti e gli oggetti della quotidianità domestica. Tuttavia, come dimostra questo piccolo volume, c'è un filo conduttore che attraversa il suo personale percorso di ricerca ed è la capacità di spaziare da un argomento all'altro, in una sorta di "Umanesimo" adottivo - Carlo ha vissuto a lungo a Firenze ma è convintamente marchigiano - che gli permette di essere acuto e originale nell'affrontare tutto ciò che attraversa il mondo del design che, in definitiva, attraversa ogni momento della nostra esistenza in quanto sempre circondati e immersi in contesti in cui di casuale e di non progettato non rimane quasi niente. La sorpresa, per me, giunge semmai dagli schizzi che accompagnano alcuni testi poiché se molti dei suoi articoli erano già noti al sottoscritto, il suo modo sintetico di disegnare o ideogrammare si è rilevata una piacevole scoperta che mi accingo, come ogni lettore, a decifrare.

Living for design

For every researcher and scholar there comes a time to organize, catalog and evaluate the material gathered, which usually coincides with the publication of a volume representing years of work, intense study and numerous projects. Though we may recognize in every book a sort of self-portrait in words, written and "designed" to observe and re-read, in an organized manner, one's own thoughts. But beyond the personal desire, it is important to remember that knowledge not communicated, not rendered transmissible and conveyed to others, remains a mere personal exercise of no further value since, if it is not shared, every theory remains enclosed in its shell of personal conjecture, unable to stimulate reflection, discussion, further examination.

This book by Carlo Vannicola can be read and appreciated in the dual vest outlined, as the opportunity to summarize a life devoted to a discipline – design – which has marked every stage of the writer's existence, personal as well as professional, and as the occasion for every individual interested in the subject to reflect on the ideas shared through the writing and on the significance of designing for industry in a world populated by objects used for living.

Without descending to the level of nostalgic romanticism, it is worth noting how the introduction to the texts points out that Carlo was for many years, and still is, one of the design consultants of *Area* – the periodical devoted to architecture and the design arts – for which he has written and writes with passionate devotion and critical acuity.

And we should also remember the many occasions of discussion and debate, especially in the early years of construction of the magazine and its editorial line. I recall how interesting it was for me at the time, because I was conscious of his ability to analyze the field across the board, and I recognized something that I felt to be part of my own culture.

We also met frequently in university classrooms, where we taught the same subject, design, but on different scales. In my case it was the building, the city, the region, for Carlo the elements and objects of everyday domesticity. However, as this small volume demonstrates, there is a theme that runs through his personal process of research and the ability to range from one topic to another in a sort of adoptive "Humanism" - Carlo lived for many years in Florence but his origins lie firmly in the Marche Region. He was able to be perceptive and original in dealing with all that passed through the world of design and, in the long run, through every moment of our existence insofar as we are always surrounded and immersed in contexts in which almost nothing is random and not programmed. The surprise, such as there is, comes to me through the sketches that accompany some of the texts, because though many of his articles were already familiar to me, his summary mode of drawing or ideogramming was a delightful discovery that I will enjoy, as thoroughly as every other reader, trying to decipher.

Tra il descrivere e il presentare (il design)

Qual è in genere il ruolo di una introduzione? Riassumere gli argomenti presenti in un testo tratteggiando gli obiettivi veri o presunti dell'autore. Per questo motivo rappresenta una sorta di guida per il lettore, per condurlo nella struttura narrativa dell'opera. Il compito appare piuttosto agevole in questo caso poiché è facile dichiarare che il volume in questione riunisce quanto Carlo Vannicola ha scritto da gennaio 2015 a dicembre 2022, su richiesta della rivista "Area" – per raccontare l'ambiente bagno attraverso i soggetti e gli oggetti che comunemente vi appartengono nel quadro naturale di ciò che è ancora accolto nella definizione di *industrial design*. Riepilogare, inoltre, è un esercizio utile poiché richiede ordine nel convincimento che ciò che è catalogato trattiene la memoria, notoriamente una "materia" fragile che rischia sempre di deteriorarsi. Tuttavia, questa raccolta, per quanto semplice possa apparire, ricompone uno spazio critico per un personale dibattito disciplinare. Nondimeno scaturisce un versatile confronto alimentato da argomenti sviluppati nell'alveo della cultura dell'abitare filtrata da quella del design. Quale la peculiarità in questo caso? Probabilmente quella di osservare il valore antropologico delle "cose" per afferrarne, poi, la "percentuale" retorica che ti fa accedere per altre strade alla complessità della casa. Vale a dire entrare nelle relazioni subliminali che accompagnano da sempre l'emergere di un bisogno e la sua "soluzione" in termini di forma-funzione. L'habitat bagno, e tutto quanto vi accade in termini di "prodotti industriali", o quasi, diventa metafora della domesticità, del benessere, del servizio alla persona e, per altri versi, brevi racconti intorno alla storiografia del design. Per queste ragioni non appare insolito, solo per ricordarne alcuni, incontrare Wassily Kandinsky, Antoni Gaudí, Henry van de Velde, Mies van der Rohe, Franco Albini, Michelangelo Buonarroti, Charlie Chaplin, Giovanni Klaus Koenig, Claes Oldenburg, Marcel Duchamp, Bruno Munari, Corradino D'Ascanio, Ettore

Sottsass, Lapo Binazzi, Alchimia, Memphis, i Radical.

Il tutto si ricostruisce nell'orditura di micro storie dove il principio del minimo ci rammenta che fare sintesi, qualunque sia la ragione, è sempre una attività laboriosa. Inoltre, riunire lo "stretto necessario" è una prova di stile oltre che comunicativa. A questa prova di scrittura Vannicola affianca il racconto parallelo delle illustrazioni che si abbinano visivamente ai testi. Una specie di contrappeso grafico che, a seconda dei casi, estende emblematicamente i contenuti oppure li trasferisce su un astratto piano allegorico. Ma nei disegni c'è qualcosa di più. L'ombra buona di Alessandro Mendini le cui assonanze con il linguaggio dei segni trasferiscono ai testi l'alone delle sue grammatiche pop e postmoderne. Ma di Mendini è anche la lezione rivolta all'osmosi sensibile tra ricerca artistica e ricerca progettuale, tale da dare alle "cose", contemporaneamente, una lunghezza ideologica e una pragmatica.[1] Con questa dote è entrato appieno nella formazione di Vannicola, divenendo un maestro putativo inevitabile che, con la sua vocazione a indagare parallelamente forme e parole, ha contribuito a dare una diversa profondità al design italiano. Una lezione anche per comprendere le dense ambiguità che il design, come una calamita, richiama al suo interno subendone un ricorrente cambiamento epidermico. Ed è proprio questa natura trasfigurata, che questa piccola antologia in una piccola misura ci ripropone, a rendere il design uno dei totem più dominanti l'instabile scena del culto della contemporaneità del progetto.

L'itinerario critico che si dipana in tutti i 48 articoli percorre l'ambiente bagno attraverso diverse e intrecciate chiavi di lettura. Vi sono esplorazioni concettuali, efficientiste, produttive e materiche che attraversano abilmente il tema del benessere mettendo in luce la stretta complementarità che il *bathroom* ha ormai con la nozione di *wellness*. Prima ancora di declinarsi nel merito di un complesso sistema fatto di ambienti, oggetti e ritualità, questa combinazione manifesta la retorica della "cura di sé" che da tempo ha superato la sola dimensione corporale.

1. Alessandro Mendini ha curato nel 2010, presso la Triennale di Milano, una importante mostra dal titolo "Quali cose siamo".

Non a caso non è possibile immaginare il benessere senza la cultura del benessere, così come non è possibile concepire luoghi dove rinfrancarsi nel corpo senza chiamare in campo i sensi, coinvolgendo quindi anche la psiche. Pulire, detergere, depurare la persona equivale in tal caso a ricercare un'energia nuova attraverso pratiche e liturgie che rivitalizzano fisico e intelletto, simmetricamente. L'insieme di queste attività trova nella naturalità dell'acqua, per quanto possa apparire superfluo asserirlo, una sostanza fisica e metafisica che riesce a conformare prodotti, azioni, riti e spazi.

Avviandomi alle conclusioni devo rammentare che conosco Carlo Vannicola da circa 20 anni e questa circostanza deforma la mia lente. Comunque sia, si tratta di un periodo lungo per poter osservare il suo percorso nel territorio esteso del design. Poter esaminare anche il modo in cui procede nella sua esclusiva combinazione che bilancia il suo essere intimamente un progettista, consapevolmente un ricercatore e suo malgrado un divulgatore. Tappa capitale di questo incontro è stata un testo che scrissi nel 2009 [2] sul suo lavoro di designer condotto con la compagna di sempre, Paola Palma. Da allora a oggi trapela similmente il suo essere un uomo inquieto che ha un rapporto controverso con il dare fattezze agli oggetti e alla scrittura. Sa per esperienza quanto sia faticoso usare i termini giusti per esporre gli artefatti. A questo traguardo egli arriva con una redazione problematica, ritmata, all'interno di una riflessione costantemente aperta alle domande che provengono da appassionate rifrazioni intellettuali. Ripercorre altresì, incidentalmente, la sua formazione, riesamina e aggiorna le sue fonti. Prova a fare dei conti.

In un interessante saggio del 2015, Elena Dellapiana e Anna Siekiera [3] si interrogavano "su come scrive il design" a partire dalla domanda se esista una "lingua del design" resa tale dai suoi artefici, presenti nelle aree del progetto e della critica.

2. V. Cristallo, ***Il senso della misura. Paola Palma e Carlo Vannicola, 20 anni di design***, Pigreco Systems, Roma-Genova 2009, pp. 1-143.
3. E. Dellapiana, A. Siekiera, ***Come scrivono i designer: note di letture comparate per una linguistica disciplinare***, in "AIS/Design", rivista degli storici del design, 2015, n. 6, pp. 1-32.

Ravvisare, insomma, se vi siano tipiche forme linguistico-espressive esito dei mutamenti intrinseci alla disciplina. È utile leggere come cambi la prosa tra scrivere per i giornali e le riviste. Ovvero tra stilare testi per il "consumo" degli oggetti di arredo oppure redigere contenuti per i magazine di settore, lo "stile" passa dalla presentazione alla descrizione. In particolare, nel secondo modello, ci dicono le autrici, gli oggetti narrati sono "soggetti grammaticali" e il designer si materializza attraverso le proprie opere e prodotti. Vannicola ragionevolmente sta nel mezzo, per scelta immagino, nella persuasione che le parole fanno e disfano le cose e vanno per questo motivo con parsimonia sprecate.

Between description and presentation (design)

Generally speaking, what is the purpose of an introduction? To outline the topics presented in a text and indicate the real or presumable objectives of the author. In this respect, it is a sort of guide for the readers, to lead them into the narrative structure of the work. The task appears facilitated in this case, as it is a simple matter to say that the volume that concerns us contains what Carlo Vannicola wrote from January 2015 to December 2022, at the request of the periodical *Area* – to describe the bath environment through the subjects and objects that commonly pertain to it in the natural framework of what is still considered to be the definition of *industrial design*. It is, moreover, a useful exercise as it requires order, in the conviction that what is cataloged should remain in our memory, which is known to be a fragile "element" at constant risk of deterioration. However, this collection, simple as it might seem, reframes a critical space for a personal disciplinary discussion. It also triggers a versatile comparison fed by topics developed in the cultural realm of living, filtered through that of design. What is the peculiarity in this case? Probably the fact of observing the anthropological value of "things" in order to then take hold of the rhetorical "percentage" that allows us to access the complexity of the home by other routes. It is a way, in other words, of entering into the subliminal relationships that have always accompanied the emergence of a need and its "solution" in terms of form-function. The bath habitat, and everything that happens there in terms of "industrial products", or almost, becomes a metaphor of domesticity, of wellbeing, of personal service and, in other ways, a brief narrative around the historiography of design. For these reasons, it should not surprise us to encounter – just to mention a few – people like Wassily Kandinsky, Antoni Gaudí, Henry van de Velde, Mies van der Rohe, Franco Albini, Michelangelo Buonarroti, Charlie Chaplin, Giovanni Klaus Koenig, Claes Oldenburg, Marcel Duchamp, Bruno Munari, Corradino D'Ascanio, Ettore Sottsass,

Lapo Binazzi, Alchimia, Memphis, the Radicals.

It all comes together in a shimmering pattern of micro histories, where the principle of minimalism reminds us that synthesis, whatever the reason, is always laborious. Moreover, bringing together the "minimum essential" is a test of style as well as of message. To this test of writing, Vannicola adds the parallel story of the illustrations paired visually with the texts. It creates a sort of graphic counterweight that, depending on the case, emblematically extends the content or transfers it to an abstract, allegorical plane. But in the drawings, there is something more. The good shade of Alessandro Mendini, whose inferences of sign language give his texts the aura of a pop and postmodern grammar. But in Mendini, the lesson also focuses on the sensitive osmosis between artistic research and project design, to the point of attributing to "things", an ideological and pragmatic dimension at the same time [1]. Vannicola's training benefited in full from this gift, giving him an inevitable claim to mastery that, with his natural tendency to explore simultaneously shapes and words, has contributed to give a different depth to Italian design. It is also a lesson in understanding the dense ambiguity that design, like a magnet, draws into itself, undergoing a recurrent epidermic change because of it. And it is in just this transfigured nature, that this little anthology in some small measure presents itself to us, to make design one of the most dominant totems on the unstable scene of the cult of the contemporary project.

The critical itinerary that is laid out in the 48 articles explores the bathroom through diverse and interwoven interpretations. There are conceptual discussions, debates on efficiency, productivity and texture, which cover the subject of wellbeing with great skill, highlighting the close relationship that the bathroom has acquired in our time with the idea of "wellness". Even before going into the merits of a complex system of rooms, objects, rituals, this combination expressed the rhetoric of the "take care of yourself" that has lately come to involve much more than the mere corporal dimension. It is no

1. In 2010, Alessandro Mendini curated an important exhibition at the Milan Triennale, entitled *Quali cose siamo* [What We Are].

coincidence that we are unable to imagine wellbeing without the culture of wellbeing, just as we cannot conceive of bodily refreshment without bringing the senses into play, also involving the psyche. To cleanse, wash, purify the body is equivalent in this case to the search for new energy through practices and liturgies that revitalize the individual symmetrically, both physically and intellectually. The totality of these activities finds in the natural quality of water, though it might appear superfluous to say so, a physical and metaphysical substance that is able to take the form of products, actions, rites and spaces.

Before I conclude this introduction, I should say that I have known Carlo Vannicola for about 20 years and this acquaintance tends to distort my vision. However, it is a long enough time to have been able to observe his progress through the vast territory of design. Having been able to see how he proceeds in the exclusive balance that he manages between his innate character as a project designer and his curiosity for research and the need to be a teacher in spite of himself. The starting point of this meeting was a text I wrote in 2009 [2] about his work as a designer in partnership with his constant companion in life and work, Paola Palma. Since then and even now I am aware of his restless, inquiring mind and the difficulty it creates for him in pinning his ideas down and turning them into objects and words. He knows from experience how hard it is to find the right words to describe artifacts. He gets to the finish line with difficult editing according to an internal rhythm, a constant reflection open to the issues that spring from his passionate intellectual refractions. Going back over his training, incidentally, he reviews and updates his sources. He tries to come to an accounting.

In an interesting essay written in 2015, Elena Dellapiana and Anna Siekiera [3] questioned one other on "how to write about design" starting from the issue of whether there is a "language of design" validated by its artifices, present in the areas of the

2. V. Cristallo, *Il senso della misura. Paola Palma e Carlo Vannicola, 20 anni di design*, Pigreco Systems, Rome-Genoa 2009, pp. 1-143.
3. E. Dellapiana, A. Siekiera, *Come scrivono i designer: note di letture comparate per una linguistica disciplinare*, in "AIS/Design", the magazine of the history of design, 2015, no. 6, pp. 1-32.

project and criticism. They wonder, in short, if there are typical linguistic and expressive forms that are the direct outcome of the adaptations intrinsic to the discipline. It is interesting to read how the prose changes between writing for newspapers and magazines. Or between writing texts for the "consumption" of furnishing objects or rather drafting content for the specialized press, about "style" going from the presentation to the description. In particular, in the latter case, the authors tell us, the objects narrated are "grammatical subjects" and the designer manifests himself through his works and products. Vannicola, reasonably, manages to straddle the middle ground, by choice, I suppose, in the persuasion that words can make or break things and should therefore me spent parsimoniously.

Pensieri, parole, progetto

L'esperienza è materia e simultaneamente strumento alla base di qualsiasi decisione utile allo sviluppo di un percorso progettuale. Le conoscenze necessarie al fare progetto si formano in qualsiasi età tramite esperienza diretta e indiretta. Quella diretta è la parte che si avvale delle nozioni accumulate tramite lo sviluppo di azioni e progetti reali, sviluppati singolarmente, in gruppo o a contatto con esperti e maestri. Figure, queste ultime, in grado di trasmettere pratiche, informazioni e metodi idonei a reiterare il risultato delle azioni. L'esperienza indiretta, che si avvale di quella diretta come base, si accumula tramite la propria capacità di analizzare le cose, di leggere progetto negli eventi e oggetti della quotidianità.

È evidente che lo stimolo ai successivi approfondimenti è generato da una distinta e pur minima conoscenza, senza cui non potrebbe scaturire nessuna interazione di pensiero. In tal senso, nella formazione del designer, lo studio individuale, la lettura di testi, le visite a musei, eventi o ambienti tematici, luoghi di produzione e vendita, rappresentano tasselli di una pratica in grado di formare cognizioni di base utili all'apprendimento indiretto. L'analisi di specifici casi studio dai quali, di volta in volta, si possono percepire aspetti: storici, tecnologici, antropologici, psicologici, formali, etc., è in grado di formare e trasmettere soluzioni da un caso reale ad uno progettuale. Ad esempio, per scrivere è necessario conoscere i singoli termini, locuzioni, avverbi e verbi, cui segue l'abilità di saperli intrecciare in frasi che abbiano un senso per chi utilizza lo stesso metodo di organizzarle. Un'azione implementale permessa sia dall'esperienza formata dalla lettura, sia dallo sviluppo della propria attività di scrittura.

Stimolati dalla nostra esperienza pregressa, accumulare capacità di scambio con i fatti che ci circondano, è un'azione di pensiero spesso definita con il termine "curiosità", un desiderio più o meno abituale di attrazione e ricerca di risposte che nasce per vie e motivi del tutto personali. L'ambiente che ci circonda genera curiosità e tanto più esso è intriso di cose, tanto più crea stimoli specifici. Il pensiero nella persona adulta si materializza tramite le parole e più la capacità di utilizzarle è evoluta, più essi si trasmettono in forma chiara e incisiva. Le parole sono materia per il nostro modo di condividere con altri le nostre immaginazioni, scrivere è quindi, per proprietà transitiva, un limpido modo di fare progetto. Condensare idee di prodotto utilizzando rappresentazioni grafiche, equivale a farlo tramite immagini, schemi e disegni che sono, come le frasi, ugualmente interpretabili. Io leggo o vedo quello che comprendo e la visione è gestita dalla capacità di riconoscere forme, colori, materiali, connessi ai modi d'uso. Che questa pratica sia innata è difficile da obiettare, ma che la si specializza tramite conoscenze acquisite nell'ambiente, è ugualmente reale, se è vero che gli abitanti dell'Amazzonia riescono a riconoscere e definire un numero di tonalità di verdi molto superiore a quello di qualsiasi altro abitante della terra. Tornando alla necessità di generare esperienza diretta e indiretta, possiamo quindi affermare che la curiosità in mancanza di accumulo di conoscenze dirette e indirette non avrebbe nessun senso pratico. Leggere progetto, quindi, è sinonimo di capacità di condensare conoscenze intorno a uno specifico problema, ovvero, definirne domande e darne una delle possibili risposte. La soluzione al problema, inteso come origine, sia delle intuizioni, sia di specifiche richieste di sopperire a bisogni di un singolo o di un gruppo, non è univoca, ammette molte ipotesi più o meno attuabili con metodi e strumenti appartenenti alla sfera sociale e tecnologica del momento. Risolvere il problema seguendo strade più o meno complesse, più o meno percorse, è parte del carattere progettuale, pacato o irruento, normale o trasgressivo, evolutivo o innovativo. L'abilità di scomporre il problema in aspetti salienti, è sinonimo di capacità di analisi selettiva che può essere generata solo tramite puntuali conoscenze o acquisizione di esse. Non posso ipotizzare un diverso modo di utilizzare un materiale se non ho informazioni di base sulla sua composizione e sulle attuali tecnologie che ne permettono la trasformazione. Nello stesso senso, non posso generare letture indotte nell'uso di un oggetto se non ho ben chiaro il processo mentale che un possibile utilizzatore è in grado di operare in quello specifico ambiente di riferimento. Usare una ripresa in bianco e nero per trasferire mentalmente lo spettatore in un tempo lontano, equivale a immaginare che per esso l'uso di quelle riprese era tipico di quel determinato periodo. Virare le immagini in ciano, consiste nell'ipotesi di ipotizzare che lo spettatore è in grado di leggere la trasposizione temporale e la sua alterazione. Tanto l'azione di memoria ipotizzata si allontana dal suo momento d'uso originario, tanto questa lettura potrà essere applicata per gruppi ridotti di utenti fino a essere comprensibile solo per alcuni specialisti di quella particolare tipologia d'azione e porzione di storia.

Ad esempio, che il sedile *Mezzadro* dei Castiglioni, è tra i primi esempi di trasmissione di memoria d'uso, è chiaro solo a chi è in grado di collegare il sedile ai trattori che lo impiegavano e che essi avevano il compito di assorbire le vibrazioni date dal percorrere un terreno sconnesso, aspetto ripercorso nello sgabello con l'elasticità della sua fascia di sostegno. Stessa valutazione è applicabile allo sgabello *Sella*, in cui la mezza sfera di base riproduce il senso di squilibrio generato dallo stare su di una bicicletta. Detto ciò quello che generalmente viene messo in evidenza è che i due sgabelli sono esempi di ready made, limitandone ingiustamente il loro vero valore progettuale. Passare, in tal senso, da un messaggio indotto a uno dedotto è corrispondente alla capacità di lettura dell'osservatore. Il messaggio o carattere del progetto, il senso di appagamento o di sorpresa che con esso si è in grado di operare, è uno dei fattori che un progettista deve poter utilizzare. Un oggetto privo di originalità, di distinzione, che appaia semplice, facile, scontato, percepibile come banale nel suo essere consueto, lo si deve valutare nell'insieme delle molteplici evoluzioni tipologiche avvenute nel tempo. Molto spesso una lenta e costante trasformazione equivale a un processo di sottrazione di tutto quello che nell'oggetto è superfluo e legato a un determinato periodo storico. Il risultato è una fluida immagine d'uso in grado di trasferire in forma corretta il conseguente messaggio al fruitore. Dare carattere a un progetto equivale a introdurre in esso prese di posizioni e variazioni implementali rispetto all'usuale. Nell'arte il carattere dell'opera non è separabile da quello dell'autore, questo è sempre stato vero, tanto che il valore di un quadro, ad esempio, non è in funzione della sua espressività, ma dell'appartenenza a un'epoca, a un genere e autore. Nel campo del prodotto industriale, in cui le fasi progettuali sono ibride, intrise di collaborazioni e trasposizioni, il carattere è rappresentato dall'oggetto stesso, dalla sua capacità di trasmettere qualità, cui si sovrappone il peso del brand che ne certifica le caratteristiche. L'espressività di un progetto è quindi intrisa di valori fisici, aggiunti e sovrapposti, da quelli formali e funzionali, a quelli in grado di amplificare o specializzare la lettura e attrattività verso il fruitore. Da queste considerazioni, si può comprendere quanto le forme verbali e scritte, nella gestione di progetti, nella loro capacità di aprire o chiudere il pensiero, possono influire sul carattere di un'azione legata a un luogo o oggetto. Castiglioni, in questo caso Achille, era solito raccontare che i migliori progetti da lui realizzati, erano quelli che era riuscito a descrivere ai suoi clienti con poche, chiare ed esaustive frasi al telefono. Parole in grado di formalizzare e condividere in modo convincente il prodotto ipotizzato. Spingere a usare anche la forma verbale e scritta come strumento originante un prodotto, segue esattamente questo esempio di processo progettuale.

Thoughts, words, a project

Experience is a material and, at the same time, a tool, contributing to every decision serving toward the development of a design process. The knowledge necessary to develop the project is acquired at any age through direct and indirect experience. Direct experience is the part that builds on data accumulated through the development of real actions and projects, created individually, in a group, or through contact with experts and masters. These latter are able to convey practices, information and methods capable of reiterating the result of actions. Indirect experience, which avails itself of direct experience as the background, is accumulated through the individual's ability to examine and analyze things, to read the design in the outcomes and see the project reasoning underlying everyday objects.

It is clear that the stimulus to subsequent study and deeper probing is generated by a distinct, albeit minimum, knowledge, without which no interaction of thought would be possible. In that sense, in the designer's training, individual study, the reading of texts, visits to museums, exhibitions or showrooms, places of production and sale, are elements of a practice targeted on building basic knowledge useful for indirect learning. It is through the analysis of specific case studies that, little by little, the designer learns about all a field's historical, technological, anthropological, psychological, formal aspects and more. That is the way training works, by teaching us how to look at a real case and determine what is necessary to develop an effective project for it. For example, in order to write about a subject, we need to know the proper vocabulary, the nouns, verbs, and adverbs, and then develop the ability to weave them together into sentences that make sense to a reader using the same method to organize them. It is an implemental action permitted both by the experience gained in reading, and by the development of the direct activity of writing.

Stimulated by our previous experience, developing the ability to interact with the facts around us is an action of thought often defined as "curiosity", a more or less habitual desire for knowledge and search for answers that arises for entirely personal reasons. The environment around us generates curiosity and the more objects it contains, the more specific stimuli it communicates.

The thinking of normal adults is materialized in words and the more evolved their ability is to use them, the more clearly and effectively they will be able to express that thinking. Words are the material whereby we share our ideas with others, and writing is thus, for its transmissive properties, an obvious way in which to present a project. The use of graphic representations, such as pictures, diagrams and drawings to condense our ideas is, like written text, an effective way of interpreting thought. I read or I see something I understand, and my vision is based on my ability to recognize shapes, colors and other materials connected to modes of use. No one would dispute that this process is innate, but it is equally true that specialization implies the acquisition of specific knowledge in the environment. For example, the inhabitants of the Amazon forests are able to recognize many more shades of green that any other inhabitants of the earth.

Returning to the need to generate direct and indirect experience, we can say that curiosity, in the absence of accumulated direct and indirect knowledge would have no practical sense. The ability to read a project, then, is synonymous with the ability to condense knowledge around a specific problem, define questions about it and give possible answers. The solution to the problem, understood as the origin either of intuition or of specific demands to satisfy the needs of an individual or group, is not univocal, there may be many more or less realistic hypotheses, applicable with methods and instruments pertaining to the social and technological level of the times. Resolving a problem along more or less complex pathways, more or less traveled, is part of the character of the project, which may be calm, or agitated, normal or transgressive, evolved or innovative. The ability to break a problem down into its salient aspects is synonymous with the ability of selective analysis that can be generated only through detailed knowledge or its acquisition. I cannot theorize a different way of using a material if I lack basic information about its composition and the current technologies that permit its transformation. Likewise, I cannot generate informed readings on the use of an object if I have no clear picture of the mental process that a possible user is able to apply to that specific environment of reference. Using a film in black and white to transfer the spectator mentally to a distant time is like imagining that, for him, the use of those films was typical of that period. Changing the images to color means believing that the spectator is able to interpret the temporal transposition and its alteration. The more the action of memory theorized differs from its time of original use, the smaller the groups of users to which this reading can be applied, until it will be comprehensible only to a few specialists in that particular type of action and portion of history.

For example, the fact that the *Mezzadro* stool by the Castiglioni brothers is one of the first examples of transitions of memory of use, is clear only to someone who is able to see the link to the seating on tractors which used them and where they served to absorb the vibrations caused by riding over bumpy fields, the feature of the stool being the elasticity of its supporting column. The same can be said of the *Sella* stool, where the hemispherical base reproduces the sense of imbalance generated by riding a bicycle. That said, what is generally emphasized is that the two stools are examples of ready-made design, unfairly limiting their real design value. To pass, in that sense, from an inductive to a deductive message corresponds to the ability of the observer to read it. The message or character of the project, the sense of fulfilment or of surprise that one is able to achieve with it, is one of the factors that a designer must be able to use. An object lacking originality, lacking distinction, that appears simple, facile, that can be taken for granted, perceived as banal in its ordinariness, has to be evaluated in the totality of the many typological developments it has undergone over time. Very often, a slow and constant transformation is the equivalent of a process of subtraction of all that is superfluous in the object, linked to a specific historical period. The result is a fluid image of use able to transfer the consequent message correctly to the user. Giving character to a project means giving it viewpoints and implemental variations with respect to the norm. In art, the character of the work is inseparable from that of the author. This has always been true, to the extent that the value of a painting is not a function of its expressiveness but of its pertinence to an epoch, genre and author. In the field of industrial products, in which the design stages are hybrid, combinations of collaboration and transposition, the character is represented by the object itself, by its ability to transmit quality, which is multiplied by the value of the brand that certifies those characteristics. The expressiveness of a project is thus imbued with physical values, added to and overlaid by formal and functional values, obvious to those able to amplify or specialize their reading and to the user. From these considerations, we can understand how much the verbal and written forms can influence the management of projects and affect the character of an action linked to a place or an object, in their ability to broaden or narrow the focus of thought. One of the Castiglioni brothers, Achille in this case, used to say that the best projects he ever designed were the ones he was able to describe to his clients in a few, clear and concise words on the telephone. The right words had the ability to formalize and illustrate the project he imagined in a convincing way. Going so far as to consider the written and verbal form an essential tool at the origin of a project follows this example of the design process exactly.

31	L'acqua digitale	33	Digital water	2015
34	Size	36	Size	
37	Da Kandinsky a Rubik	39	From Kandinsky to Rubik	
40	Ecologia vs Economia	42	Ecology vs Economy	
43	Dualismo instabile	45	Unstable dualism	
46	Hot, warm, cold	48	Hot, warm, cold	
50	Hi-tech, hi-touch	52	Hi-tech, hi-touch	2016
53	Materiali: dal reale all'effimero alla performance	55	Materials: real, ephemeral, performance	
56	Surface: manierismo a km 0	58	Surface: mannerism at your fingertips	
59	Tecnologie sospese	61	Suspended technologies	
62	Dare o fare texture	64	Giving or creating texture	
65	New tradition / New innovation	67	New tradition / New innovation	
69	Tempo al tempo	71	Let time take its course	2017
72	Whisky o sakè	74	Whisky or Sakè	
75	Ironico im_materiale	77	Ironic im_material	
78	Colorsense	80	Colorsense	
81	Finiture del quotidiano	83	Daily finishes	
84	Size_alismo	86	Size_ism	
88	Layers	90	Layers	2018
91	Il sapore dei colori	93	The taste of colours	
94	La tecnica degli opposti	96	The technique of opposites	
97	Ri-materializzare	99	Re-materialise	
100	La misura dei sensi	102	The measure of the senses	
103	Il termosifone non è un cappotto	106	The radiator is not a coat	
109	Almost green	111	Almost green	2019

112	La forma delle abitudini	114	The shape of habits	
115	*Davide* e *Perseo*	117	*Davide* and *Perseo*	
118	Contract designer: scenografo del gusto	121	Contract designer: set designer of taste	
123	La goccia e l'alveare	125	The waterdrop and the beehive	
126	Scenografia percettiva	128	Perceptive scenography	
130	Macroscopiche miniature	132	Macroscopic miniatures	2020
133	L'arte sociale dell'acqua	135	The social art of water	
136	ICONS – Luoghi, segni, gesti, racconti, eventi	138	ICONS – Places, signs, gestures, stories, events	
139	Il dettaglio non è un dettaglio	141	Detail is not a detail	
142	L'informale ha liberato il mondo	144	Informality has freed the world	
145	Il design e le donne	147	Design and women	
149	Le forme della tecnologia	152	Forms of technology	2021
154	Stra-ordinario ordinario	156	Extra-ordinary ordinary	
157	Dal bello e buono all'ergonomia delle relazioni	159	From the beautiful and good to the ergonomics of relationships	
160	Caldo, freddo, semplice, complesso	162	Hot, cold, simple, complex	
163	È naturale fare così	165	The natural way to do it	
166	Fare pesante, fare leggero	168	Making heaviness, making lightness	
170	Goccia dopo goccia	172	Drop by drop	2022
173	QB	175	QB	
176	I materiali culturali	179	Cultural materials	
181	Progettare è extra ordinario	183	Designing is extra-ordinary	
184	Coerenti contraddizioni	186	Coherent contradictions	
187	Wellness ambientale	190	Environmental wellness	

2015

L'acqua digitale

Contaminare, le immagini, le funzioni, le informazioni, nell'era del digitale, ha contribuito a completare il processo che lentamente ha modificato il termine, da indicatore di mali azioni legate all'infettare, all'inquinare, allo sporcare, verso una più contemporanea necessità di interagire liberamente, stimolando l'evoluzione dei nostri comportamenti. Contaminare oggi equivale a ibridare, a immaginare interazioni tra culture, tra ambienti e materiali, con la finalità di agevolare un numero crescente di atteggiamenti d'uso personalizzabili. Il bagno da ambiente fisiologico è ormai diventato un'area di relax attivo, in cui curare il proprio aspetto e la propria psiche. Esiste una sottile relazione tra l'acqua, elemento primario del bagno, e il mondo digitale. Internet, come metafora, può essere paragonato al ciclo di vita dell'acqua. Il concetto di mondo fluido di Bauman, ha profondamente inciso su questa corrispondenza. Entrambi i processi partono da un luogo per noi poetico e impalpabile, una nuvola reale o ideale, da cui gocce di liquido o informazioni raggiungono un terreno sottostante che contribuiscono a fertilizzare. In seguito, formando nel tempo un sistema di canali, le gocce superficiali raggiungono il mare, da cui il ciclo si riattiva.

Le informazioni, analogamente, conquistano la rete contribuendo a formare il mercato della condivisione. Di vitale importanza è l'acqua di penetrazione, che nel mondo reale consente di formare riserve pulite, che, contaminate con minerali e fonti di calore, si trasformano in elementi utili all'intero ciclo di vita, dalla nutrizione alla cura corporea. Nello stesso modo la condivisione delle ricerche penetra nel mondo più specialistico connesso alla rete e si trasforma in nuovi modi di cooperare che analogamente all'acqua tornando in superficie contribuiscono attivamente a trasformare i nostri stili di vita. Il web, la rete, la condivisione, quindi, entrano di diritto nell'area bagno, facendo presagire nuovi comportamenti e tipologie di prodotti.

La principale alterazione avverrà in una costante crescita dei tempi di permanenza e di utilizzo, fino ad immaginare nuove promiscuità e nuovi approcci ergonomici e funzionali. È ormai in atto da anni il tentativo di abilitare accessori e sanitari come oggetti liberamente posizionabili in ogni angolo della casa, recuperando alcune ipotesi anti funzionalismo e ipotizzando un progressivo smembramento dell'area bagno a favore di una sua costante contaminazione spaziale. Un processo di progressione tecnologica che sempre più assorbe ipotesi funzionali legate alla dolcezza della memoria d'uso.

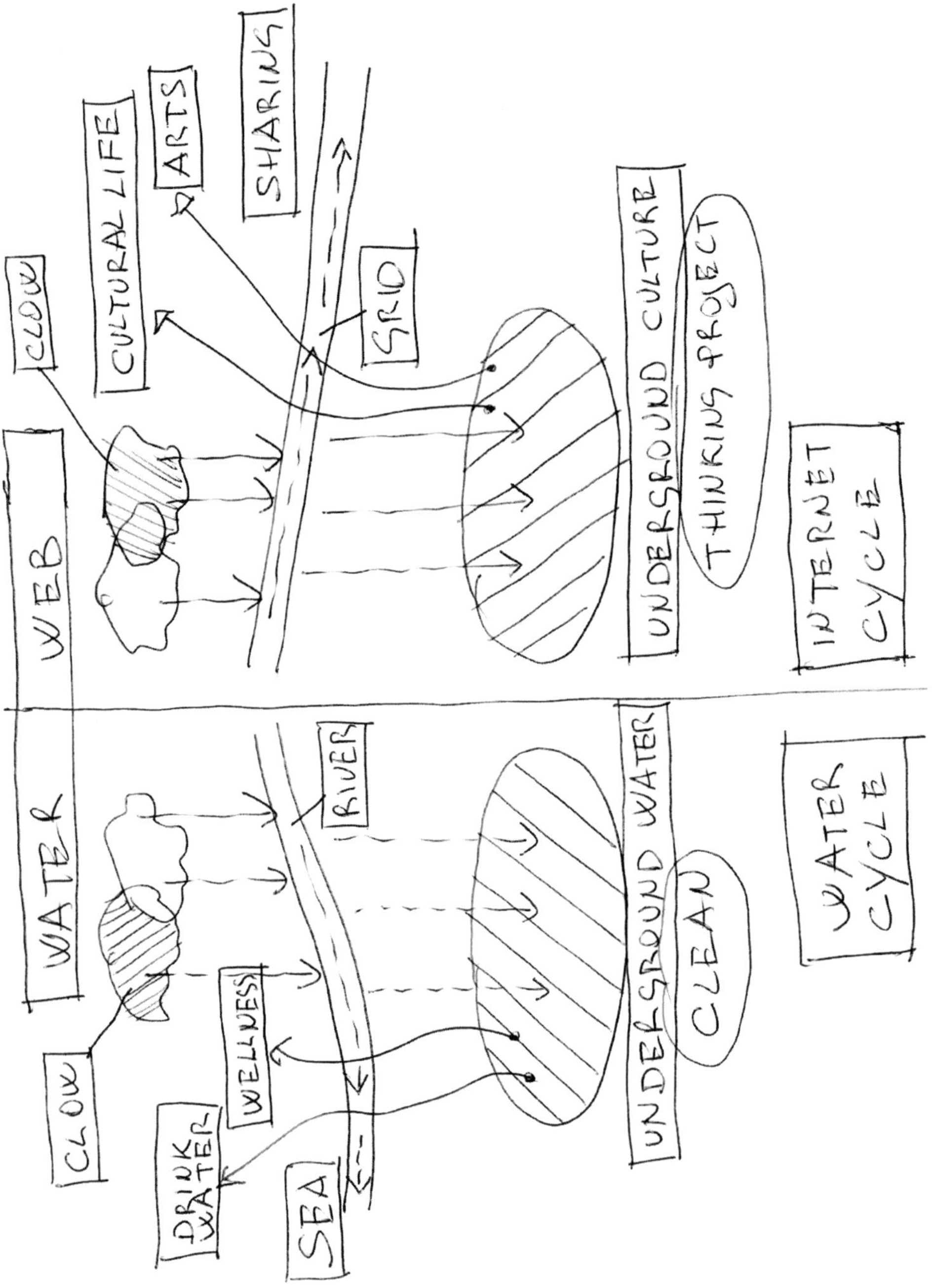
WATER
WEB
CLOUD
CULTURAL LIFE
ARTS
SHARING
GRID
UNDERGROUND CULTURE
THINKING PROJECT
INTERNET CYCLE
RIVER
UNDERGROUND WATER
CLEAN
WATER CYCLE
CLOUD
WELLNESS
DRINK WATER
SEA

Digital water

Images, functions and information have undergone a contamination in the digital era, and this has gradually given the word new associations; contamination is not only used to indicate negative concepts as infection, pollution and dirtying, but also a more contemporary need to interact freely, stimulating the evolution of our conducts. Today contaminate means to hybridize or to imagine interactions between cultures, environments and materials, in order to facilitate a growing number of customizable attitudes and ways to use things. The bathroom is no longer an area dedicated to meeting physiological needs, but a place for active relaxation, in which one may take care of one's appearance and wellbeing. Internet and its modus operandi may, as metaphor, be compared to the cycle of water. Bauman's concept of liquid world has profoundly influenced this parallel. Both processes begin from a place which is perceived as poetic and intangible, a real or conceptual cloud, from which drops of liquid or information fall, reaching a terrain and contributing to fertilize it. Then, developing a system of canals over time, the drops pass from the surface of earth to the sea, from where the cycle is reactivated.

Analogously, information conquers the web, contributing to create a market of sharing. The water which penetrates the ground is of vital importance; in the real world it makes it possible to create clean reserves which, contaminated by minerals and sources of heat, turn into elements needed by the entire life cycle, from nutrition to body care. Likewise the sharing of research findings penetrates in the more specialized worlds associated with networks, and becomes new ways to cooperate which not unlike water returning to the surface, contribute actively to transform our lifestyles. The web and the concept of sharing thus become a rightful component of in the bathroom, inspiring new behaviours and product types.

The most important change will be that we will spend more and more time in the bathroom, and that new multifunctional, ergonomic and functional approaches will be invented. Accessories and bathroom fixtures have for several years been upgraded with the aim of turning them into objects that may be installed anywhere in the house, thus re-introducing some anti-functionalistic hypotheses and hypothesizing a progressive disassembly of the bathroom area in favour of greater spatial contamination. Technological progress is gradually introducing functional hypotheses linked to gentle memories of past customs.

Size

Nelle regole per lo sviluppo della fantasia [1], Bruno Munari descrive diversi approcci utili a modificare l'immaginario precostituito. Le indicazioni riguardano l'uso della similitudine, del rovesciamento di pensiero, della ripetizione come variante alla consuetudine, della relazione inaspettata tra cose, del cambio sostituzione di colore, della variazione di peso, materia, luogo, funzione e dimensione. Il criterio è di utilizzare le azioni semantiche per attrarre l'attenzione anche del più disattento consumatore. Il messaggio è a uso e consumo di quei progetti che fanno del lato letterario il loro principale motivo di genesi.

Nato come esempio di prassi utilizzabile nelle azioni di comunicazione visiva, quest'approccio al progetto dall'inizio degli anni novanta in poi, trasferito negli oggetti quotidiani, ha generato prodotti che hanno anteposto l'uso del disorientamento ad ogni naturale funzione. Oggetti apprezzati per il loro aspetto concettuale easy, sia dalla critica sia dai consumatori, che sono stati letti come esempi di gadget evoluti, appartenenti a una specifica tipologia di manifesti tridimensionali. Nel design italiano l'uso dell'alterazione dimensionale come mezzo di attrazione visiva era già apparso nel prodotto d'arredo ad opera dei gruppi radicali alla fine degli anni sessanta. Possiamo citare come esempio il *Pratone* del Gruppo Strum in cui è possibile immergerci come lillipuziani in un prato di giganteschi fili d'erba, o la macro *Moloch* di Gaetano Pesce che esagerava la relazione con la più nota lampada per ufficio dell'epoca.

Nell'arte, nel medesimo periodo, il gigantismo diventa una corrente dell'avanguardia pop, tra cui spiccano le opere di Claes Oldenburg, che trasforma gli oggetti quotidiani in simboli architettonici urbani. Alla base del successo di tali esempi è il mutamento del punto di vista, facilmente assimilabile dal pubblico, abituato a convivere quotidianamente con l'oggetto alle dimensioni reali. Sottodimensionare uno spazio o un oggetto è spesso riconducibile a situazioni legate all'impossibilità di agire in un modo consueto, sovradimensionare è indurre allo spaesamento e stupore, in entrambe le azioni si ottiene un'emozionante trasformazione dei tradizionali modi d'uso. Il mondo del bagno, che non è immune dal gigantismo e dalla voglia di stupire, ha reso domestiche situazioni appartenenti a spazi extra abitativi, dilatando il numero di utenti presenti nel proprio spazio di azione. Le terme, i lavandini in linea visti dal parrucchiere riscattano nell'uso un ambiente ritenuto solo pochi anni addietro luogo da celare alla vista e che oggi, unitamente alla cucina, è lo spazio per eccellenza più rappresentativo dell'unicità del proprio modo di vivere e "condivivere" la casa.

1. B. Munari, *Fantasia*, Laterza Editori, Bari 1977.

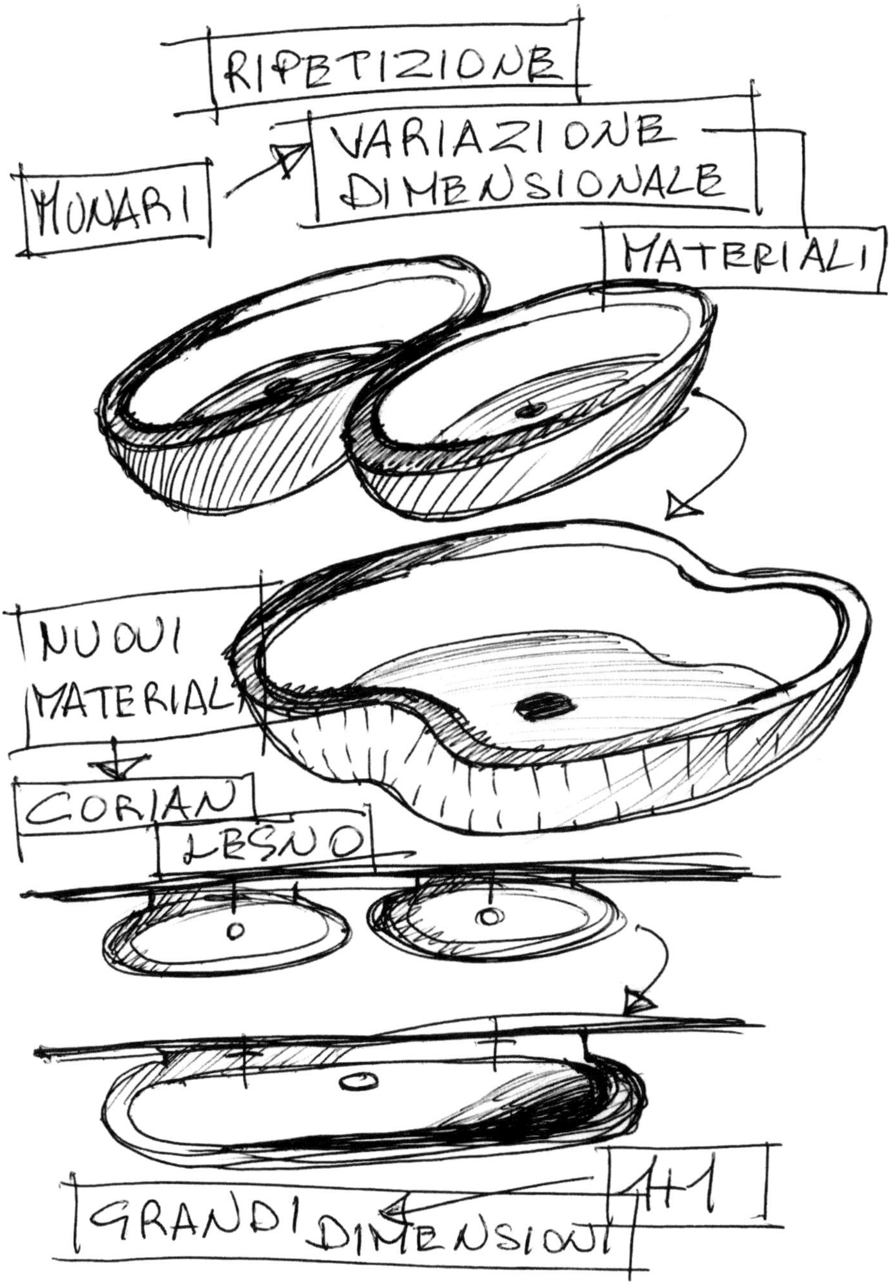
RIPETIZIONE
MUNARI
VARIAZIONE DIMENSIONALE
MATERIALI
NUOVI MATERIALI
CORIAN
LEGNO
1+1
GRANDI DIMENSIONI

Size

Bruno Munari described several approaches useful for changing predetermined imagery in his rules for developing the imagination. [1] His rules have to use with the use of similarity, the reversal of thought, repetition as a variant of habit, the unexpected relationship between things, changing or replacing color, and varying weight, material, place, function or, of course, size. The criteria involve using semantic actions to draw the attention of even the most distracted consumer.

To be precise, this message was meant for designs for which the literary aspect was the main reason for their origins. This approach to design was conceived as a practice to be used in visual communication, and then, starting in the 1990s, it was transferred to everyday objects, creating products that put the use of disorientation before any natural function. These objects were admired by critics and consumers alike for their "easy" conceptual side, seen as instances of advanced promotional objects, belonging to a specific category of three-dimensional posters. In Italian design, the use of size alteration was a means of a tool of visual attraction and appeared in furnishing products made by radical groups in the late 1970s. Examples include *Pratone* by Gruppo Strum where you become like Liliputians immersed in a giant grass meadow, and *Moloch* macro by Gaetano Pesce that exaggerated the relationship with the era's best-known office lamp.

In the art of the same era, Gigantism became a trend in avant-garde Pop, notably in the works of Claes Oldenburg, who turned everyday objects into urban architectural symbols. The success of these works was based on the shift in point of view, that the public can easily understand because accustomed to living every day with the object in its actual size. Undersizing a space or an object is often connected to situations that have to do with the impossibility of doing as usual; oversizing inspires disorientation and wonder; and in both cases there is an engaging change in the traditional ways of use. Bathrooms took situations belonging to spaces outside of the home and made them domestic, expanding the number of users in its area of action. Hot springs and sinks in a row at the hairdresser's let us redeem this space that, until a few years ago, was considered somewhere to hide from sight. Now, along with the kitchen, it is the place that most represents one's unique way of living and "sharing" the home.

1. B. Munari, *Fantasia*, Laterza Editori, Bari, 1977.

Da Kandinsky a Rubik

Leggere la forma, e interpretarla, è alla base degli scritti teorici che Wassily Kandinsky nel primo Novecento pubblica nel libro *Punto, linea, superficie* [1], sulla base degli appunti delle sue lezioni alla Bauhaus dall'anno 1922. Opera fondamentale per lo sviluppo teorico delle relazioni tra i segni, il testo indica come visualizzare la sostanza delle forme nascosta nelle cose. La scomposizione in elementi primari, le relazioni geometriche tra le "note" grafiche, evidenzia la possibilità di ampliare la relazione con l'oggetto. Kandinsky introduce, per primo nell'era moderna, la necessità di personalizzare la comprensione dell'opera d'arte. Nel tempo dell'astrattismo propone un metodo per tracciare interpretazioni variabili dell'oggetto osservato, in altre parole: "la possibilità di entrare nell'opera, diventare attivi in essa e vivere il suo pulsare con tutti i sensi".

Kandinsky in quel periodo insegna alla Bauhaus, prima tra le scuole in cui il design diventa mestiere intellettuale, in cui produrre prodotti assume valenze estetiche, etiche e sociali. Il dinamismo inconscio dei segni grafici, da lui descritto, presuppone una visione tridimensionale insita nelle sue ricerche pittoriche, che nell'applicazione al design trova, finalmente, un eccellente campo di sviluppo. Passare dal bi- al tri-dimensionale non era concettualmente banale, mappare una forma è oggi una operazione immediata, mentre, presupporre la stessa procedura all'inizio del secolo scorso poneva forti dubbi sul valore artistico del risultato.

La strada della personalizzazione da allora in poi non si è più interrotta, il libero arbitrio nella definizione dei propri spazi abitati, diventa preponderante rispetto alla visione sterile e inamovibile delle dimore pre-moderniste di Van de Velde o Gaudí, dove la maniacale necessità del controllo globale del decoro portava a musealizzare l'opera prima ancora del suo completamento. L'atteggiamento era costruire quadri tridimensionali in cui permettere a pochi di adeguarsi con senso di rispetto. A cento anni da quel dibattito, tra chi agisce da designer e chi ancora da artista, torna utile pensare alla polemica innescata dal saggio di Adolf Loos, *Ornamento e delitto* [2], del 1908, nella sua personale guerra agli artisti della secessione viennese, o allo slogan: "less is more" [3] di Mies van der Rohe che diventerà l'espressione più citata tra quelle coniate dai rappresentanti del Movimento Moderno.

La decorazione svela l'appartenenza a uno stile? Lo stile è pura essenza del manierismo? Il decoro in un oggetto è parte espressiva del messaggio funzionale? Un oggetto deve il suo essere esclusivamente al suo modo d'uso, o la pura estetica è funzione? È evidente che il dibattito non è chiuso ed è ancora stimolo alla ricerca di nuove interpretazioni del concetto di utile. La libera gestione del decoro, la sua interpretazione pratica, è ancora un requisito attivo per chi definisce, per esempio, textures superficiali da applicare su di una superficie ceramica. Né troppo né poco, usare il buon senso, non esagerare: è il consiglio più ricorrente, ma in genere un buon progetto grafico ha insito nella sua genesi il senso del limite. Il concetto di limite è assai difficile da spiegare e nel tentativo di esporre esempi concreti è appropriato prendere a prestito il cubo di Rubik: sei facce, cinquantaquattro tasselli suddivisi in sei colori, liberamente vincolati alla forma, un numero apparentemente illimitato di soluzioni che porta inesorabilmente all'ossessiva ricerca dell'uniformità di lato. Un gioco inverso dove ricomporre, risolvendo, porta all'unica conformazione ammissibile.

1. W. Kandinsky, *Punto, linea, superficie: contributo all'analisi degli elementi pittorici*, Adelphi, Milano 1986.
2. A. Loos, *Ornamento e delitto*, in A. Loos, *Parole nel vuoto*, Adelphi, Milano 1992.
3. Il celebre motto di Mies van der Rohe, spesso ricordato accanto all'altrettanto celebre "God is in details", era un'espressione sia della poetica che della volontà di chiarezza e purezza nelle progettazioni dell'architetto. Ripreso da Steve Jobs per la Apple, viene parafrasato con un notevole salto tecnologico e temporale, senza perdere il suo originario significato.

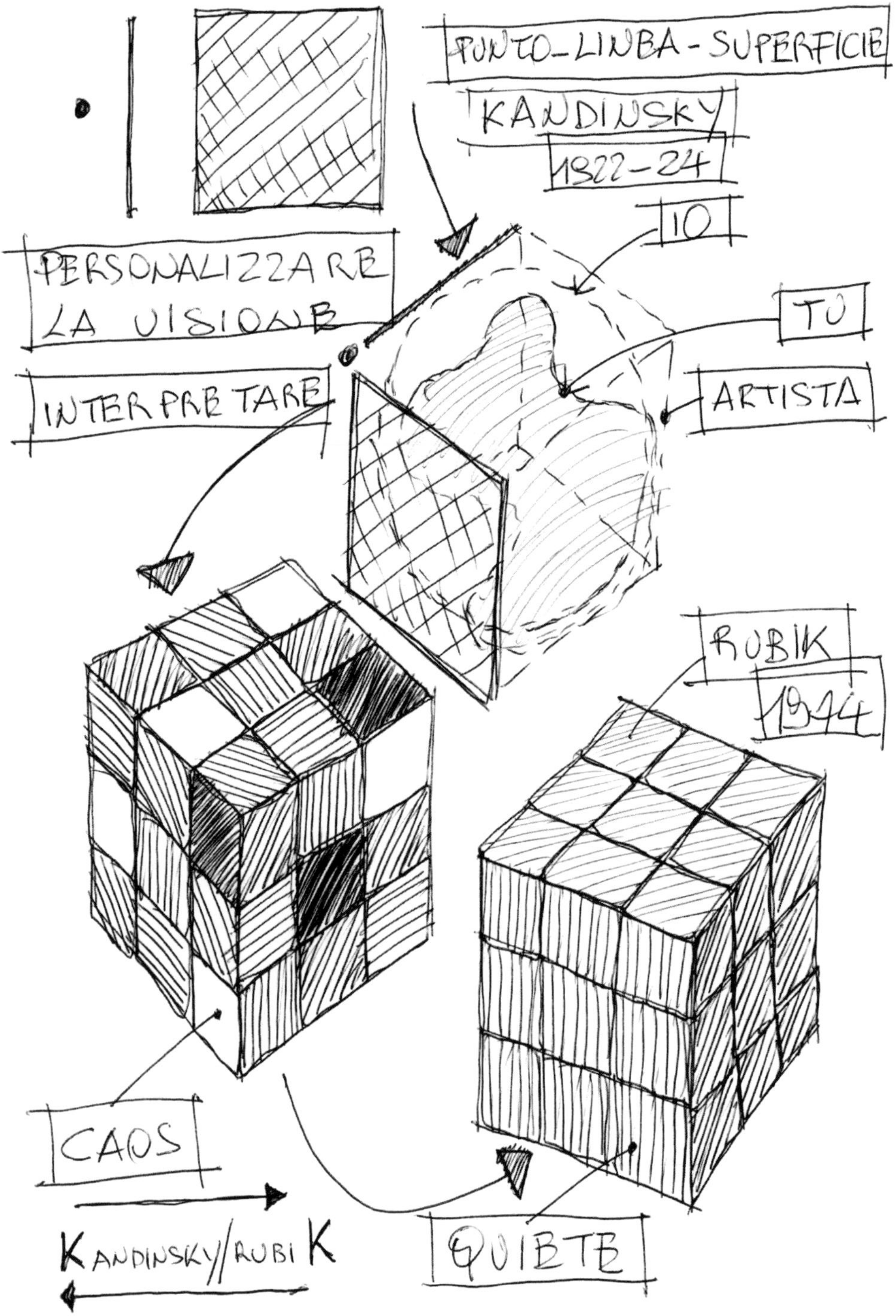
PUNTO-LINEA-SUPERFICIE
KANDINSKY
1922-24
IO
PERSONALIZZARE
LA VISIONE
TU
INTERPRETARE
ARTISTA
RUBIK
1974
CAOS
KANDINSKY//RUBIK
QUIETE

From Kandinsky to Rubik

To read the form, and interpret it, is at the base of the theoretical writings which Wassily Kandinsky in the early 20th century published in his book, *Point and Line To Plane* [1], based on the notes of his lectures at the Bauhaus in 1922. A fundamental work for the theoretical development of relations between signs, the text demonstrates how to view the substance of the hidden form in things. The breakdown into primary elements, the geometric relationships between the graphic "notes", highlights the possibility of expanding the relationship with the object. Kandinsky was the first to introduce to the modern era the need to personalise one's understanding of a work of art.

In the period of abstract art, he proposed a method of outlining variable interpretations of the object under observation, in other words: "the possibility of penetrating the work, becoming active in it and living its pulsations with all one's senses".

Kandinsky, at that time, was teaching at the Bauhaus, initially in schools where design was to become an intellectual profession, where production took on aesthetic, ethical and social values. The unconscious dynamism of graphic signs, which he himself described, presupposes a three-dimensional vision inherent in his pictorial research, which, in applying to design, finally finds an ideal field of development. Switching from the two- to three-dimensional was not conceptually trivial; mapping out a form is now an immediate operation, while, understanding the same procedure at the beginning of the last century posed serious doubts regarding the artistic value of the result. The quest for personalisation, from then on, was no longer interrupted, the free will to define one's own living spaces, became increasingly predominant in relation to the sterile, inflexible vision of the pre-modernist dwellings of Van de Velde or Gaudí, where the maniacal need for the global control of decoration led to making a museum piece of the work even before its completion. The method of approach was to construct three-dimensional pictures, which allowed a certain few to comply with a sense of respect. A hundred years on from that debate between designers and artists, it could be opportune at this point to consider the controversy triggered by Adolf Loos' essay, *Ornament and Crime* [2], of 1908, in his personal war against the artists of the Viennese Secession, or against Mies van der Rohe's slogan: "less is more" [3] was to become the most quoted expression among those coined by the representatives of the Modern Movement.

Ornament reveals belonging to a style? Is style the pure essence of mannerism? Is the decoration in an object an expressive part of the functional message? Does an object owe its existence exclusively to its method of use, or are pure aesthetics a function? The debate is clearly not closed and continues to inspire the pursuit of new interpretations of the concept of usefulness. The free control of ornament, its practical interpretation, is still an active requisite for whoever defines, for example, surface textures to be applied on a ceramic surface. Neither too much nor too little. Use common sense, do not overdo it: this is the most recurrent advice, although generally a good graphic design has a sense of limit inherent in its genesis. The concept of limit is very difficult to explain, and in an endeavour to demonstrate concrete examples, we could use the Rubik's cube: six faces, fifty-four pieces divided into six colours, loosely bound to the form, a seemingly limitless number of solutions which leads inexorably to the obsessive pursuit of uniformity of each side. An inverted game, where recomposition and solving, lead to the one acceptable conformation.

1. W. Kandinsky, *Point and Line To Plane*, Paperback 2013.
2. A. Loos, *Ornament and Crime*, Ariadne Press 1998.
3. Mies van der Rohe's famous motto, often mentioned alongside the equally famous "God is in details", was a poetic expression, demonstrating the desire for clarity and purity in the designs of the architect. Adopted by Steve Jobs for Apple, it is paraphrased with a significant technological and temporal leap, without losing its original meaning.

Ecologia vs economia

Ridurre, Ri-utilizzare, Riciclare, sono le tre R del progetto ecologico contemporaneo che guidano: produttori, designer, rivenditori, consumatori e legislatori, verso un mondo eco sostenibile. Nessuno avrebbe immaginato, all'inizio del percorso culturale che ha portato la nostra società a occuparsi degli aspetti ecologici derivanti dall'uso inadeguato di risorse e territorio, che un tema osteggiato e ritenuto scomodo, poiché elemento di disturbo allo sviluppo del sistema industriale, sarebbe diventato fonte prioritaria di guadagno per molti ambienti economici. Non vi è settore oggi che non se ne occupi e non investa in esso enormi risorse in termini di ricerca e di produzione. Ecologia = nuova economia, assioma da cui nascono prodotti e servizi e si modificano i modi d'uso di gestire il proprio essere all'interno della società.

Vivere ecologico è diventato un sogno collettivo a occhi aperti che nasconde, dietro tanto entusiasmo, mille insidie per trasformare un obiettivo sociale non più rimandabile, in una fonte di stratagemmi per utilizzare la sensibilità diffusa come sorgente economica di costi sociali in altro modo non condivisibili. Non parliamo solo di obsolescenza programmata, non quella spicciola, ma quella della differenziata, delle sovvenzioni all'autoproduzione d'energia, del controllo ciclico dell'emissione dei fumi della caldaia domestica, del bollino blu, della gestione delle acque potabili e di moltissime altre "attenzioni", per carità sacrosante, che fanno incrementare il costo di produzione e distribuzione delle merci, sotto lecita dell'essere ecologico.

Ancora una volta è l'utente finale, il consumatore/cittadino, a dover pagare il disastro prodotto con decenni di leggerezza da un modello di sviluppo, sostenuto da una politica consenziente, che ha sfruttato e dilapidato il bene comune. Ben venga l'attenzione ecologica sul prodotto, il riciclo, il risparmio energetico, la bolletta a scaglioni, se tali azioni non nascondono la volontà di incoraggiare servizi che sfruttano tale impellenti necessità per incrementare il proprio guadagno sopra i reali costi di gestione eticamente accettabili.

Il ciclo di vita programmato di un prodotto, la sua dismissione e il suo riciclo, nasce da una necessità inalterabile del nostro sistema industriale, dover conservare un livello di produzione adeguato alla propria struttura produttiva, di cui fanno parte, non dimentichiamolo, migliaia di lavoratori dipendenti e appartenenti all'indotto. Lungi da me, quindi, la volontà di contrastare quest'assoluta necessità di protezione del sistema, fino a quando non vi siano scelte che pongano realmente le basi per una decrescita programmata. Produrre è fondamento della nostra società, come tutelare l'ambiente e la salute pubblica. È indispensabile tornare a sviluppare un libero mercato, in cui il produttore propone un proprio prodotto, un proprio servizio, più ecologico, più sostenibile, e il consumatore risponde con il proprio apprezzamento. Ben vengano, quindi, tutti i prodotti idonei a preservare l'ambiente, ridurre i consumi e l'inquinamento, se i vantaggi sociali non sono a privilegio dei soliti noti. Non è oltre modo accettabile pagare un sacchetto della spesa dieci centesimi di euro per incoraggiare un atteggiamento ecologico, cioè, ti devi ricordare di averne uno sempre a disposizione in modo da non inquinare ulteriormente l'ambiente. Quale azione grave anti ecologica sto facendo, scordandomi il contenitore per la spesa, tale da imporre un costo esagerato del suo sostituto? Scusate, non è finalmente biodegradabile?

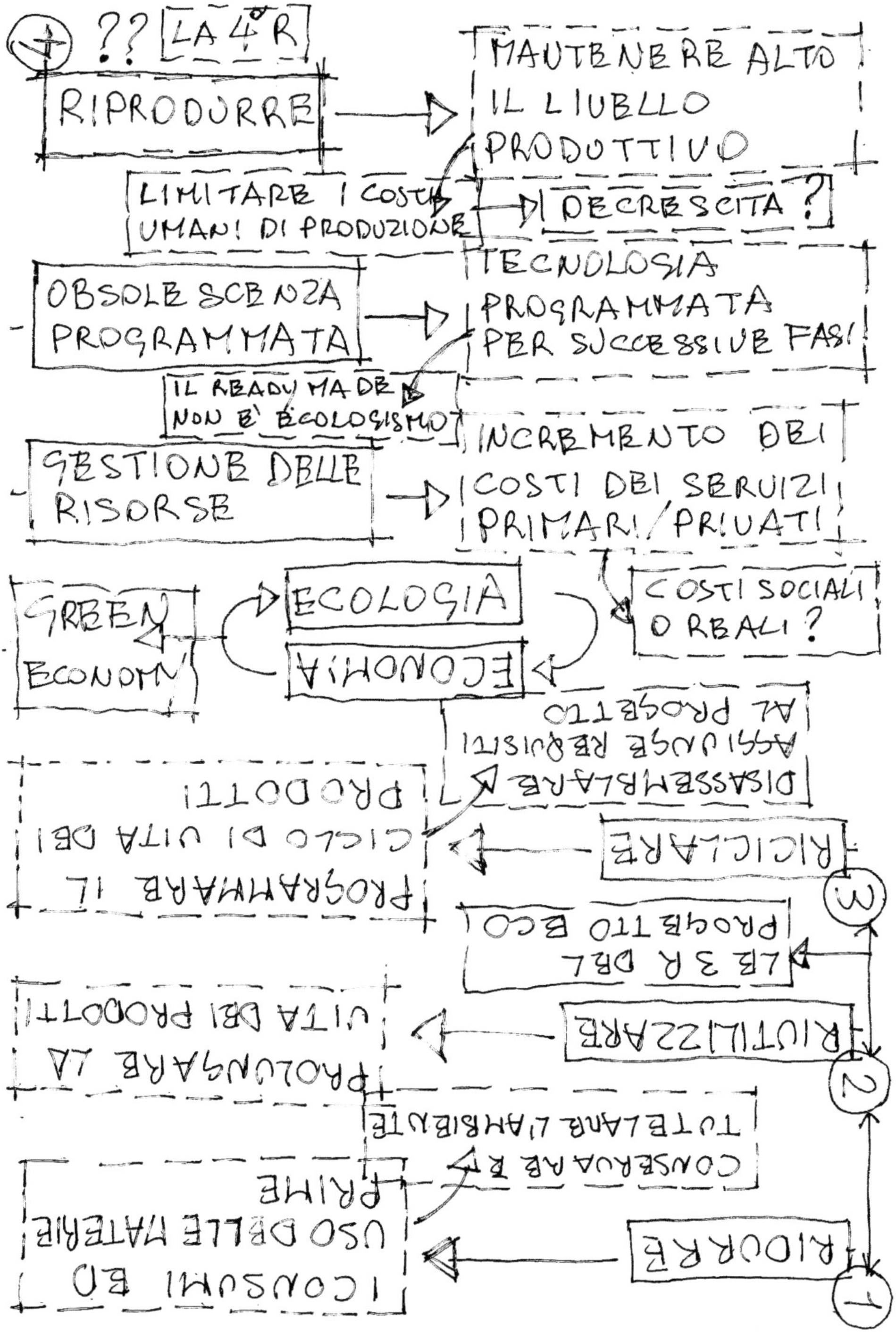
4 ?? LA 4ª R
RIPRODURRE
MANTENERE ALTO IL LIVELLO PRODUTTIVO
LIMITARE I COSTI UMANI DI PRODUZIONE
DECRESCITA ?
OBSOLESCENZA PROGRAMMATA
TECNOLOGIA PROGRAMMATA PER SUCCESSIVE FASI
IL READY MADE NON È ECOLOGISMO
GESTIONE DELLE RISORSE
INCREMENTO DEI COSTI DEI SERVIZI PRIMARI/PRIVATI
COSTI SOCIALI O REALI ?
GREEN ECONOMY
ECOLOGIA
ECONOMIA
DISASSEMBLARE
AL PROGETTO
RICICLARE
PROGRAMMARE IL CICLO DI VITA DEI PRODOTTI
LE 3 R DEL PROGETTO ECO
RIUTILIZZARE
PROLUNGARE LA VITA DEI PRODOTTI
CONSERVARE E TUTELARE L'AMBIENTE
RIDURRE
I CONSUMI ED USO DELLE MATERIE PRIME
3
2
1

Ecology vs economy

Reduce, Reuse and Recycle. The three Rs of contemporary ecological design guide manufacturers, designers, retailers, consumers and legislators towards an environmentally sustainable world. At the start of this cultural phenomenon that brought our society to concern itself with the ecological aspects of the careless use of resources and land, it was considered an uncomfortable topic, opposed as something that would disrupt industrial development. No one would have imagined at the time that it would become a major source of earnings in so many parts of the economy. Now there is no sector that does not invest vast research and production resources in this area. Ecology = new economy. This is the axiom that spawns new products and services and changes how we live in our society. Ecological living has become a collective daydream. Behind the great enthusiasm, there are infinite pitfalls that this pressing social objective could be turned into a source of strategies to exploit the broadened awareness as an economic resource with unjustifiable social costs. We do not only mean just planned obsolescence, which is a trifle, but that of the classes: Euro 1, Euro 2, Euro... thousand; those of recycling, subsidies for energy self-production of energy, the cyclic control of emissions from home hot water heater, blue stickers for emission limits, the management of drinking water and many other "considerations," sacrosanct, of course, that increase the cost of manufacturing and distributing goods, and are always legitimate because ecological.

Once again, it is the end user, the consumer/citizen who has to pay for the disaster created by the decades of a heedless development model, propped up by political power, that exploited and squandered our common goods. We more than welcome ecological consideration for products, recycling, energy savings, utilities by usage bracket, etc., as long as these actions are not concealed a desire to encourage services that exploit these pressing needs to increase earnings beyond the actual costs of ethically acceptable operation.

A product's planned life cycle, its disposal and recycling are the result of an inescapable need of our industrial system to keep a level of production in line with its production system, which includes - lest we forget - thousands of workers who are employees or work in related industries. I would be the last person to go against this absolute need to protect the system, until choices have been made that lay the real basis for planned degrowth. Production is a foundation of our society, as is protecting the environment and public health. It is essential that we return to developing a free market in which manufacturers offer their products and services that are more ecological and more sustainable, and consumers respond with their approval. We welcome all the products that help protect the environment, reduce consumption and pollution, if the social advantages do not benefit only the usual suspects.

It is not at all acceptable to pay ten cents for shopping bag to encourage an ecological approach; you are the one who always should remember to bring one to avoid further polluting the environment. What anti-ecological crime am I guilty of when I forget a bag for shopping that could merit such an inflated price to replace i? Sorry, but isn't it biodegradable anyhow?

Dualismo instabile

Due sono gli aspetti che interessano i materiali utilizzati nelle aree bagno: la loro capacità di assolvere le esigenze tecniche nel rapporto con l'uso degli ambienti e la necessità di assecondare un mondo visivo legato alla privacy e al relax. In entrambi i casi, l'elemento di riferimento è l'acqua, nella sua capacità di modellare forme e ricordare otticamente e musicalmente l'ambiente ideale in cui svolgere azioni legate all'igiene personale. Acqua veloce, irruenta o lenta, goccia dopo goccia, che apre a immaginari collettivi assolutamente codificati. Acqua considerata oggi oro del futuro, da salvaguardare, utilizzare e restituire alla natura con il minimo di alterazione. Elemento flessibile e dirompente. Acqua che nella filosofia del Taoismo è descritta come l'elemento più arrendevole in natura, in grado di erodere la roccia più solida e spazzare via l'ostacolo più resistente.

Resistere all'acqua, alla sua capacità di infiltrarsi, di penetrare o assecondare la sua capacità di levigare, trasformare in modo permanente o temporaneo i materiali. Yin o Yang, respingere o assorbire, duro o soffice, liscio o ruvido, lucido o opaco, pietra o legno. In questo dualismo instabile si fonda la capacità di innovare l'uso dei materiali negli accessori di un bagno contemporaneo. Siamo passati, in breve tempo, dal favorire gli aspetti immaginativi a quelli funzionali, dal tecnico al naturale, occultando l'archetipo del tubo, che per centinaia di anni ha indotto un'idea di acqua domata, controllata, modificata nel suo stato, per favorire un ritorno alla sorgente, all'acqua corrente che passa e va senza interruzione.

Un dualismo frizzante che pone il naturale a vista, in primo piano, e nasconde tecnologie raffinate, un'elettronica poco invasiva che aiuta l'essenzialità dell'azione. Nel campo dei rivestimenti si è passati dal concetto di strato protettivo a quello di pelle, pixel adimensionali, in grado di proteggere assorbire, di essere o dover essere scolpiti dall'acqua, da materiale asettico, industriale, a personalizzabile, artigianale, da singolo a multilayer. Negli accessori fissi un mix di materiali plastici, nobilitati dalla fine del conflitto con quelli ceramici, si abbina al legno naturale o ricomposto, lamellare o massello, con l'intento di appartenere e sconfinare, otticamente, oltre le reali pareti della stanza. Negli arredi la necessità di assecondare la naturalità, fa prediligere oggetti minimali, privi di soluzione di continuità con il contenitore. Dualismo che esalta la scelta tra un'immagine classica, che anacronisticamente in questo caso è associata alla tecnologia, ai metalli cromati, al tubo in vista, alle manopole di comando, al modulo ripetibile delle mattonelle, e una contemporanea che predilige la natura, la continuità, l'idea di essere parte di un ecosistema perfetto che giunge a noi privo di manomissione. Dualismo che porta il bagno a non essere più un terminale domestico ma un elemento interposto nel ciclo vitale della natura. Dualismo che porta l'area bagno a oscillare da un mondo in cui il materiale deve rendere l'idea di reale, di spazio definito, protettivo, chiuso, a quello virtuale, in cui il materiale deve assecondare l'idea di aperto e d'infinito.

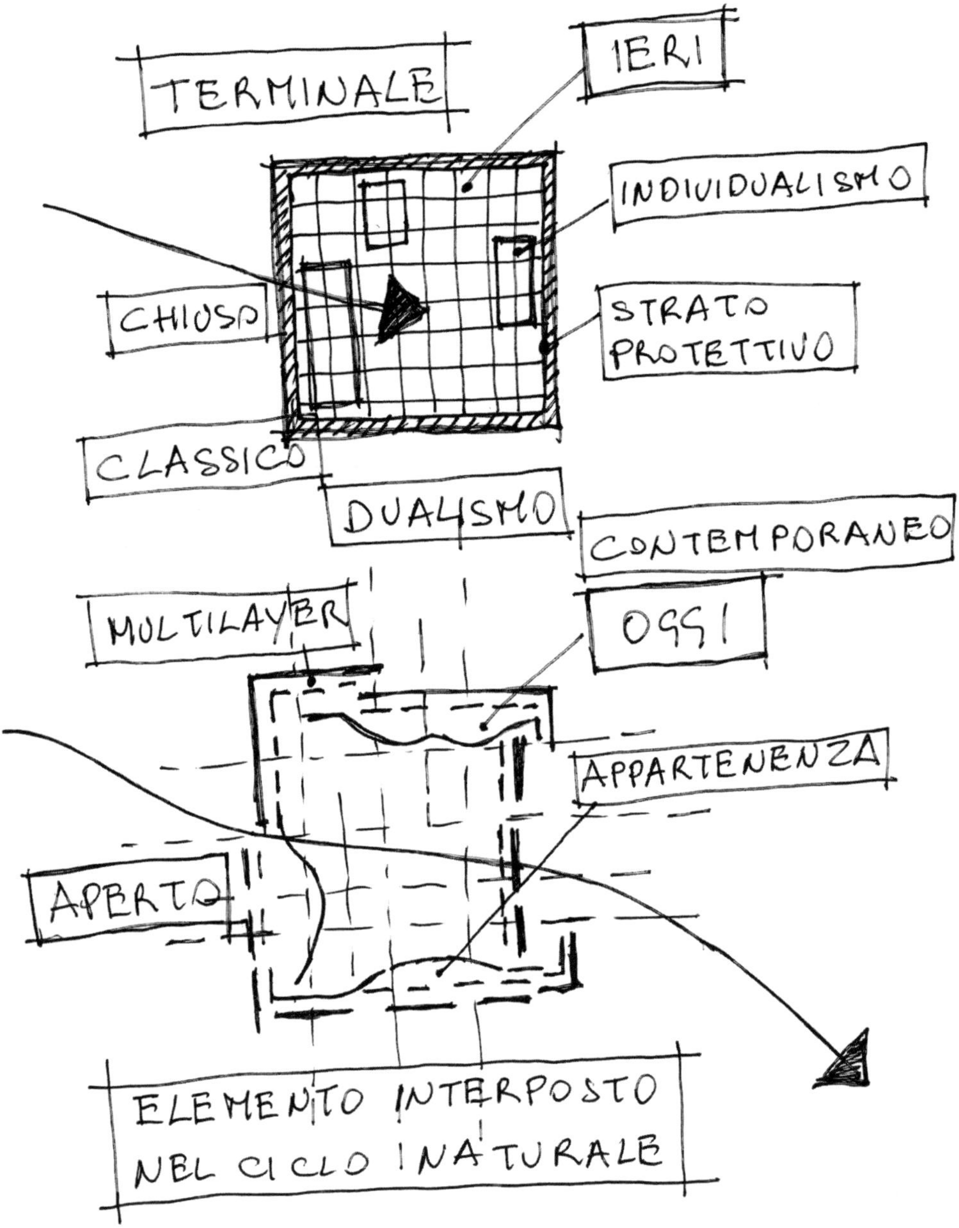
TERMINALE
IERI
INDIVIDUALISMO
CHIUSO
STRATO PROTETTIVO
CLASSICO
DUALISMO
CONTEMPORANEO
MULTILAYER
OGGI
APPARTENENZA
APERTO
ELEMENTO INTERPOSTO NEL CICLO NATURALE

Unstable dualism

There are two issues that affect the materials used in bathrooms: their ability to fulfill the technical requirements in relation to the use of the rooms, and the need to pander to a visual world related to privacy and relaxation. In both cases, the reference element is water, in its ability to model forms and visually and musically conjure up the perfect environment in which to carry out actions related to personal hygiene. Water: fast, impetuous or slow, drop by drop, which lends itself to an absolutely codified social imaginary. Water, considered today the gold of the future, to preserve, use and return to nature with the minimum of alteration. A flexible and disruptive element. Water, which in the philosophy of Taoism, is described as the most docile element in nature, capable of eroding the most solid rock and of sweeping away the strongest obstacle.

To resist water, resist its ability to infiltrate, to penetrate, or surrender to its ability to smoothen and transform materials permanently or temporarily. Yin or Yang, reject or absorb, hard or soft, rough or smooth, shiny or matt, stone or wood. The ability to innovate the use of materials in the accessories of a contemporary bathroom is founded on this unstable dualism. We have gone in a short time, from favouring imaginative aspects to functional ones, from the technical to the natural, concealing the archetype of the pipe, which for hundreds of years has suggested an idea of tamed water, controlled and modified in its state, to encourage a return to the source, to running water that flows uninterruptedly.

A sparkling dualism that places the natural on view, in the foreground, and hides sophisticated technology, unobtrusive electronics that help the essential nature of the action. In the field of claddings we have departed from the concept of the protective layer to that of a skin, dimensionless pixels, able to protect or absorb, to be or have to be sculpted by water, from the aseptic, industrial material to customisable, crafted material, from single to multilayer. In the fixed accessories, a mixture of plastics, ennobled with ceramic is combined with natural or recomposed wood, either laminated or solid, with the aim of belonging and trespassing, optically, over the actual walls of the room. In the furnishings, the need to accommodate a sense of naturalness makes minimal objects favourable, without solutions of continuity with the container. Dualism that enhances the choice between a classic image, which anachronistically, in this case, is associated with technology, metal chromates, with the exposed pipe, the control knobs, to repeatable module of the tiles, and a contemporary image which prefers nature, continuity, the idea of being part of a perfect ecosystem that arrives at the end user free of tampering. Dualism that makes the bathroom no longer a domestic terminal but an element interposed in the life cycle of nature. Dualism that makes the bathroom area oscillate from a world in which the material must give the idea of reality, of a defined, protective space, to a virtual world, in which the material must satisfy the idea of openness and infinity.

Hot, warm, cold

Un ambiente è definibile caldo o freddo al variare dei parametri oggettivi percepibili: la sua forma e dimensione, i materiali e finiture superficiali, l'intensità e colore della luce, la temperatura ambientale, il riverbero dei suoni. Caratteristiche sensoriali che unite alle suggestioni legate alla memoria, agli aspetti del vissuto, alla familiarità delle soluzioni, costituiscono la sintonia sensoriale con l'ambiente. Il cocktail che ne deriva è instabile e affatto personale, poiché legato al variare degli stili di vita, alle mode e, naturalmente, al nostro stato d'animo. Vivere un ambiente può rilassare o stressare, e gli stereotipi, i miti, l'applicazione o meno delle consuetudini aiuta a sentirsi a proprio agio. Essere nella casualità della natura, dare valore alle azioni primordiali del curarsi, in un luogo connesso all'ecosistema, o all'opposto, immergersi in un processo spaziale di sottrazione formale in cui il *less* aiuta a concentrarsi su alcuni aspetti dell'essere contemporaneo, sono semplificazioni di visioni in cui la condivisione di modi d'uso consente di leggere lo spazio per pura appartenenza culturale. In questa frenesia di costruire sovrapposizioni mediatiche allo spazio contemporaneo, si è passati dall'uso del decoro come espressione di un'appartenenza sociale e di possibilità economiche al confondere come atteggiamenti ecocompatibili l'uso di forme morbide e di materiali naturali.

La natura è complessa nel suo evolvere, semplice nel suo apparire. Il minimalismo è puro nella forma, complesso nel modo rituale di agire in esso. Come più volte evidenziato in queste brevi suggestioni introduttive, l'ambiente bagno è lo spazio principe in cui questi aspetti pratici e psicologici si integrano. Possiamo immaginare in esso azioni calde, tiepide o fredde, riscontrabili nella gestione dei terminali d'impianto o nel vestirsi e svestirsi davanti a uno specchio. Aprire e chiudere un flusso d'acqua, iniziare e terminare un'azione di cura del sé tramite un contatto tattile con un miscelatore, programmare a distanza l'ambiente bagno, usando un'applicazione dello smartphone, costituiscono esempi non del tutto diversi. Le pratiche per un mondo più ecologico, inducono a pensare che l'azione di miscelare la temperatura dell'acqua con manopole disgiunte, costituisca un atteggiamento non etico, perché durante l'attesa della temperatura desiderata si spreca acqua potabile utile ad altri scopi, non considerando che quell'attesa amplifica il senso dell'azione e che la determinazione della mia temperatura ideale, può variare al variare del mio stato fisico e mentale e quindi anche la mia pre-determinazione del livello di caldo o freddo, realizzata con un termoregolatore, può richiedere una nuova programmazione che induce a un maggior uso d'acqua corrente. La solita contrapposizione tra azioni manuali o digitali, istantanee o programmate, analogiche o fuzzy [1], che non possono definire il caldo o il freddo di un'azione. Il comportamento individuale non sempre è programmabile, pertanto non è considerabile vantaggioso controllarlo seguendo impostazioni troppo rigide. L'acqua, per esempio, è un bene da proteggere, ma il valore universale di questo presupposto è da valutare nell'intero ciclo d'uso, dalla sorgente al mare.

Progettare atteggiamenti richiede delicatezza, elasticità e qualche considerazione materica: la ceramica è fredda, anche se decorata con disegni floreali; il legno è caldo, anche se lucidato a specchio; la pietra è porosa, anche se resinata; ancora, il rosso è caldo e il blu è freddo, il grigio è tecnico e il giallo è giocoso; stereotipi difficilmente accantonabili.

1. Definita nel 1965 dal Dr. Lotfi Zadeh, è un ramo della matematica che consente a un computer di modellare il mondo reale dal punto di vista del consumatore. Al contrario dei sistemi analogici in cui si contrappone al bianco il nero, si considerano possibili le infinite azioni sfumate del grigio, in altre parole sono ammesse infinite posizioni tra 0 e 1.

Hot, warm, cold.

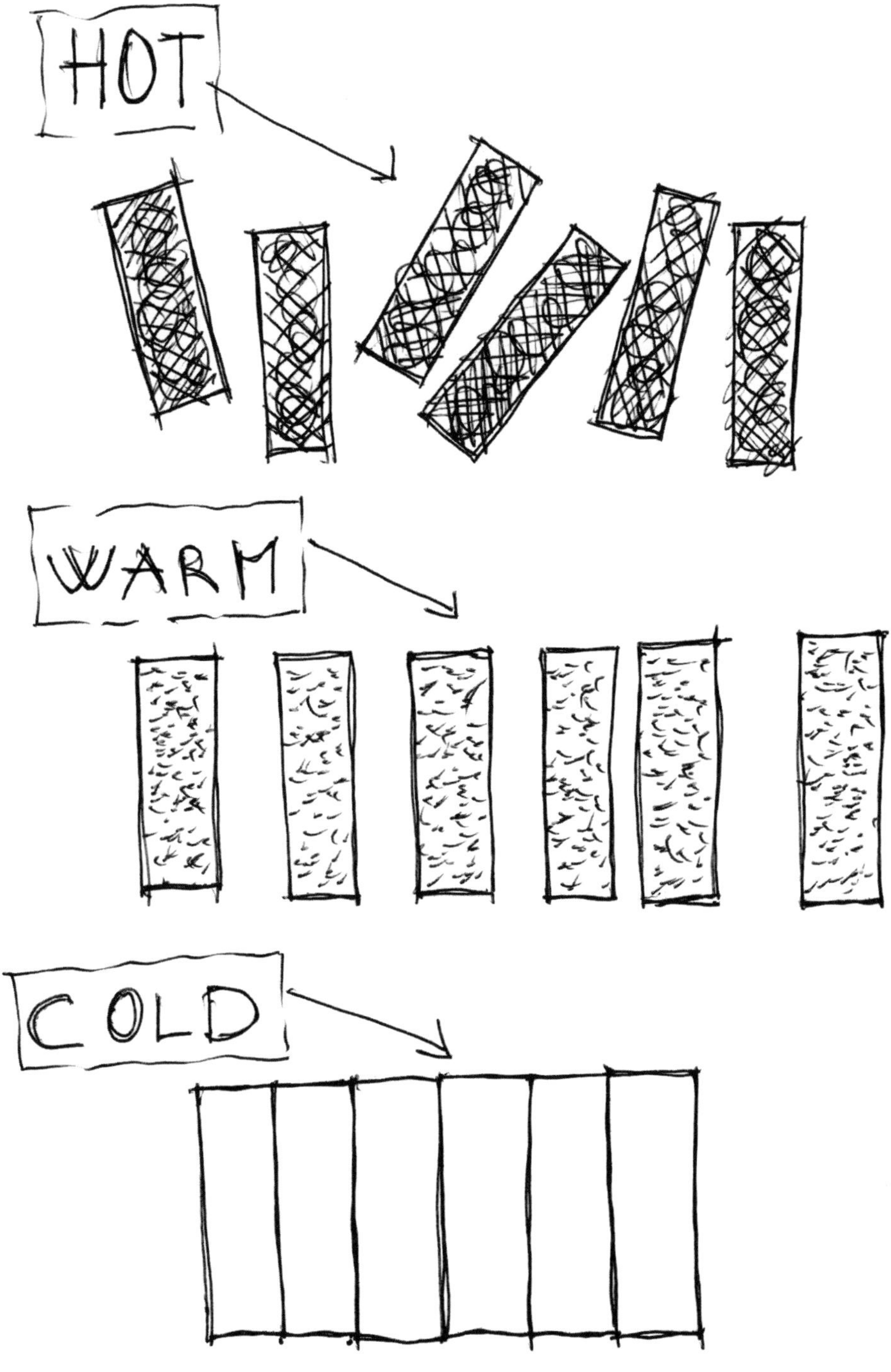

Hot, warm, cold

A room is defined warm or cold according to the variations in perceptible objective parameters: its shape and size, materials and surface finishes, the intensity and colour of the light, the room temperature, the reverberation of sounds. Sensory characteristics that together with suggestions related to memory, to aspects in terms of living, the familiarity of the solutions, constitute the sensory harmony with the environment. The resulting cocktail is unstable and not in the least personal, because it is linked to changing lifestyles, fashions and of course, to our state of mind. Living in an environment can either relax or stress, and stereotypes, myths, and the application or not of habits can help one feel at ease. Being in the randomness of nature, giving value to the primordial actions of taking care of oneself, in a place connected to the ecosystem, or on the contrary, to immerse oneself in a spatial process of formal subtraction where "less" helps to focus on some aspects of the contemporary, are simplifications of visions in which the sharing of methods of use enables one to interpret the space by pure cultural belonging. In this frenzy of building layers of mixed media in the contemporary space, we have gone from the use of decoration as an expression of social belonging and of economic opportunities, to confuse as environmentally friendly attitudes the use of soft shapes and natural materials.

Nature is complex in its evolution, simple in its appearance. Minimalism is pure in form, complex in the ritual way of acting in itself. As previously stated in these brief introductory lines, the bathroom is the main space in which these practical and psychological aspects integrate. We can imagine within it actions that are hot, warm or cold, identifiable in the management of system terminals or in the act of dressing and undressing in front of a mirror. To open and close a flow of water, to start and stop an action involving pampering oneself through tactile contact with a mixer tap, to remotely programme the bathroom using the smartphone application constitute not entirely different examples. Practices for a greener world, suggest that the action of mixing the water temperature with separate knobs, is an unethical concept, because while waiting for the desired temperature, drinking water useful for other purposes is wasted, not considering that that very expectation amplifies the sense of the action and that the determination of my ideal temperature can vary according to my physical and mental state, and therefore also my pre-determination of the level of hot or cold, achieved through a temperature controller, may require a new programme that results in an increased use of running water. The usual opposition between manual or digital, instantaneous or programmed, analog or fuzzy [1] actions, that cannot define the hot or cold action. Individual behaviour is not always programmable, therefore is not considered advantageous to control it by following strict settings. Water, for example, is an element to be protected, but the universal value of this requirement is to be assessed throughout the entire cycle of use, from the source to the sea.

Design requires delicacy, flexibility and some material consideration: ceramic is cold, even if decorated with floral designs; wood is warm, even when highly polished; stone is porous, even if resin; or again, red is hot and blue is cold, grey is technical and yellow is playful; stereotypes that are difficult to earmark.

1. Defined in 1965 by Dr. Lotfi Zadeh, it is a branch of mathematics that allows a computer to model the real world from the perspective of the consumer. Unlike analog systems where white opposes black, the infinite shades of grey are considered possible, in other words, infinite positions between 0 and 1 are accepted.

2016

Hi-tech, hi-touch

La superficie è l'elemento che in questo particolare momento sta assumendo il ruolo di mediatore delle relazioni tra uomo e oggetto. Passando dal pulsante allo schermo digitale, tutto si controlla con un touch e il modo di governare i luoghi e gli oggetti è radicalmente cambiato. L'interazione da analitica e progressiva sta assumendo aspetti casuali e personalizzabili e l'interaction design diventa grafica tridimensionale aggiungendo la gestualità dell'utente alle variabili del progetto. Si studiano e brevettano gesti di relazione: curve, rette, apostrofi, pizzichi multi-touch, che consentono di "intuitivizzare" l'uso della memoria visiva trasformandola in tattile [1].

Le punta delle dita tornano a essere il mezzo di contatto con il mondo esterno, non solo per indicare, sentire il vento, analizzare il caldo, freddo o la texture superficiale di ciò che ci circonda, ma come terminale di un corpo "aumentato" ipersensibile, confermando l'emozionante immagine di ET che con il dito rivolto verso il cielo si collega con i suoi simili dalla lontana terra. La superficie tattile è per dimensione indefinibile, può essere spazio o rappresentarne uno più piccolo o più ampio, su di essa si può partire da molte direzioni per avvicinarsi al luogo desiderato, decidendo di fermarsi prima girare intorno al punto prescelto, con un'azione ormai codificata e definita di zooming user. Il punto è punto e il pulsante, tra cui il mouse, attiva una singola funzione, determinata e inalterabile.

La tecnologia del nuovo millennio diventa soft, nascosta, immateriale, assumendo un atteggiamento naturale, più aderente alla propensione umana di ottenere il controllo sulle cose. Un hi-tech, sensibile, psicologico, che ci cattura con la sua immagine di device transizionale che si trasforma e ci accompagna lungo tutta la nostra esistenza. Nascondere la tecnologia, smaterializzarne l'aspetto, evidenziando il risultato che essa può generare, è tema di ricerca in atto da molto tempo. Umanizzare la relazione uomo macchina è un desiderio ereditato dall'era della meccanizzazione, i robot sono tali perché il loro aspetto umanoide apparisse meno offensivo riguardo all'incapacità dell'uomo di sopperire a mancanze di carattere fisico. Quella presenza, schiva e impenetrabile, ha generato immaginazioni di conflitto e di terrore, basti ricordare le fantascientifiche interpretazioni di Isaac Asimov su questo tema [2]. Nel passare del tempo, l'hi-tech come mezzo a servizio dell'uomo ha prevalso. Dalla controcultura, alla new age, all'ecologismo, il desiderio di crescere nel rispetto dell'ecosistema ha progressivamente accantonato l'immagine tecnica stereotipata del grigio e del bullone. In uno spazio come il bagno, in cui il corpo nudo si confronta con l'ambiente, in cui il contatto con i materiali e senza mediazione, diretto, indifeso, la tecnologia si mimetizza, asseconda la naturalezza dei gesti, della tradizione, si sottopone alle continuità delle superfici o se ne distacca per tornare a essere un elemento distinto, a uso personale e non appartenente all'identità del luogo.

1. A tal proposito si possono vedere i primi prodotti realizzati e commercializzati dalla Fingerwords, azienda che dichiara già dal suo nome la tipologia di prodotto, come il touch stream del 2001.
2. Vedi: Isaac Asimov, *Le tre leggi della robotica*.

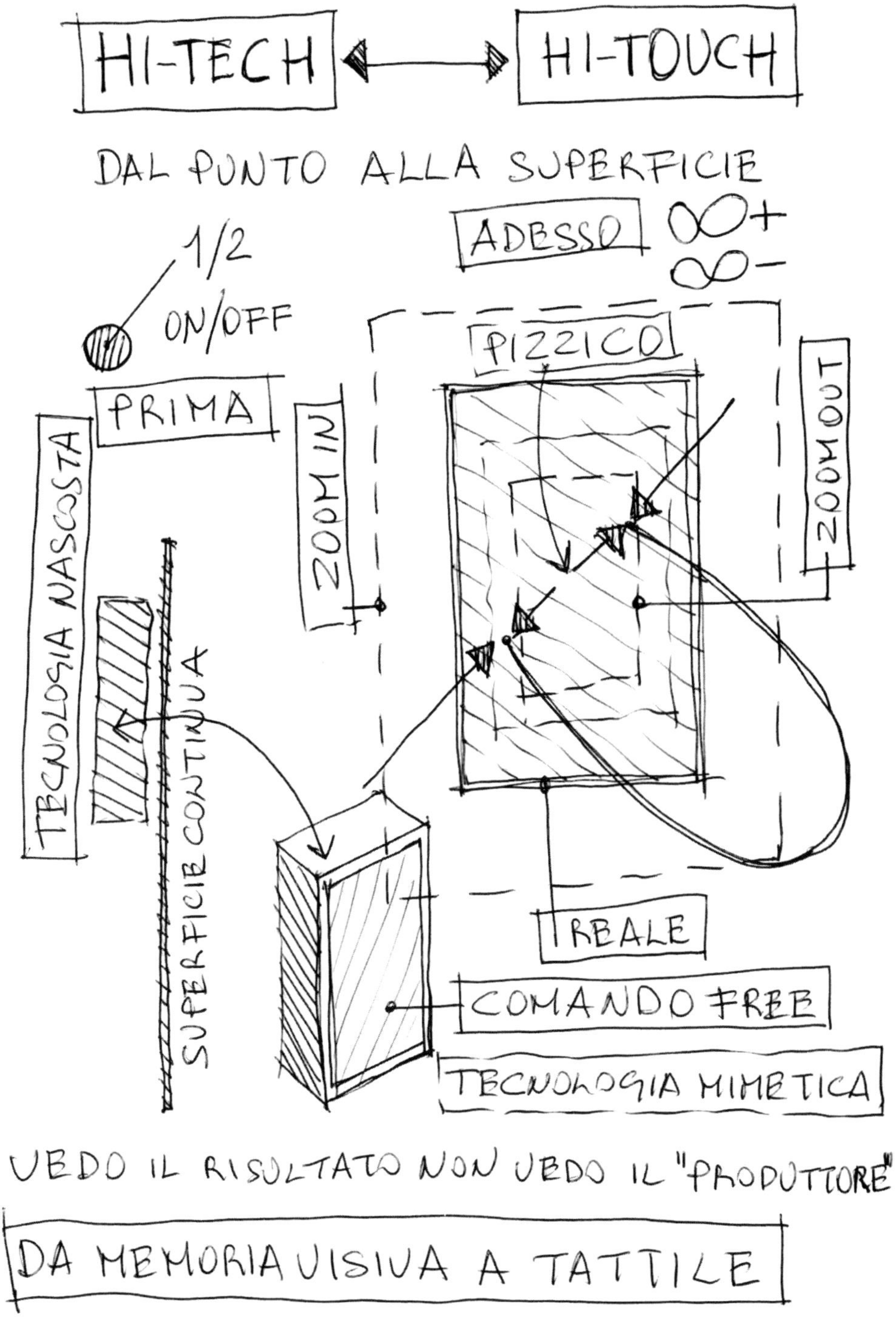
HI-TECH
HI-TOUCH
DAL PUNTO ALLA SUPERFICIE
ADESSO
∞+
∞−
1/2
ON/OFF
PRIMA
TECNOLOGIA NASCOSTA
SUPERFICIE CONTINUA
ZOOM IN
PIZZICO
ZOOM OUT
REALE
COMANDO FREE
TECNOLOGIA MIMETICA
VEDO IL RISULTATO NON VEDO IL "PRODUTTORE"
DA MEMORIA VISIVA A TATTILE

Hi-tech, hi-touch

The surface is the element that at this particular time is assuming the role of mediator of the relationship between man and object. Moving on from the button to the digital screen, everything can be controlled at a mere touch, and the way of governing places and objects has radically changed. The interplay of the analytical and progressive is taking on random, customisable aspects and design interaction becomes three-dimensional graphics, adding the user's gestural expressiveness to the variants of the project. Gestures of rapport are studied and patented: curves, straight lines, apostrophes, multi-touch pinches, which allow you to "grasp" the use of visual memory, transforming it into something tactile [1].

The fingertips again become the means of contact with the outside world, not only to indicate, feel the wind, test heat, cold or the surface texture of what surrounds us, but as a terminal of an "increased" hypersensitive element, confirming the exciting image of ET, who with his finger pointing to the sky, enters into contact with his kin from far-away earth. The tactile surface is indefinable by dimension, it can be space or represent a smaller or larger one, on it you can start from many directions in order to get closer to the desired location, deciding to stop before or turn around the selected point, with a codified, defined action of zooming user. The point is the point and the button, including the mouse, activates a single determinate and unalterable function.

The technology of the new millennium becomes soft, hidden, immaterial, assuming a natural behaviour, closer to the human propensity to gain control over things. A sensitive, psychological hi-tech, that captures us with its image as a transitional device that transforms and accompanies us throughout our existence. Concealing technology, dematerialising its appearance, highlighting the result that it can generate, has been the subject of ongoing research for a long time. Humanising the relationship between man and machine is a desire inherited from the era of mechanisation, robots are made so that their humanoid appearance comes across as less offensive in relation to the inability of man to make up for lacks of a physical nature. That reserved and impenetrable presence has generated imaginations of conflict and terror. We only have to think of the science fiction interpretations of Isaac Asimov on this theme [2]. In the passage of time, hi-tech as a means at the service of man has prevailed. From the counterculture and the new age to environmentalism, the desire to grow in respect of the ecosystem has gradually set aside the stereotypical technical image of grey and bolts. In a space like the bathroom, where the naked body is confronted with the environment, in which the direct, unprotected contact with the materials is without mediation, technology blends in; it follows the naturalness of gestures, of tradition; it is subjected to the continuity of the surfaces or it detaches itself from them to go back to being a separate element, for personal use and not belonging to the identity of the place.

1. In this regard you can see the first products manufactured and marketed by Fingerwords, a company, already through its name, declaring the type of product, like the touch stream of 2001.
2. See Isaac Asimov, *The three laws of robotics.*

Materiali: dal reale all'effimero alla perfomance

La definizione dell'identità della pelle, il costituire rivestimento ornamentale o funzionale, è un settore progettuale in forte espansione, a tal punto da generare una costante riflessione sull'importanza che la sua percezione produce nel definire prodotti e ambienti. Tra aspetti materici e semantici, la decorazione attiva comunica valori classici come la resistenza all'usura o mediatici come l'appartenenza a stili o modi di agire nella contemporaneità.

La superficie dei materiali, lisci o corrugati, lucidi opachi, comunica qualità e caratteristiche prestazionali. Coprire è sinonimo di proteggere e nascondere ma anche di trasformare e mascherare veri o falsi valori. Rivestire o essere scatola trasforma il modo di pensare e costruire le cose. Essere packaging di un prodotto alimentare o di un edificio, racchiudere funzioni attive o passive, è parte della stessa filosofia di pensiero.

L'involucro del prodotto elettronico e le scocche portanti in materiale plastico, tipicamente legati al design del prodotto, hanno generato una propensione a considerare la pelle esterna delle cose come elemento strutturale, trasformando la concezione degli edifici. Spariscono travi, pilastri, finestre, che si fondono in un guscio tridimensionale, inteso come filtro, un intermezzo tra vuoto interno ed esterno. La struttura è forma e funzione allo stesso tempo, i grattacieli sono macro lampade urbane, le sedie sono modelli di piazze sopraelevate, confermando le visioni radical del *Monumento continuo*. Una *no-stop city* mediatica, dove tutto è superficie utile per comunicare la propria identità, appartenenza e messaggio. [1] L'ambiente culturale di tali evoluzioni considera l'essere puro, essenziale, inalterato, come azione insufficiente, inadeguata, inattiva.

In definitiva i materiali contribuiscono a costruire la prima forma di comunicazione delle cose.Il paradosso è che utilizzare semplice ceramica, pietra o vetro, è considerato troppo naturale e privo di pensiero progettuale. Il progetto materico di stoffe strutturali, ceramiche legnose, legni plastici, diventa più idoneo a stimolare una visione discontinua, dove più livelli d'interpretazione si adattano alla mutazione e personalizzazione degli stili. La manipolazione, l'ibridazione, rappresenta una forma di progetto evoluto, un modo di fare industria, di definire prodotti marchio. Ibridare vuol dire selezionare il meglio delle cose, un'evoluzione genetica in cui il calore del legno è unito alla praticità della monocottura e la grana della pietra è unita alla leggerezza dei materiali compositi. Non si tratta di contraffare, di scelta innaturale, si tratta di ridefinire i materiali e svincolarli dai legami culturali del passato in favore dell'effimero e del temporaneo. Un rubinetto placcato d'oro è per assurdo più etico di uno massiccio, una pietra ricomposta più economica, un multistrato più ecologico, una finta pelle più cruelty free, costituendo atteggiamenti consapevoli. Siamo assoggettati all'immagine delle cose, al virtuale, alle sensazioni cosplay, alla memoria breve, alla necessità di personalizzare il proprio modo di essere, a tal punto da assecondare la continuità della performance.

1. Due esempi di progetti teorici nati dai movimenti radical fiorentini: *Monumento continuo*, Superstudio 1969; *No-stop city*, Archizoom 1969.

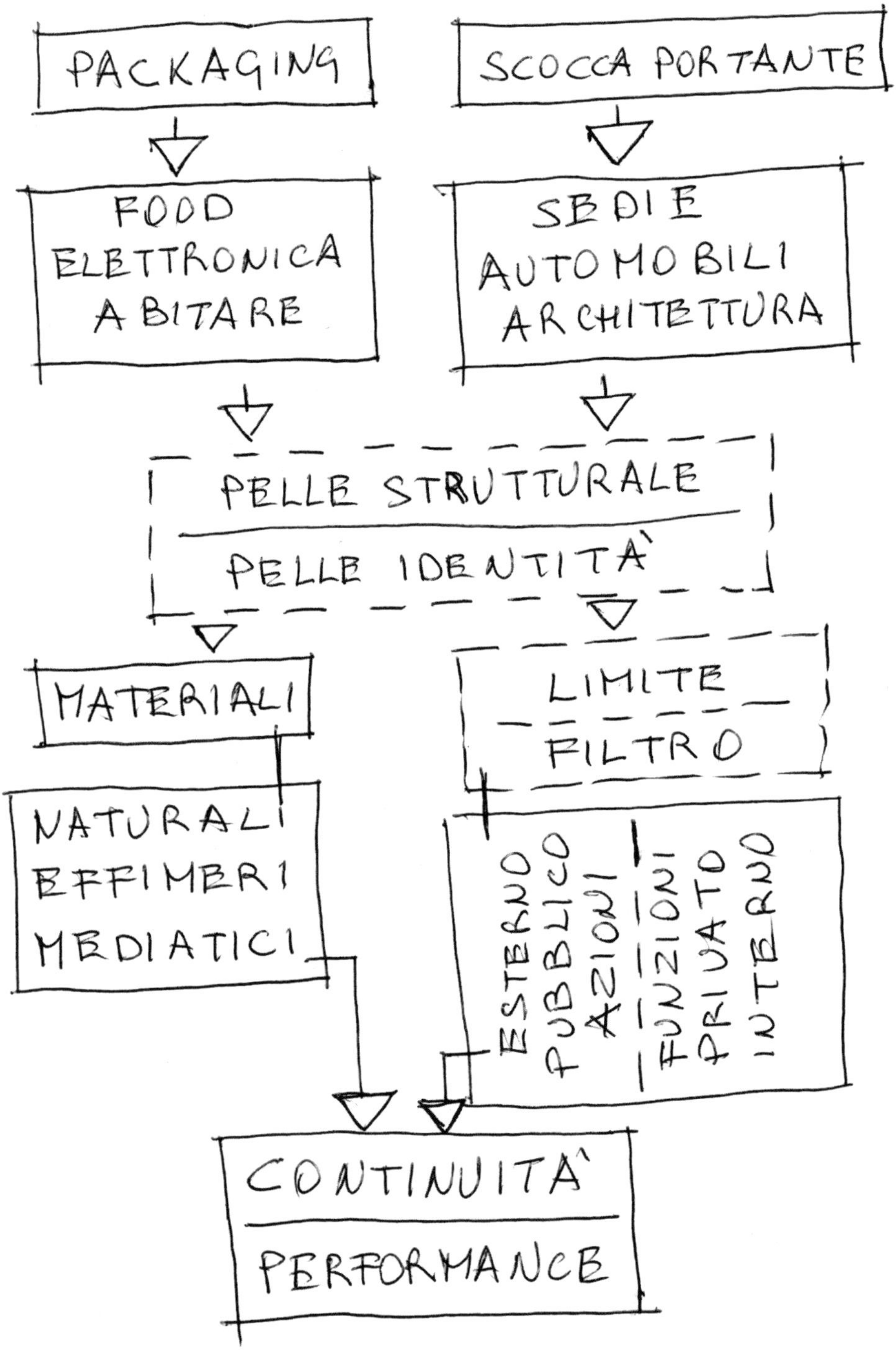
PACKAGING
SCOCCA PORTANTE
FOOD
ELETTRONICA
ABITARE
SEDIE
AUTOMOBILI
ARCHITETTURA
PELLE STRUTTURALE
PELLE IDENTITÀ
MATERIALI
LIMITE
FILTRO
NATURALI
EFFIMERI
MEDIATICI
ESTERNO
PUBBLICO
AZIONI
FUNZIONI
PRIVATO
INTERNO
CONTINUITÀ
PERFORMANCE

Materials: real, ephemeral, performance

The definition of the identity of skin, the ornamental or functional cladding, is a booming sector of design, to the point of generating a constant reflection on the importance that its perception produces in defining products and environments. Among the material and semantic aspects, active decoration communicates classical values such as wear resistance or mass media, like belonging to styles or ways of acting in the contemporary world. The surface of materials, smooth or corrugated, glossy or matte, communicates qualities and characteristics in terms of performance. To cover means to protect and conceal, but also to transform and disguise true or false values. To clad or be a box transforms our way of thinking and building things. Being packaging of a food product or of a building, to enclose active or passive functions, is part of the same philosophy of thought.

The casing of the electronic product and the supporting plastic shells, typically related to product design, have generated a tendency to consider the outer skin of things as a structural element, transforming the concept of the buildings. Beams, pillars and windows disappear, and come together in a three-dimensional shell, intended as a filter, an interlude between inside and outside voids.

The structure is form and function at the same time, skyscrapers are giant urban lamps, chairs are models of raised squares, confirming the radical visions of the *Monumento continuo*. A media-oriented *no-stop city*, where everything is surface, useful to communicate one's own identity, belonging and message. [1] The cultural environment of these developments considers pure, essential, unchanged existence as insufficient, inadequate and inactive. Ultimately, the materials help to build the first form of communication of things. The paradox is that to use simple ceramics, stone or glass, is considered too natural and lacking in design concept. The material project of structural fabrics, wood ceramics, plastic timber, becomes more suitable to stimulate a discontinuous vision, where multiple levels of interpretation adapt to the mutation and customisation of styles.

Manipulation, hybridisation, represents a form of advanced design, a way of making industry, of defining brand products. To hybridise means to select the best of things, a genetic evolution where the warmth of wood combines with the convenience of single-fired elements, and stone grit is combined with lightweight composite materials. It is not about faking, making unnatural choices, but redefining the materials and freeing them from the cultural ties of the past in favour of the ephemeral and temporary. A gold-plated tap is absurdly more ethical than a heavy one, a cheaper recomposed stone, a greener plywood, a cruelty-free fake leather, forming conscious attitudes. We are subject to the image of the things, to the virtual, to cosplay sensations, to short-term memory, to the need to customise our own way of being, to the point of satisfying the continuity of performance.

1. Two examples of theoretical projects created by the radical Florentine movements: *Monumento continuo*, Superstudio 1969; *No-stop city*, Archizoom 1969.

Surface: manierismo a km 0

Surface, come voce nel suo significato esteso, può essere abbinata a tre altri termini che ne determinano una più ampia definizione. Il primo è a quello di surfing, nel senso utilizzato da Alessandro Baricco nel suo saggio *I barbari*, in cui prende in considerazione gli elementi caratterizzanti le mutazioni contemporanee di pensiero e di modi di fare. Il secondo è esperienza, personalmente intesa come una forma di specializzazione, ovvero la somma di informazioni e capacità pratiche in un determinato settore, acquisite in un periodo non troppo breve, che vengono riconosciute dalla collettività in uno specifico prestatore di servizio. Il terzo, infine, è prototipazione, più o meno rapida, intesa come pratica semi-industriale in grado di realizzare, in tempi contenuti, un manufatto pensato e disegnato con i moderni software di modellazione.

Viaggiare in superficie, connettere una molteplicità di punti, spostarsi velocemente da un argomento a un altro, usare l'onda per navigare in un mondo multitasking, non è in alcun modo considerabile in maniera negativa: è parte della nuova necessità di adattarsi alla temporary age, in cui tutto è momentaneo, dall'uso dell'abitazione all'automobile, dal lavoro alle frequentazioni culturali. I grandi motori di ricerca insegnano a cercare in superficie, per immergersi solo quando si è certi che la quantità d'aria accumulata sia sufficiente a scovare e riportare l'esperienza desiderata. La conoscenza si tramuta in abilità per gestire i software di modellazione tridimensionale: questa oggi è una nuova professione solo a prima vista limitante, tuttavia riconosciuta e apprezzata da ogni centro ricerca di design. Una forma di esperienza che non fa uso degli assiomi classici del fare progetto. Il nuovo modo di agire nell'ambito della progettazione è più vicino al concetto di *form follows fiction*, in cui apparire, piacere, appagare la leggerezza del vivere, condividere, relazionarsi è ritenuta la funzione primaria.

Il parametrico è multitasking, evoluzione 2.0 di evoluzioni frattali e successioni di Fibonacci, nella sua capacità di modificare il tutto a ogni piccola variazione derivante da sollecitazioni esterne, tecniche o formali. È capacità di implementare la vita attiva del progetto, mai chiuso, mai appagato, consentendo la possibilità di accesso e modificazione in tutte le sue fasi, compresa quella di esercizio. Necessità che la prototipazione rapida amplifica, nella sua capacità di assecondare il ciclo di vita del prodotto, al fine di implementare la personalizzazione rispondendo a un requisito primario e di considerare possibili, senza traumi industriali, le modifiche derivanti dai feedback prestazionali: si evolve, in tal modo, il concetto di evoluzione tipologica, che da episodica si trasforma in azione costante. Il progetto così risolto è progressivo, infinito, e permette la trasmigrazione dell'abilità del designer dalla semplice creatività iniziale alla più completa fase di gestione, distaccandolo dall'edonismo stilistico legato al prodotto. La superficie non limita, piuttosto delimita momentaneamente le funzioni; esse, legate al digitale difficilmente, singolarmente, darebbero spunto alla forma. La difficoltà a immaginare nuovi usi della superficie è, invece, evidente nella stagnazione delle immagini utilizzate: dalla texture della fibra di carbonio, sinonimo di materiale tecnologico e ibrido, si è passati alle membrane, morbide, traforate. Nella loro vicinanza al concetto di leggerezza, di rete antropomorfica, di struttura essenziale, le pelli invadono l'immaginazione. La struttura a celle libere diventa moda, le superfici si fanno schiave dello stile prototipazionale e invadono palazzi, telai di moto, gioielli, scarpe, definendo un nuovo manierismo a chilometro zero.

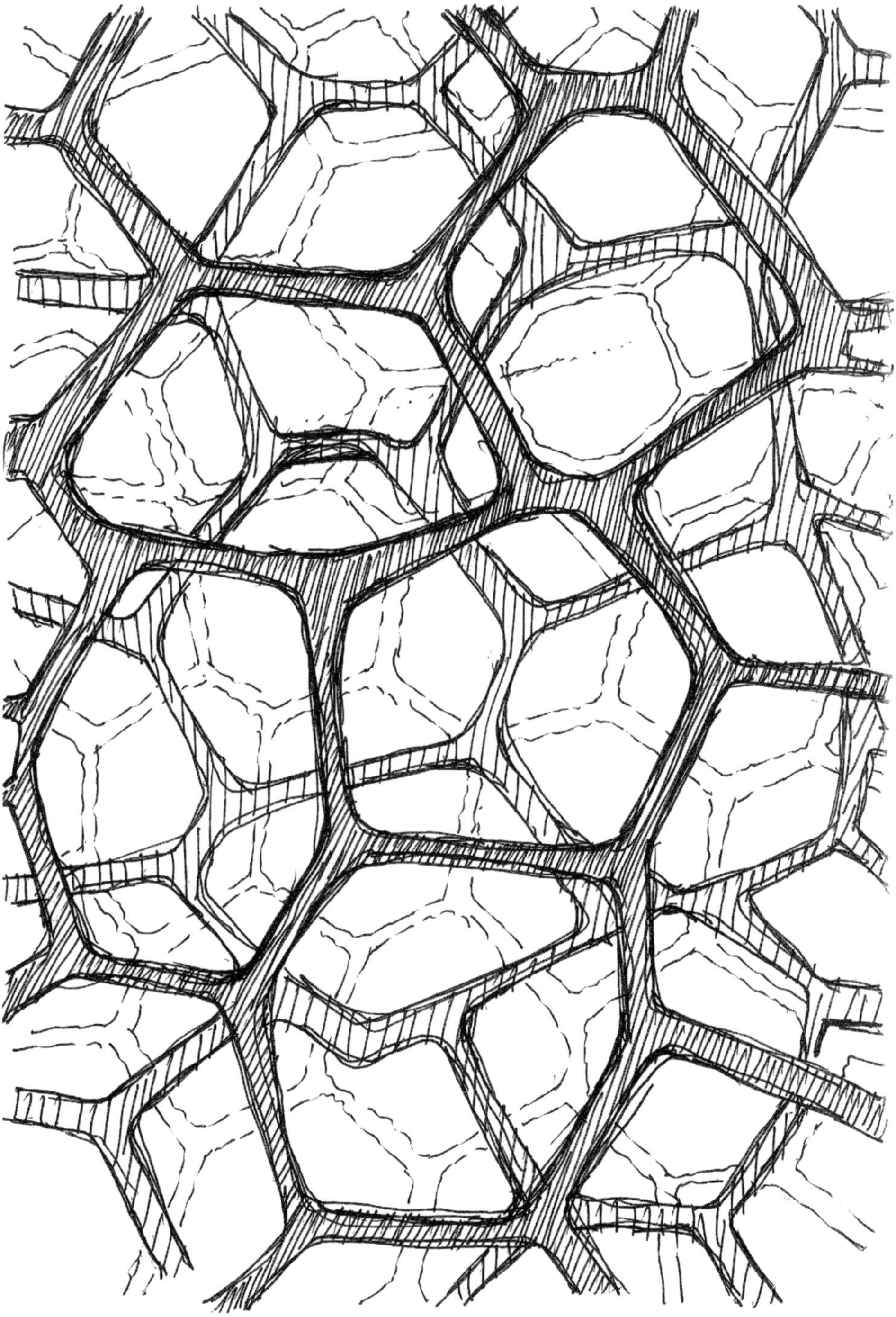

Surface: mannerism at your fingertips

Surface, as an entry in its extended meaning, can be matched to three other terms that determine a broader definition of it. The first is that of surfing, in the sense used by Alessandro Baricco in his essay *I barbari*, which takes into account the elements that characterize the contemporary mutations of thought and ways of doing things. The second is experience, personally understood as a form of specialization, which is the sum of information and practical skills in a particular field, acquired over a longish period, that are recognized by the community in a specific service provider. The third, finally, is prototyping, more or less rapid, understood as a semi-industrial practice able to fulfil in a short time an object conceived and designed with modern modelling software.

Traveling across the surface, connecting a plurality of points, shifting quickly from one topic to another, using the wave to navigate in a multitasking world, is not in any way to be considered negatively: it is part of the new need to adapt to the temporary age, where everything is momentary, from the use of the home to the car, from work to the cultural activities. Major search engines teach us to look at the surface, to dig deep only when we are sure that the amount of air accumulated is sufficient to find the desired experience. Knowledge is transformed into abilities to manage three-dimensional modelling software: today, this is a new profession only limiting at first sight, nonetheless recognized and appreciated by every design research centre. A form of experience that makes no use of the classical axioms of carrying out the project. The new course of action in the design is closer to the concept of "form follows fiction", in which to appear, to please, to satisfy the lightness of life, to share, to relate, is considered the primary function.

Parametric is multitasking, 2.0 evolution of fractal evolutions and Fibonacci sequences, in its ability to modify everything at each little variation resulting from external, technical or formal stimuli. It is ability to implement the active life of the project, never completed, never satisfied, allowing the possibility of access and modification in all its phases, including that of exercise. A necessity that rapid prototyping amplifies, in its ability to follow the life cycle of the product, in order to implement customization by responding to a primary requirement, and to consider possible changes resulting from feedback in terms of performance, without sustaining industrial damage: in this way, the concept of typological evolution develops, which from sporadic becomes a constant action. The project is therefore progressive, infinite, and allows the transmigration of the designer's skill from simple initial creativity to the more complete management phase, detaching it from stylistic hedonism linked to the product. The surface does not limit, but rather temporarily defines the functions; being digital, it would be difficult for them to give inspiration to form.

The difficulty in envisaging new uses of the surface is, however, evident in the stagnation of the images used: from the carbon fibre texture, synonymous with technological and hybrid material, we have arrived at soft, perforated membranes. In their proximity to the concept of lightness, of anthropomorphic mesh, of essential structure, the skins invade the imagination. The structure with free cells become fashionable, surfaces are made slaves of the prototyping style and invade buildings, motorcycle frames, jewellery and shoes, defining a new mannerism at your fingertips.

Tecnologie sospese

Le tecnologie legate al vivere quotidiano, in grado di far progredire, evolvere, perfezionare le nostre azioni, nell'immaginario comune sono state intese per lungo tempo come elementi tangibili in grado di innovare prodotti, parte di essi o interi processi produttivi. In modo non dissimile da altri settori, anche questa visione di estrema praticità ha subito una inarrestabile adesione all'idea di virtualizzazione. L'immateriale prende il sopravvento e segue solo di pochi anni il processo di smaterializzazione della forma elettronica. La diffusione di nuovi neologismi come: intelligenza artificiale, tecnologia persuasiva, realtà virtuale o aumentata, è indicatore di modi di agire cui nessuno vuole rinunciare.

Di fronte a questa grande popolarità, iniziano a diffondersi alcuni distingui sull'uso corretto del termine virtuale. Può un'azione realizzata con un computer, con uno smart phone, essere considerata virtuale, solo perché ne vediamo il risultato ma non il modo di formarsi? Cercare ed essere raggiunto da un'immagine proiettata su di uno schermo, anziché su di un foglio, è considerabile virtuale? Le banche dati, i cloud storage, sono spazi cibernetici inesistenti, oppure luoghi per materia di transizione e quindi parte del mondo tangibile? I byte sono l'unità di misura della capacità di memoria, quindi stiamo parlando di contable material, si può quantificare una cosa che non esiste? E ancora: una foto digitale prima di essere visionata non è reale? Come risposta a queste domande si può usare un paradosso preso a prestito dai film di fantascienza: l'uomo in un ipotetico trasferimento di teletrasporto, nel suo stato di viaggiatore smaterializzato, non sarebbe più reale? È lampante che il virtuale evidenzi uno stato momentaneo, transitivo dell'essere materia usabile a tempo debito. La tecnologia digitale è di conseguenza causa ed effetto tangibile di azioni sospese. Essere momentaneo, essere a chiamata, essere effetto e non oggetto, è la nuova frontiera da studiare e codificare nel progetto del prodotto temporaneo. Vedere il risultato ma non gli elementi che ne generano l'azione è punto principale della ricerca d'identità dei prodotti-servizi.

La tecnologia virtuale è come un lucernaio tramite cui vedo l'effetto ma non la fonte luminosa, eppure sono cosciente che il sole esiste. Costruire e mantenere identità al virtuale in fase di azione sospesa non è facile, in molti casi si hanno a disposizione pochi millimetri quadrati idonei al posizionamento di una piccola icona. Il fattore che determina la riconoscibilità, in questi casi, è la memoria d'uso, la permanenza dell'esperienza, aspetti che portano a confermare che l'interaction design è un processo di modellazione dell'identità e non solo di progetto della relazione uomo-macchina e di conseguenza l'user interaction designer, gestendo forma e messaggio dell'azione è un progettista a tutto campo. Queste poche considerazioni su di un tema di forte attualità, possono essere concluse ricordando un esempio di prodotto virtuale realizzato nel campo dell'arte, non una performance ma il progetto di un *Cubo Invisibile* ipotizzato e realizzato da Gino De Dominicis nel 1969. Esempio calzante, creò sconcerto nel mondo di riferimento, ed era definibile per dimensione, tramite il suo quadrato di base o ancor meglio immaginando l'ipotetico packaging usato nel trasporto dal luogo di produzione alla galleria di esposizione. L'opera utilizzava come elemento distintivo la memoria ed esperienza della forma del cubo che ognuno si porta inevitabilmente dietro come bagaglio esperenziale.

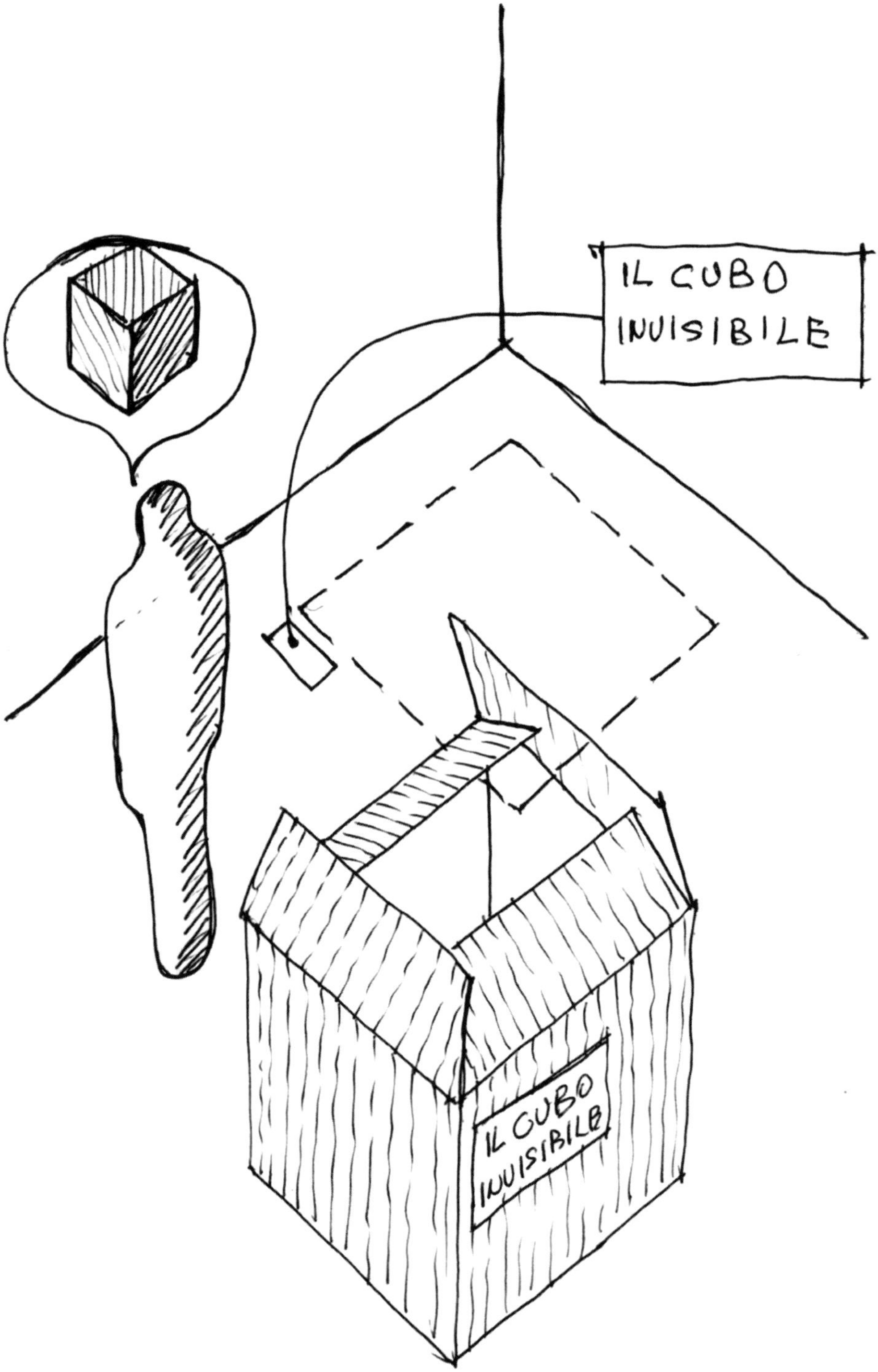
IL CUBO
INVISIBILE
IL CUBO
INVISIBILE

Suspended technologies

The technologies related to everyday life, able to advance, evolve and perfect our actions, in popular imagination, were understood for a long time as tangible elements capable of innovating products, part of them or entire production processes. Not unlike other sectors, this vision of extreme practicality has suffered a relentless adherence to the concept of virtualization. Intangibility takes over, followed just a few years by the process of dematerialization of the electronic form. The spread of new neologisms such as: artificial intelligence, persuasive technology, virtual reality, is an indicator of ways to act when no one wants to give up.

In the face of this great popularity, some distinctions begin to spread regarding the correct use of the virtual term. Can an action carried out with a computer, with a smart phone, be considered virtual, just because we see the result but not the way it is formed? Is attempting to be reached by an image projected on a screen instead of a sheet, considered virtual? Are databases and cloud storage, nonexistent cybernetic spaces or places for transitional material and therefore part of the tangible world? Bytes are the units of memory storage capacity, so we are talking about countable material, can we quantify something that does not exist? And more: is a digital photo before being viewed not real? As an answer to these questions we can use a paradox borrowed from science fiction movies: wouldn't the man in a hypothetical transfer of teleportation, in his state of dematerialized traveler, be more real? It is clear that virtuality highlights one momentary, transitive state, being usable matter in due course. Digital technology is therefore a tangible cause and effect of suspended actions. To be temporary, to be called, to be effect and not the subject, is the new frontier to study and codify in the project of the temporary product. To see the result but not the elements that generate its action is the main point of the quest for identity of the products and services.

Virtual technology is like a skylight through which I see the effect but not the source of light, yet I am aware that the sun exists. Building and maintaining identity virtually, during a phase of suspended action is not easy; in many cases you have at your disposal a few square millimetres suitable for the positioning of a small icon. The factor that determines recognition, in these cases, ias the memory of use, the permanence of the experience, aspects that lead us to confirm that interaction design is an identity modeling process and not just the design of the human-machine relationship, and consequently the interaction designer user, managing the form and message of the action, is a designer in all areas. These few considerations on a topic of great contemporary relevance, can be concluded by recalling an example of a virtual product made in the field of art, not a performance but the project of an *Invisible Cube*, planned and created by Gino De Dominicis in 1969. Case in point, it created confusion in the world of reference, and it was defined by size, by its basic square or even better by imagining the hypothetical packaging used for transportation from the production site to the exhibition gallery. The work used as a distinctive element the memory and experience of the cube shape that everyone carries inevitably behind as experiential baggage.

Dare o fare texture

La distanza di un oggetto dal nostro punto di vista può essere definita tramite due diverse letture che nel tempo vanno a formare l'idea di percezione del mondo. La prima è il raffronto dimensionale delle sagome degli oggetti, che se conosciuti e personalmente testati, ci indicano a quale distanza da noi essi si pongono. Stesso effetto si ottiene, nel caso l'elemento da valutare sia in luce, tramite la definizione della sua grana materica, delle dimensioni della texture superficiale e dell'intensità del colore. Effetto ottico, quest'ultimo, teorizzato da Leonardo da Vinci nella descrizione della prospettiva aerea e ben applicato nel quadro della *Gioconda*. Texture e colori creano abitudine, domesticità, assuefazione, normalità, e in egual misura tutto il contrario, come poneva in evidenza Bruno Munari, nel suo libro *Fantasia*, o come più volte ha agito Oldenburg con le sue opere di gigantismo urbano. Per colpire l'immaginazione possiamo agire sulla deformazione della consuetudine, variando: dimensioni, colori, dettagli, di un oggetto noto.

In tal modo esagerare le dimensioni o invertire i colori di un tartan scozzese, crea disappunto o attrazione, come rivestire le automobili di vellutina, in un'operazione di pop art anni settanta, significava trasgredire la tradizione, invertire l'esterno con l'interno, domesticizzare l'automobile e trasferirla nel mondo del fashion. Il tutto semplicemente cambiando la visione meccanicista che l'automobile si portava dietro. Dare texture, vuol dire, incrementare la comprensione della forma o del suo modo d'uso, costruire identità visiva, per normodotati o ipovedenti. Possiamo immaginare quanto banale e manieristico sia per un progettista evidenziare i punti di presa di un oggetto con una zigrinatura, ma come nel contesto comune questo equivalga a creare punti di conoscenza e affiliazione a chi ne deve fare uso. Fare texture vuol dire progettare tatto visivo, percepire la lucentezza, la ruvidezza, la viscosità e la resistenza di un materiale. Come esempio è utile immaginare quanto incida a dare fragilità lo spessore superficiale di vernice trasparente, al suo aumentare, l'identificazione con il vetro, porta a incrementare l'attenzione d'uso, evidenziando la possibilità di infrangere la forma con gesti maldestri. Fare texture è identificare il bianco con il pulito e cancellare anni di water e bidet: marrone, blu intenso o nero. Dare texture può anche dire immaginare movimenti appena percettibili o dinamici, casuali o programmabili, definiti o personalizzabili.

La trasformazione continua del disegno del vento sulle dune di un deserto è paragonabile alle porzioni lucide e opache costruite dal senso del pelo di una stoffa d'alcantara, mentre il salva schermo in movimento è stato tra i primi esempi di texture dinamica estesa a tutti gli utenti di Windows. Una folla in movimento, guardata da lontano, è un decoro attivo puntiforme, come endemico è riconoscere lo spumante dall'effervescenza delle bollicine, texture attiva temporanea indispensabile per accendere la festa. Chi pensa che progettare texture o definire colore sia una fase conclusiva di un iter progettuale, ben poco ha compreso cosa vuol dire costruire identità. Come poco ha compreso di progetto chi pensa che il messaggio formale di un oggetto non sia un'azione prioritaria del prodotto. Fare bello è fare funzionale, come fare o dare texture è un modo di giocare con le infinite possibilità di leggere progetto.

Dare o fare texture / Giving or creating texture.

Giving or creating texture

The distance of an object from our point of view can be defined using two different interpretations, which, over time, form the idea of perception of the world. The first is the comparison in terms of dimension of the shapes of objects, which, if known and personally tested, show us how far they are placed from us. The same effect is obtained, when the element to be evaluated is in the light, through the definition of its material grain, of the dimensions of the surface texture and intensity of colour. The latter is an optical effect, theorized by Leonardo da Vinci in the description of aerial perspective and well applied in the painting of the Mona Lisa. Texture and colour create a sense of habit, domesticity, dependence, normality, and equally, the contrary, as highlighted by Bruno Munari, in his book *Fantasia*, or as many times Oldenburg acted with his works of urban gigantism. To push the imagination, we can act by deforming the habit, varying size, colour and details of a known object.

Thus exaggerating the dimensions or inverting the colours of a Scottish tartan either creates disappointment or attraction, just as lining cars with velvetine, in a 1970s pop art operation meant to transgress tradition, reverse the outside with the inside, domesticate the car and transfer it to the fashion world. All this by simply changing the mechanistic vision that the automobile carried with it. Giving texture, means increasing one's understanding of shape and of its method of use, constructing visual identity for people of normal intelligence and the visually impaired. We can imagine how trivial and Mannerist it is for a designer to highlight the grips of an object with ribbing, but as in the common context, this is tantamount to creating points of knowledge and affiliation in favour of those who have to use them. Making texture means to design visual touch, perceive the gloss, the roughness, the viscosity and the resistance of a material. As an example, it is useful to imagine how the transparent varnished surface thickness gives an effect of fragility and identifies with the glass, prompting its user to handle it with care, highlighting the possibility of fragmenting the shape with clumsy gestures. Creating texture is identifying white with purity and erasing years of brown, deep blue or black toilet bowels and bidets. Giving texture can also imply imagining movements, barely perceptible, dynamic, random or programmed, defined or customizable.

The ongoing transformation of the pattern of the wind on the desert dunes is comparable to the glossy and opaque portions created from the nap of a fabric of Alcantara, while the moving screensaver was one of the first examples of dynamic texture extended to all Windows users. A moving crowd, watched from a distance, is an active point-like decoration, as endemic it is to recognize the foamy effervescence of bubbles, a temporary active texture essential to enliven a party. Anyone who thinks that designing texture or defining colour is the final stage of a design process, has understood very little about what it means to build identity. How little those have understood, who believe that the message in terms of form of an object is not a priority of the product. Making something beautiful is making it functional, in the same way as creating or giving texture is a means of playing with the endless possibilities of interpreting a project.

New tradition / New innovation

L'innovazione si misura con la distanza dalla tradizione, intesa quest'ultima, come le pratiche trasmesse, le azioni ripetute e perfezionate nel tempo, che vanno a costituire le certezze nel fare e nel comprendere. Di conseguenza, la qualità è definita dalla tradizione, dalla rispondenza a parametri oggettivi e culturali riconosciuti come modelli di riferimento.

Affermava Franco Albini, a tal proposito, nella metà degli anni Cinquanta: "La continuità degli eventi non è per se stessa tradizione; lo diventa quando è nella coscienza degli uomini". [1] Il legame fra tradizione e innovazione è descritto in questo passaggio, come forza trasformatrice, corrente centrale veloce di un fiume, in cui la tradizione, pur nella sua azione di attrito periferico, ne diventa volano e mediazione controllata in un insieme di azioni idonee alla realizzazione di un equilibrio dinamico. Di conseguenza, possiamo affermare, che le tradizioni sono innovazioni diffuse, rese meno aggressive dalla pratica quotidiana e accettate come nuovi standard dalla maggioranza della collettività. Tradizione è conoscenza, mi affido a un oggetto e al suo modo di rappresentarmi. La vera innovazione si misura dalla sua penetrazione nei mercati, dalla sua reale utilità, per cui deve essere considerata una fase di pre tradizione. Se l'innovazione è corrente di un fiume in pena, non può che essere la pioggia a generarla, intensa, che insiste su di un territorio più o meno ampio. Un ambiente culturalmente arido, o molto permeabile, avrà meno opportunità d'innovazione. È possibile fare innovazione senza tener conto della propria storia e del proprio territorio? Siamo sempre più attratti dal duplicare le start-up della Silicon Valley, dalla voglia di fare ancora una volta "l'americano", per citare Carosone e una sua nota canzone degli anni cinquanta, dimenticando che i nostri valori sono legati all'evoluzione e innovazione tipologica dei prodotti, controllata, mediata, anticipata nei mercati, del fare bello e ben fatto, che da sempre ha contraddistinto il prodotto nostrano. Il design italiano, assunto il funzionale come requisito di base, nei primi anni del dopoguerra, inventa la forma, aggiunge al ben fatto, una patina di cultura, di ambizione sociale, di arroganza nel vivere in un "bel paese", quindi riconduce il bello allo stato di funzione. L'Italia, luogo per eccellenza della continuità storica assunta a fonte d'immaginazione, di esperienza tramandata, non può dimenticare che il radical design poteva nascere solo a Firenze, apparentemente addormentata nella sua solenne esteriorità. Città in cui la memoria "congelata" acuiva il contrasto, ingigantiva le differenze, formalizzava il pensiero e agitava la forma.

Su questo tema, delicato e di centrale importanza, è necessario aprire un dibattito, è chiedersi se stiamo immaginando una nuova tradizione che poco ci appartiene, indistinta, in un binario percorso da molti in molti luoghi, con più mezzi e più memoria nello specifico. È necessario domandarsi quali rischi e vantaggi porta abbandonare la consuetudine di far evolvere per piccoli passi un sistema industriale costituito da aziende medio-piccole, abituate ad azioni ripetute a breve distanza, in cui la vera tecnologia è applicare la bellezza a portata di mano. La risposta è provocatoria, forse inutile, ma vale la pena ricordare che la nostra è ancora nuova tradizione, almeno nel design, poiché le esperienze in essere sono ancora collegabili a un passato recente ben impresso nella memoria collettiva.

1. Franco Albini, *Un dibattito sulla tradizione in architettura*. Svoltosi a Milano nella sede del Movimento per gli Studi di Architettura - MSA - la sera del 14 giugno 1955.

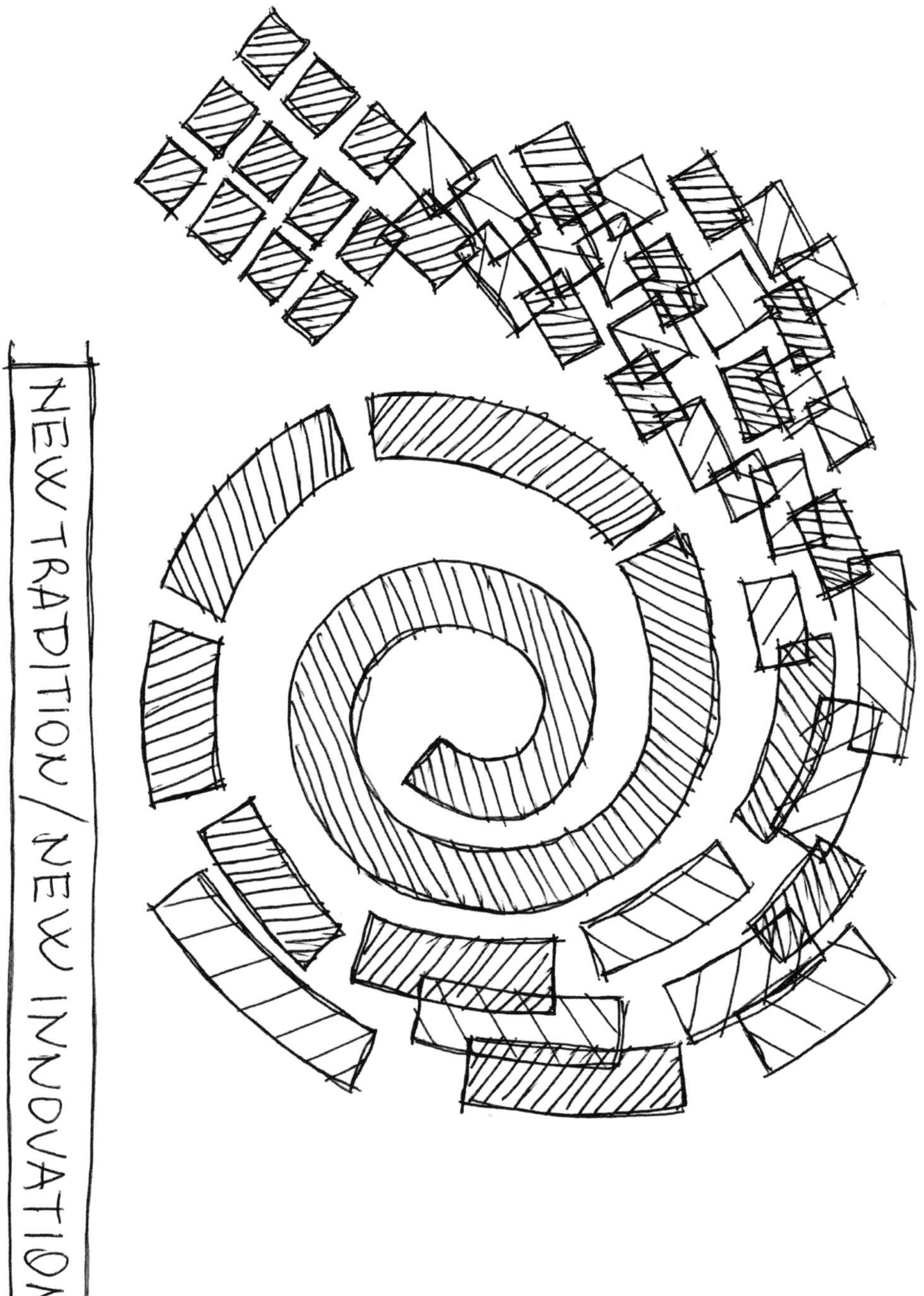
NEW TRADITION / NEW INNOVATION

New tradition / New innovation

Innovation is measured by the distance from tradition, the latter being understood as the practices handed down, actions repeated and perfected over time, which constitute the certainties in making and understanding. As a result, quality is defined by tradition, by its adherence to objective and cultural parameters recognized as reference models.

In the mid-fifties, Franco Albini claimed in this regard: "The continuity of events is not per se tradition; it becomes so when it is in the consciousness of men". [1] The link between tradition and innovation is described in this passage, as a transforming force, the fast central current of a river, where tradition, even in its action of peripheral friction, becomes its flywheel and controlled mediation in a combination of ideal measures for creating a dynamic equilibrium. As a result, we can say that traditions are widespread innovations, made less aggressive by daily practice and accepted as new standards by the majority of the community. Tradition is knowledge, I entrust myself to an object and to its way of representing me. True innovation is measured by its market penetration, its genuine utility, which is why it has to be considered a pre-tradition. If innovation is the current of a flooding river, it can only be the intense rain to generate it, which persists over an extensive territory. A culturally arid, or very permeable environment, will have fewer opportunities for innovation.

Can we innovate without taking account of our own history and territory? We are increasingly attracted to the duplicate start-ups in Silicon Valley, the desire to "fare l'americano" (do it American style) to quote Carosone and his famous song of the fifties, forgetting that our values are related to the evolution and typological innovation of products, controlled, mediated, anticipated on the markets, making beautiful, well-made things that have always characterized our national product. Italian design, having assumed function as a basic requirement, during the initial post-war years, invented form, added to the well made a patina of culture, social ambition, arrogance in living in a "beautiful country" and subsequently led the beautiful back to the state of function. Italy, the place par excellence of historical continuity taken as a source of imagination, of experience handed down, cannot forget that radical design could only be born in Florence, seemingly asleep in its solemn appearance. A city where "frozen" memory sharpened contrast, magnified differences, formalized thought and made form dynamic.

On this delicate and highly important issue, we must open a debate and ask ourselves whether we are envisaging a new indistinct tradition that has little to do with us, along a path followed by many people in many places, with various means and more memory specifically. We need to ask ourselves what risks and benefits are involved in abandoning the custom of evolving an industrial system consisting of small to medium-sized businesses, accustomed to repeated frequent actions, where the real technology is applying beauty at one's fingertips. The answer is provocative, perhaps unnecessary, but it is worth remembering that our tradition is still new, at least in terms of design, because experiences are still being linked to the recent past, firmly ingrained in the collective memory.

1. Franco Albini, *A debate on tradition in architecture*. Held in Milan on the premises of the Movimento per gli Studi di Architettura - MSA - evening of 14th June 1955.

2017

Tempo al tempo

La qualità apparente che più di altre caratterizza i metalli è la presenza, o meno, della corrosione. Resistere agli ambienti umidi è stato da sempre il compito principale di molti accessori domestici, almeno fino alla nascita dei materiali plastici, che devono la loro fortuna e diffusione proprio alla capacità di non mutare all'azione dell'acqua. I polimeri hanno decretato il declino d'uso anche di quegli oggetti in legno, che non si ossidavano, ma erano soggetti all'attacco continuo di muffe e licheni, in molti casi nocivi alla salute dell'uomo.

Esistono diversi modi di interpretare la corrosione, ad esempio può essere considerata come un'azione naturale di obsolescenza programmata, che l'uomo ha cercato di contrastare in ogni modo; oppure come un sistema estetico dinamico e mutevole, che l'uomo ha provato a fissare in un determinato stadio; o ancora, in antitesi, la resistenza alla corrosione è leggibile come un segno dell'era moderna che l'uomo ha usato come simbolo della meccanizzazione. L'immagine dell'ingranaggio, in *Tempi moderni* [1] di Charlie Chaplin, chiarifica questo concetto. È risaputo che la ruggine era il pericolo preponderante per il loro perfetto funzionamento. È indubbio che la continuità d'uso dei metalli in area bagno viene oggi letta come un tentativo di riportare l'attenzione verso aspetti legati alla memoria, coscienti che i materiali sintetici o vetrosi sono più idonei a questi luoghi. Al contrario nell'utilizzo dei materiali plastici, consapevoli della forza di permanenza espressiva e affettiva dei metalli, si cerca in tutti i modi di duplicarne le finiture più tradizionali e familiari. La corrosione è sinonimo di obsoleto ma anche di tempo trascorso. Dall'oro al litio, passando per il platino, rame, alluminio, etc., la caratteristica di resisterle viene etichettata come nobile.

L'inalterabilità nel tempo è sinonimo di valore e potenza. Il nostro modo di pensare e agire, nei confronti dei metalli, è influenzato da questa considerazione. Indossare un monile d'oro o di rame ossidato, se escludiamo le relazioni estetiche riferite allo stile, indica la vicinanza a concetti di ricchezza naturalità, stessa valenza assume l'uso dell'acciaio inox o di quello corten in un'architettura. Una superficie lucida, perfetta, pretende di essere definita in un tempo estetico, una superficie corrosa non svela la sua epoca, è paradossalmente inalterabile e accetta più facilmente le deformazioni create dai gesti d'uso. Resistere al tempo diventa una corsa contro il degrado formale e spesso l'occasione per usare texture stereotipate come millimetriche millerighe antigraffio o micro punzonature strutturali. I nostri ricordi dell'area bagno sono colmi di catini zincati, di latta smaltata, di fusioni in bronzo o placcate d'oro, di tubi nichelati o cromati, che assumono forme classiche o minimali, vagando tra antropomorfismo animale e linearità razionaliste. Oggi disponiamo di leghe assolutamente inalterabili e strutture polimeriche rigidissime, eppure nella scelta di un accessorio per l'area bagno, i nostri pensieri sono ancora intrisi di preoccupazione per la resistenza alla corrosione o per quella meccanica dei sostituti plastici. In tutto questo l'imperfezione data dal tempo, assume un valore estetico persistente nell'immaginario collettivo, tanto da indurre a studiare finiture ombrate, tra il lucido e il satinato, di un ipotetico acciaio bronzato o alluminio ramato, tutto per rendere ancora vivo e presente lo scorrere dell'acqua, sinonimo inalterabile di pulizia e relax.

1. *Tempi moderni* (*Modern Times*) è un film interpretato, scritto, diretto e prodotto da Charlie Chaplin. Fu proiettato la prima volta il 5 febbraio 1936.

Tempo al tempo / Let time take its course.

Let time take its course

The apparent quality that most characterizes other metals is the presence or absence of corrosion. To withstand wet environments has always been the main task of many home accessories, at least until the birth of plastic materials, which owe their fortune and their widespread use precisely to the ability to not be modified by the action of water. The polymers have decreed the decline in the use of wooden objects, which did not oxidize, but were subject to the continuous attack of mould and lichen, in many cases harmful to human health.

There are several ways to interpret corrosion, for example, it can be considered as a natural action of programmed obsolescence, that man has tried to combat in every way; or as a dynamic and changing aesthetic system, that man has tried to stop at a certain stage; or, in contrast, corrosion resistance can be interpreted as a sign of the modern era, used by man as a symbol of mechanization. The image of the gear, in *Modern Times* [1] by Charlie Chaplin, clarifies this concept. It is known that rust was the predominant danger for their perfect functioning. There is no doubt that the continued use of metals in the bathroom context is interpreted today as an attempt to highlight issues related to memory, conscious that synthetic or glassy materials are best suited to these places. On the contrary, in the use of plastic materials, aware of the strength of expressive and affective permanence of metals, there is an endeavour to duplicate the more traditional and familiar finishes. Corrosion is synonymous with the obsolete but also of elapsed time. From gold to lithium, not to mention platinum, copper, aluminum, etc., the resistant feature is labeled as noble.

The inalterability over time is synonymous with value and power. The way we think and act with regard to metals, is influenced by this consideration. To wear a gold or oxidized copper chain, if we exclude the aesthetic relationships in terms of style, indicates an affinity to concepts of richness or naturalness; the use of stainless steel or corten in architecture assumes the same value. A perfect, shiny surface expects to be defined in an aesthetic period, whereas a corroded surface does not reveal its age; it is ironically unalterable and more easily accepts the deformations created by the user's gestures. To withstand time becomes a race against formal decay and often the opportunity to use stereotyped textures such as scratch- resistant millimetre ribbing or structural micro punching. Our memories of bathroom contexts are full of zinc, enameled tin, bronze castings, or gold-plated elements, nickel or chrome tubes, which take on classic or minimal forms, somewhere between animal anthropomorphism and rationalist linearity. Today we have absolutely durable alloys and very rigid polymer structures, yet in our choice of bathroom accessories, our thoughts are still very much concerned with corrosion resistance or the mechanics of plastic substitutes. In all this, imperfections that arise over time, assume a lingering aesthetic value in the collective consciousness, to the point of encouraging the study of shaded finishes, including glossy and satin, of a hypothetical bronzed or copper-plated aluminum steel, all to keep alive and present the flow of water, unalterable synonym of cleanliness and relaxation.

1. *Modern Times* is a film interpreted, written, directed and produced by Charlie Chaplin. It was projected for the first time on the 5th February 1936.

Whisky o sakè

Un giapponese non potrebbe mai vivere in una casa senza una vasca da bagno, come un occidentale non potrebbe fare a meno di avere una doccia a disposizione. Per lo stesso motivo, entrando in un hotel, come prima cosa si getta un occhio al bagno, rimanendo sorpresi nell'assenza dell'una o dell'altra. In questa contrapposizione tra pratica e rito, risiede la differenza nel modo di intendere il benessere tra Oriente e Occidente. La doccia, a differenza del pensiero di molti, risale all'antica Grecia e la si trova rappresentata in alcuni antichi reperti egizi. Nelle stesse epoche, con la diffusione dei condotti d'acqua, i romani usavano vasche da bagno in pietra e metallo, urbanizzando azioni prima espletate all'aperto e assecondando le prime necessità di privacy e individualismo. Entrambe le pratiche hanno origini naturali, immergersi in un corso d'acqua calma o porsi al di sotto di una cascata, equivale a modi diversi di ottemperare la necessità di pulirsi e tonificarsi. La differenza, semmai, portando il gesto in ambito domestico e contemporaneo, è nel tempo dedicato all'evento e alla sua preparazione. La gestione programmata del tempo contrappone l'esigenza di pulizia al relax, modello trasposto rapidamente in un conflitto tra lavoro e tempo libero. Immergersi in un catino di acqua a quaranta gradi, per un giapponese è un rito, che nasconde la necessità di riscaldare profondamente il proprio corpo, in un clima spesso freddo e umido, abbandonandosi contemporaneamente a pensieri lenti, pacati, legati ai principi *wa-kei-sei-jaku* [1], tipici dello zen e della cerimonia del tè. Porsi sotto una doccia calda o fredda, equivale a massaggiare puntualmente il proprio corpo, reclamando un'azione benefica anti-stress che prefigura il fatto di essere sempre in competizione con il mondo circostante. La doccia è oggi un'azione individuale anche se nasce e si è sviluppata per permettere di lavarsi a un gran numero di persone, in ambienti sportive o di lavoro [2]. Il bagno caldo in oriente, almeno alle origini, era un rito familiare e si entrava nella vasca di legno profumato già puliti.
Un rito che equivale per la nostra cultura a raccogliersi la sera intorno al caldo di un camino.
La doccia è maschia e rappresenta il presente, l'azione, l'essere sempre pronti.

La vasca è femmina, echeggia un'epoca ormai passata ed è idonea a chi ha tempo da perdere o vive nel lusso. Per un breve periodo, questa antitesi culturale è stata superata dall'ingresso nelle nostre case della vasca ad idromassaggio, che contrapponeva all'abuso di tempo, una pratica unisex in cui si ravvisavano i vantaggi delle due azioni. Un dispositivo hi-tech per oltrepassare idealmente le mura domestiche e considerare il gesto come parte necessaria al proprio equilibrio corporeo.

Ora che anche questo gioiello domestico subisce un lento declino, ci si chiede cosa fare, come riportare l'attenzione nell'area bagno, come mantenere inalterato l'ideale che ha saputo conquistarsi negli ultimi decenni. In tal senso sono da leggere le docce multi spruzzo, eccezionali nel rinvigorire velocemente ogni parte del corpo e idonee a non far perdere troppo velocemente l'idea di idromassaggio. Il tempo, il maschio, l'occidente, che prevale ancora. Il globalismo, l'ibridazione delle culture, non sempre sono aspetti da demonizzare, possono consentire di riscoprire azioni in grado di personalizzare il proprio ambiente e modi di viverlo, portare a scoprire momenti di calma in cui dilatare il tempo, aprire i sensi e assaporare l'ambiente. In altre parole, sostituire il whisky con il sakè.

1. Nella cerimonia del tè si manifestano i quattro principi *wa-kei-sei-jaku*: armonia/riverenza/purezza/quiete.
2. Nella Grecia antica e in Egitto la doccia comune viene sviluppata per permettere agli atleti di lavarsi dopo le competizioni sportive, in Europa i primi usi moderni erano legati a ambiti carcerari o militari.

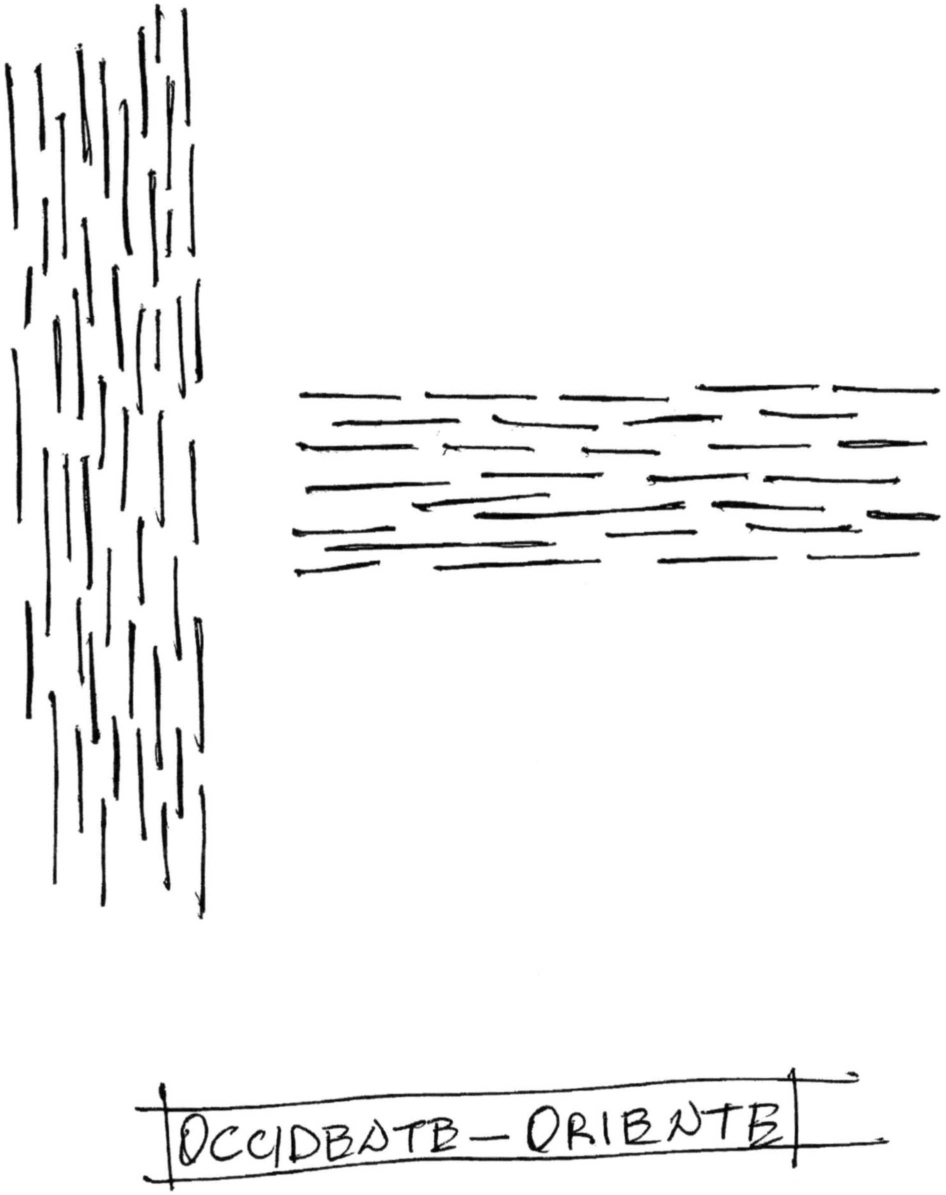
OCCIDENTE — ORIENTE

Whiskey or Sakè

A Japanese person could never live in a house without a bath, as a Westerner could not live without a shower. For the same reason, on entering a hotel, the first thing you glance at is the bathroom, surprised in the absence of either. In this contrast between practice and ritual, lies the difference in the way of understanding wellness between East and West. The shower, unlike most people think, dates back to ancient Greece and is represented in some ancient Egyptian artifacts. In the same periods, with the spread of water pipes, the Romans used stone and metal bath tubs, urbanising actions previously performed outdoors and satisfying the primary needs for privacy and individualism. Both practices have natural origins: immersing onself in a calm water course or standing beneath a waterfall, is equivalent in different ways to satisfying one's need to cleanse and tone up. The difference, if anything, in bringing the gesture into the domestic and contemporary context, lies in the time dedicated to the event and its preparation. The scheduled management of time contrasts the need to clean and relax, a model rapidly transposed into a conflict between work and leisure. For a Japanese person, soaking in a tub of water with a temperature of forty degrees, is a ritual which conceals the need to deeply heat one's body, in a climate that is often cold and wet, indulging in slow, calm thoughts, related to *wa-kei-sei-jaku* [1] principles, typical of zen and the tea ceremony. Standing under a hot or cold shower is tantamount to massaging one's own body, obtaining a beneficial anti-stress action, foreshadowing always being in competition with the surrounding world.

Today, the shower is an individual action even if it originates and evolved to allow a large number of people, in sports or work environments to wash. [2] The hot bath in the East, at least originally, was a family ritual, and people would climb into the fragrant wooden bath already clean. A ritual which in our culture is equivalent to gathering in the evenings around the warmth of a fireplace. The shower is manly and represents the present, action, always being prepared. The tub is female, echoing a bygone era and is suitable for those who have time to spare, or who live in luxury. For a brief period, this cultural antithesis was surpassed by the introduction of the jacuzzi in our homes, pitting the abuse of time, a unisex practice in which the advantages of the two actions were recognised. A hi-tech device to ideally go beyond the domestic walls and consider the gesture as a necessary part of one's bodily equilibrium.

Now that this domestic jewel is suffering a slow decline, one wonders what to do, how to refocus the attention to the bathroom, how to maintain unchanged the ideal that has triumphed in recent decades. In this sense, the multi-spray showers are not to be excluded, exceptional in rapidly reinvigorating every part of the body and yet without losing the concept of the jacuzzi. Time, the male, the West, which still prevails. Globalism and the hybridisation of cultures are not always issues to demonise, because they can allow you to rediscover actions capable of customising one's own environment and ways of living it, discovering quiet moments in which to extend time, open up the senses and savour the environment. In other words, replace whiskey with sakè.

1. In the tea ceremony the four principles of *wa-kei-sei-jaku*: harmony/reverence/purity/calm are manifested.
2. In ancient Greece and Egypt the communal shower was developed to allow athletes to wash after sports competitions. In Europe the first modern uses were related to prison or military areas.

Ironico im_materiale

Il già ampio patrimonio di materiali, che possiamo utilizzare per costruire prodotti, diventa irrilevante se ad essi si aggiungono quelli derivanti dagli aspetti intangibili. La logica purista, essenziale, che permane nella cultura occidentale, induce ad essere perplessi nell'uso dei materiali plagianti, anche ora che il virtuale consente la trasformazione costante della pelle delle cose. Cosa sia morale o immorale nel progetto di design, non è più riferito agli aspetti fisici, un materiale ricostruito è socialmente utile se ecologico e derivante da tali pratiche, ma ciò non toglie che la sua identità sarebbe rafforzata se tali valori non fossero nascosti sotto un velo di somiglianza a superfici considerate più nobili o più fashion.

La pelle, intesa come elemento protettivo caratterizzante la forma, ha nelle ultime epoche rafforzato il distacco dalla struttura. Una superficie attiva, indipendente, esteticamente razionale, un abito intercambiabile, che solo per opportunità costruttiva si appoggia alle parti sottostanti e ne ripercorre in alcuni casi le forme. Il design Radical, con Alchimia e Memphis, ha indicato la strada e oggi la virtual-art, le nanotecnologie, la nuova arte cinetica, nel suo indefinibile campo d'azione, attestano che la mutevolezza dell'immagine del prodotto è a portata di mano. Il variare della superficie di una cassettiera che vira nel colore se colpita da luce naturale o artificiale, se l'ambiente è freddo o caldo, è pur sempre considerabile inutile, ma sicuramente distoglierebbe l'attenzione dall'essere "vero legno" seppur ricostruito. Una monocottura in cui permangono per qualche istante le tracce del passaggio, forse sarebbe in contrasto con le leggi sulla privacy, ma potrebbe certamente competere con l'imitazione del legno finto corten. Una cristalliera con decori elettro-stimolati, variabili a seconda dell'intensità del flusso, sarebbe un mezzo per personalizzare gli ambienti alle circostanze. Oggetti statici tipologicamente definiti che entrerebbero di diritto nella linea dei prodotti on-off. Una serie di gesti progettuali che si sovrappongono e non alterano il valore aggiunto del legno ricomposto, la consistenza della monocottura o la trasparenza congenita del vetro. Tecnologie epidermiche che trasformano la variante di gamma in stratificazioni effimere di stati d'uso. Quelle citate non sono applicazioni recenti, i primi esempi di virtualizzazione delle superfici risalgono agli anni novanta del secolo scorso, accendendo interesse e nuove emozioni domestiche. La loro lenta applicazione è l'esempio di come la tradizione persiste nell'immaginario collettivo oltre ogni evoluzione tecnologica. I nuovi materiali gareggiano con quelli tradizionali, sono eticamente corretti ma esteticamente scorretti. Da un lato amplificano le possibilità progettuali, semplificano o specializzano processi di trasformazione, costituiscono varianti green, dall'altro diventano sostitutivi, condiscendenti, assumono le sembianze di altri per penetrare nel mercato, rischiando di diventare tecnosauri [1], nella competizione con il consueto.

In questo incontro-scontro è necessario ricordare che la tradizione è ironica, è un campo infinito di citazioni, di esempi esilaranti, è tipologicamente evolutiva nella capacità di paragonare il dopo a prima, nella possibilità di evidenziare le differenze, di essere termine di paragone nel mercato della qualità. La tradizione non è un freno all'immaginazione, non è il diavolo. La tradizione è stimolo interpretabile, celabile. La tradizione è im_materiale.

1. N. Losengo, *L'estinzione dei tecnosauri. Storie di tecnologie che non ce l'hanno fatta*, Sironi Editore 2008.

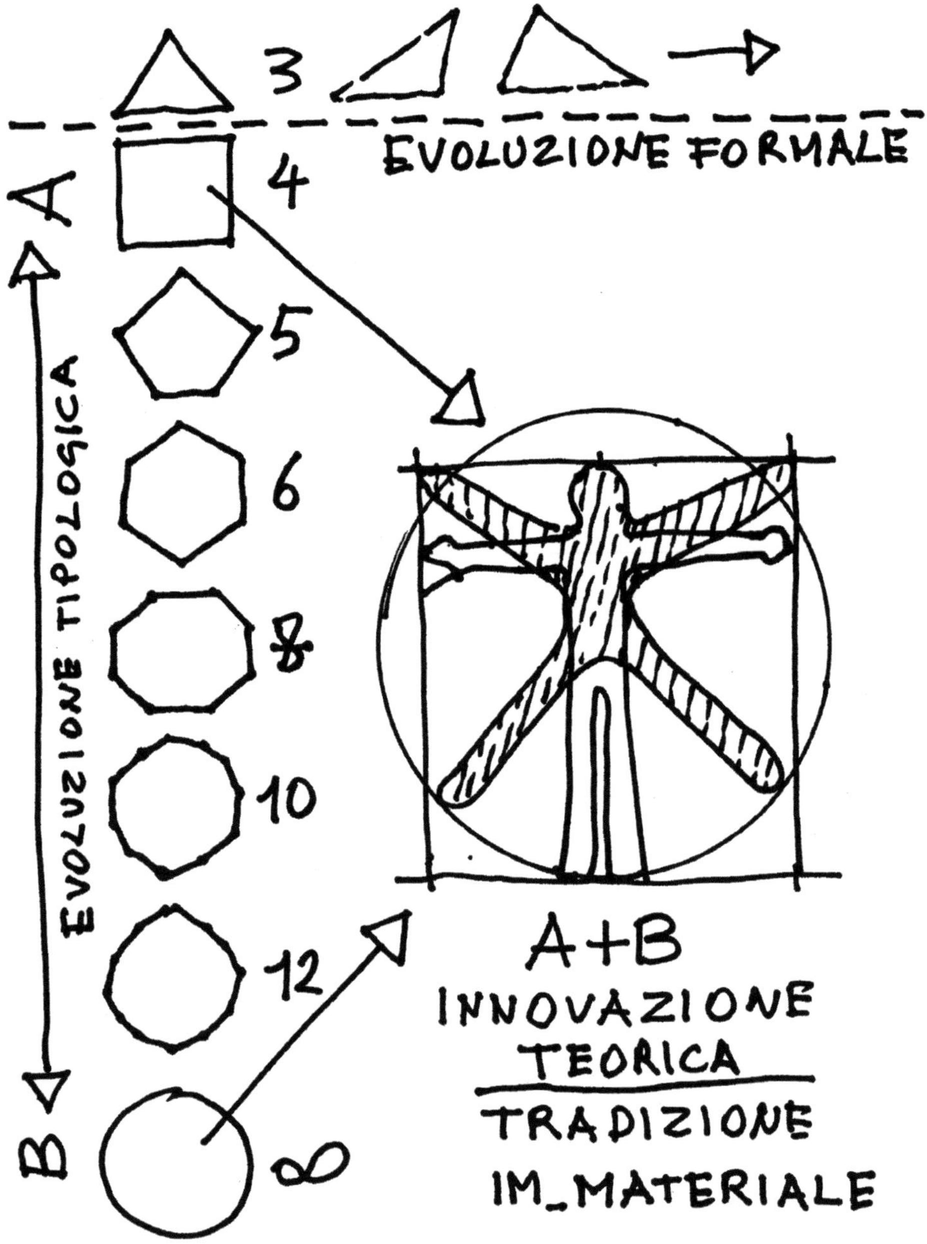
3
EVOLUZIONE FORMALE
4
A
5
6
8
10
12
EVOLUZIONE TIPOLOGICA
B
∞
A+B
INNOVAZIONE TEORICA
TRADIZIONE IM_MATERIALE

Ironic im_material

The already vast wealth of materials that we can use to create products become irrelevant if they are supplemented by those deriving from intangible aspects. The essential, purist logic that persists in Western culture, leaves us bewildered before the plagerisation of materials, even now that virtuality allows the constant transformation of the skin of things. What is moral or immoral in the design project, is no longer related to physical aspects; a reconstructed material is socially useful if ecological and resulting from such practices, but the fact remains that its identity would be strengthened if these values were not hidden under a veil of similarity to surfaces considered more noble or more fashionable.

The skin, understood as a protective element characterising its form, has in recent eras encouraged the detachment from the structure. An active, independent, aesthetically rational surface, an interchangeable piece of clothing which for purely constructive opportunities rests on the underlying parts and in some cases follows its forms. Radical design, together with Alchimia and Memphis, has paved the way, and now virtual art, nanotechnology and new kinetic art, in its indefinable scope, attest that the changing image of the product is at our fingertips. The variation of the surface of a chest of drawers that changes colour when touched by natural or artificial light, if the environment is cold or hot, is still considered useless, but would undoubtedly divert one's attention from being "real wood", albeit rebuilt. A single firing in which traces of the passage persist for a while, would perhaps violate privacy laws, but could undoubtedly compete with imitation wood or faux Corten. A glass cabinet with electro-stimulated decorations, variable on the basis of flow intensity, would be a means to customising the rooms according to the circumstances. Typologically defined static objects that were rightly to become part of the on-off product range. A series of design gestures that overlap and do not alter the added value of recomposed wood, the consistency of a single-fired element or the congenital transparency of glass. Epidermal technologies which transform the variant of the range into ephemeral stratifications of states of use. Those mentioned are not recent application; the first examples of surface virtualisation date back to the 1990s, rekindling interest and new domestic emotions. Their slow application is an example of how tradition persists beyond technological evolution in the collective imagination. New materials compete with traditional ones, they are ethically correct but aesthetically incorrect. On the one hand, the possibilities in terms of design broaden, transformation processes are simplified or specialised, constituting ecological variants; on the other hand, they become surrogate and condescending, assuming the appearance of others in order to penetrate the market, at the risk of becoming technosauruses [1], in competition with the habitual.

In this encounter-clash, we must remember that tradition is ironic, it is an infinite field of quotes, hilarious examples, it is typologically evolutive in its ability to compare before and after, its ability to highlight the differences, to be a yardstick in the market of quality. Tradition does not hold back the imagination, it is not the devil. Tradition is an interpretable, concealable stimulation. Tradition is im_material.

1. N. Losengo, *L'estinzione dei tecnosauri. Storie di tecnologie che non ce l'hanno fatta*, Sironi Editore 2008.

Colorsense

Ad ogni cataclisma, guerra, crisi economica, si risponde con la necessità di togliersi di dosso il grigio della polvere, il nero del fumo, le forme sfumate, vaghe, indefinite. L'origine della calamità può essere: l'acqua, la terra, il "ferro" o il fuoco, ma il risultato è pressoché identico, una patina coprente in grado di omogeneizzare l'immagine complessiva dei luoghi. Non è la mancanza di colori, ma di accenti, che toglie il respiro, che rende il mondo illeggibile, inconsueto e invivibile. L'uniformità non è terrena. È il contrasto che circoscrive le sensazioni che stimola la nostra attenzione e rende la forma delle cose comprensibile. È il passaggio: da curvo a geometrico, da liscio a ruvido, da lucido a opaco, da forte a debole, da lento a veloce, da insipido a sapido, da scuro a luminoso, che genera regole inalterabili nella costruzione di emozioni.

I colori nella loro capacità di sbarazzarsi del consueto, attivano sensazioni, lanciano messaggi, personalizzano azioni. Il vicino è intenso, il lontano è sfumato, in una verità conosciuta fin dai tempi di Leonardo da Vinci e esposta nella sua concezione di prospettiva aerea. Il colore è condivisione, è azione politica, ascetismo e ateismo: il rosso è stimolante, il verde è rilassante, l'azzurro è maschio, il rosa è femmina. Modelli comportamentali che rischiano di appiattire la nostra capacità di leggere il mondo. La cultura contemporanea ha di nuovo valorizzato il nero e il bianco, attivandoli nell'attiguo e non relegandoli a colori di sfondo, ma sarebbe un errore non considerare che il loro uso diffuso è dovuto al contrasto che generano con la vita frenetica, esagitata, delle megalopoli e dell'inquinamento culturale. I colori, quindi, non sono elementi statici, settoriali, contribuiscono a formare ambienti, a costruire ipotesi di vita. I colori mutano significati con le epoche, con le culture, il bianco è nascita in Occidente e morte in Oriente, anteponendo il concetto di purezza a quello di lontananza definitiva, che solo la morte crea. Il puntinismo francese e il divisionismo italiano, nascono da sollecitazioni scientifiche, il tutto è creato dalla moltiplicazione di punti, che si trasformano in linee e porzioni di piano, anticipando inaspettatamente l'era del digitale.

I colori concettualmente infiniti, nell'era dell'industria diventano un numero, una gamma, un catalogo, assecondando l'idea di riduzione casistica, necessaria alla loro diffusione commerciale. L'ambiente circostante delimita i colori, nella nomenclatura i verdi per gli abitanti dell'amazzonia sono assai più numerosi che per un qualsiasi abitante di altre parti del globo. Il *Fumo di Londra* [1] di Alberto Sordi è diverso dal *Grigio* [2] di Giorgio Gaber, il primo definisce un ambiente retorico e l'immaginario ipotizzato persiste ancora oggi nell'idea collettiva di colore della città, il secondo descrive uno stato d'animo personale, complesso, ma condivisibile per esperienza. I colori contribuiscono a dare fisicità agli eventi e ne creano gli aspetti mnemonici rilevanti: il rosso del sangue, il blu del cielo mediterraneo, i verdi dell'aurora boreale, sono solo alcuni casi in cui la descrizione del colore permette di proteggere nel proprio inconscio le sensazioni ricevute.

Analizzata da molteplici punti di vista, la genesi del messaggio indotto dall'uso dei colori, mette in evidenza che, come spesso avviene, scomporre un problema nelle sue molteplici sfaccettature, semplifica la trasmissione dell'esperienza e delle conoscenze, ma rischia di creare preconcetti, stereotipie persistenti nel tempo che leniscono il dialogo.

Le *color run* nella loro occidentalizzazione delle feste Indù, o il decorativismo di Alessandro Mendini, nella sua (anti) banalizzazione della forma, non sono solo una fan race o un gesto pittorico, sono due modi di oltrepassare il messaggio insito nelle cose, una palese evidenza che non esiste un disgiunto problema psicologico o formale nel progetto, sono esempi di come il mondo contemporaneo risponde all'omologazione o all'accademia.

1. *Fumo di Londra*, film del 1966 diretto, sceneggiato ed interpretato da Alberto Sordi.
2. *Il Grigio*, racconto teatrale del 1989, in due atti di Giorgio Gaber e Sandro Luporini.

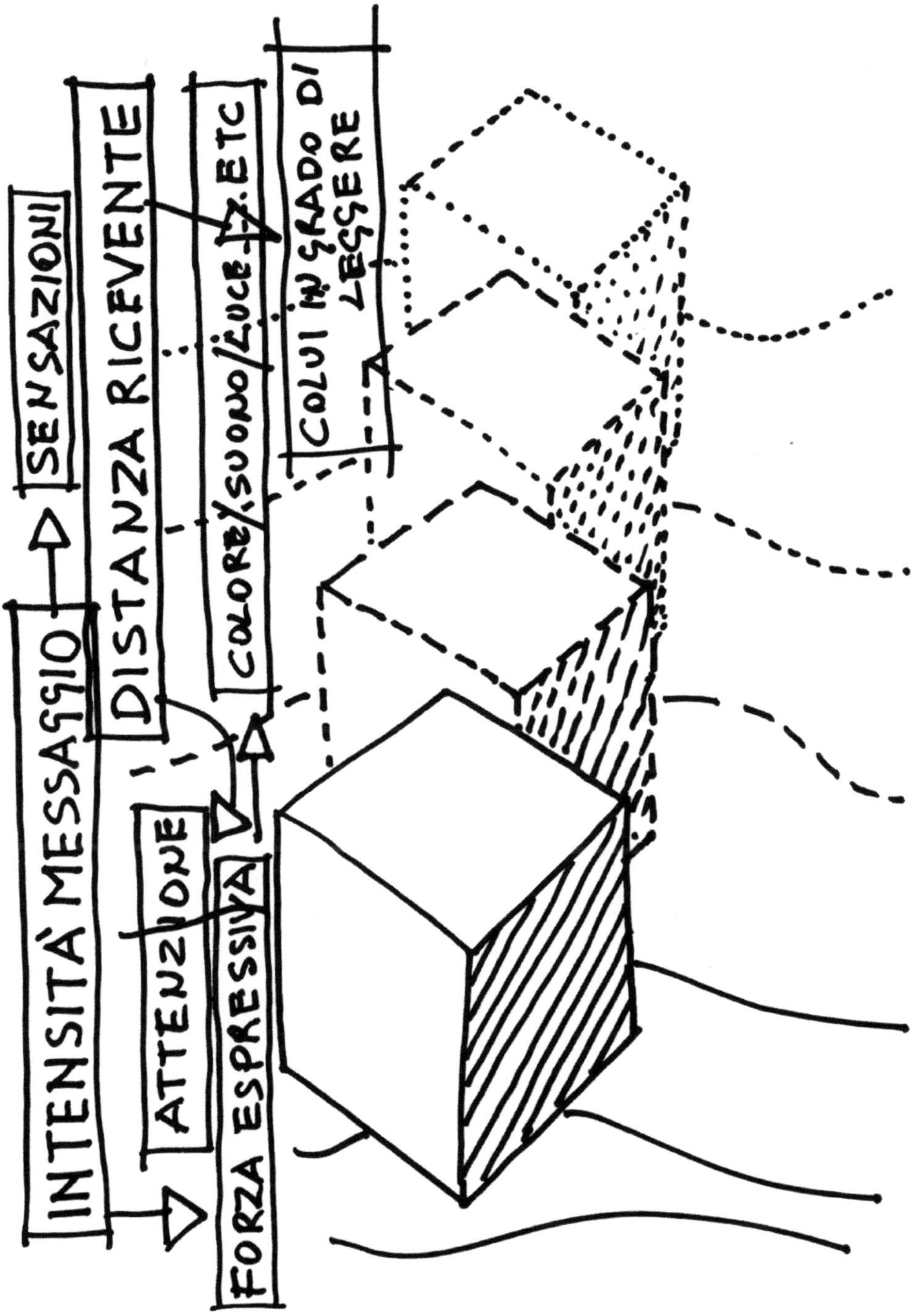
INTENSITÀ MESSAGGIO
SENSAZIONI
DISTANZA RICEVENTE
COLORE/SUONO/LUCE ETC
COLUI IN GRADO DI LEGGERE
ATTENZIONE
FORZA ESPRESSIVA

Colorsense

Every cataclysm, war or economic crisis is countered by the need to shake off the grey of dust, the black of smoke, ambiguous, indefinite shapes. The origin of the calamity can be water, earth, "iron" or fire, but the result is almost identical, a glaze capable of making the overall image of the places uniform. It is not the lack of colour, but of accents, which takes one's breath away, that makes the world uninterpretable, unusual and invisible. Uniformity is not terrestrial. It is the contrast that surrounds the sensations that stimulate our attention and makes the shape of things understandable. It is transition: from curvature to geometric, from smooth to rough, from matt to gloss, from strong to weak, from slow to fast, from bland to sapid, from dark to bright, which generates unalterable rules in building emotions.

Colours, in their ability to rid themselves of normality, trigger sensations, send messages, personalise actions. Closeness is intense, distance is blurred, in a truth known since Leonardo da Vinci's time and exposed in its concept of aerial perspective. Colour is sharing, it is political action, asceticism, and atheism: red is stimulating, green is relaxing, blue is male, pink is female. Behavioural models that risk flattening our ability to interpret the world. Contemporary culture has again enhanced the value of black and white, using them alongside each other and not relegating them to the background. However, it would be a mistake not to consider that their widespread use is due to the contrast they create with the hectic, exaggerated life of megalopoles and cultural pollution. Colours, therefore, are not static, sectoral elements; they help shape environments and construct hypotheses of life. Colours change meanings with epochs, with cultures. White means birth in the West and death in the East, prefiguring the concept of purity to that of ultimate distance, which only death creates.

French pointillism and Italian divisionism arise from research and experimentation, all of which is created by the multiplication of dots, transformed into lines and planes, unexpectedly anticipating the digital era. The conceptually infinite colours in the industrial era become a number, a range, a catalogue, upholding the idea of case reduction needed for their commercial diffusion. The surrounding environment delimits colours. In nomenclature, greens for the inhabitants of the Amazon are far more numerous than for any inhabitant of other parts of the world. Alberto Sordi's *Fumo di Londra* [1] is different from Giorgio Gaber's *Grigio* [2]. The former defines a rhetorical environment where the hypothesised consciousness persists today in the collective vision of the city's colour; the latter describes a personal, complex mental state, but shared by experience. Colours contribute to giving physicality to events and create their relevant mnemonic aspects: the red of blood, the blue of the Mediterranean sky, the greens of the northern lights, are just a few cases where colour description allows us to protect sensations received in our own unconsciousness.

Analysed from multiple points of view, the genesis of the message inspired by the use of colours highlights how, as is often the case, it unravels a problem in its multiple facets, simplifies the handing down of experience and knowledge, but may create preconceptions, long-lasting stereotypes that allay dialogue.

Colour runs in their westernisation of Hindu feasts, or Alessandro Mendini's decorativism in its (anti) banalisation of form, are not just fan races or a pictorial gesture. They are two ways of going beyond the message inherent in things, clear evidence that there is no disconnected psychological or formal problem in the project. They are examples of how the contemporary world responds to uniformity or academia.

1. *Fumo di Londra*, film of 1966 directed, adapted and interpreted by Alberto Sordi.
2. *Il Grigio*, theatrical piece of 1989, in two acts by Giorgio Gaber and Sandro Luporini.

Finiture del quotidiano

Il bianco e il nero non sono colori assoluti, ne esiste una gamma infinita di varianti, affermava Ettore Sottsass, e secondo il mio amico Antonio, il celeste cioccolata è la tonalità più idonea a generare irresistibilità a quel dolciume. Il bianco e il nero sono finiture intramontabili, il celeste cioccolata è una visione poetica paradisiaca che può attivare i nostri neuroni specchio con la sola forza della citazione. Ci sono cose che vediamo e cose che immaginiamo, il potere delle due visioni è sovrapponibile e interscambiabile. Il peso del lucido o opaco, liscio o corrugato, puro o venato, è di fondamentale importanza nella gestione comunicativa di un prodotto. Le finiture mutano di significato, il colore tipico dell'oro per gli occidentali non è lo stesso per gli orientali e il giallo o l'arancio del tuorlo di un uovo determina l'idea della sua freschezza. Le finiture si comportano in modo non dissimile da qualsiasi messaggio, potenziano la nostra immaginazione o necessità di appartenenza, di apparire o celarsi. Un abito aderente lucido non genera la stessa sensazione di uno identico per stile e colore ma opaco, collocando i due messaggi agli antipodi. Siamo swpesso portati a pensare che il satinato, il mille righe o la micropallinatura, siano da considerarsi come applicazioni superficiali indipendenti dal colore sottostante. Un grigio zigrinato è tecnica, un giallo zigrinato cosa rappresenta? Un bianco lucido è purezza invalicabile, un rosa vellutato è irresistibilmente da toccare. Le finiture possono attivare messaggi subliminali, un peperone brillante è più sano di uno opaco, oppure dare spunti d'uso, una pesca noce liscia è più idonea ad essere mangiata con la buccia, generando trasformazioni ottiche che producono bisogni difficilmente accantonabili.

Esistono finiture per la vista, per il tatto, per l'udito, per l'olfatto, per il gusto e per la mente. Una ciliegia in bocca non crea la stessa sensazione di una noce, un gelato con granella stimola la lingua ancor prima di averne assaporato il gusto. Le finiture attivano pregiudizi, un lavandino lucido è più igienico di uno opaco, un pavimento satinato meno sdrucciolevole, una scarpa in vernice più impermeabile, un cuscino rivestito in cotone più morbido di uno in tafta, un'automobile lucida più veloce ma più delicata di una opaca. Le finiture generano stili, il legno rosso mogano finito a specchio è per i cinesi segno di ricchezza e perfezione da oltre mille anni, il legno chiaro al naturale è per gli occidentali segno di autenticità da qualche decennio ed era segno di sobrietà per gli Shaker americani del secolo scorso, confermando che le finiture identificano le classi sociali.

A tal proposito, continuando a usare citazioni in prestito, il mio amico Enrico mi raccontava che in una galleria della Sardegna c'era scritto a lettere cubitali: "Non tutto quel che luccica è l-oro", segno che l'immagine dell'appartenenza è uno stato mentale. Nel nostro modo di dire esistono pensieri lucidi e opachi. È solo un'espressione o davvero le finiture di un pensiero si riflettono nei modi di costruire messaggi? Le citazioni letterarie, sono goffrature di una frase, contrappunti musicali o servono a dimostrarne la consistenza "materiale" del discorso? Gli oggetti, statici nella forma, sono dinamici, energetici, mutabili nell'interpretazione. Nello stesso modo, gli occhi lucidi esprimo gioia dopo una risata e amarezza dopo una delusione, la pelle d'oca è sintomo di sofferenza o di eccitazione, in entrambi i casi l'interpretazione dipende dal coinvolgimento psicologico di chi osserva. La predisposizione alla lettura dei dettagli è personale ma influenzabile e orientabile dalla persistenza degli stili. La contiguità tra oggetti e qualità della vita, tra affezione e status symbol, transizionalità e pura comodità, mette in risalto che il messaggio degli oggetti, nella loro esiguità o abbondanza, austerità o stravaganza, è idoneo a riempire di "finiture" il quotidiano.

A	B
DARK COLOR	LIGHT COLOR
HIGH WALLS	LOW WALLS
POINT LIGHT	WIDE LIGHT
NATURAL	ECOLOGIC
LOUNGE MUSIC	JAZZ MUSIC
FLOWERS FRAGRANCE	FRUITS FRAGRANCE
CLASSIC DECORATION	GRAFFITI DECORATION
FORM	MESSAGE
TEA	TISANE
MACHINED CERAMICS	PRINTED CERAMICS
STONE	RECOMPOSED MATERIALS
SILVER	ALLUMINIUM
BLOW GLASS	PRINTED GLASS
WOOD	IRON
BRASS	CARDBOARD
GLOSSY	MATT
WHISKY	VINE
------	------
ETC	ETC

Daily finishes

Black and white are not absolute colours, there is an infinite range of varieties, claimed Ettore Sottsass, and according to my friend Antonio, chocolate pale-blue is the most suitable hue to give irresistibility to that sweetness. Black and white are timeless finishes, chocolate pale-blue is a heavenly poetic vision that can activate our neurons, a mirror with the sole power of quotation. There are things we see and things we imagine, the power of the two visions is superimposable and interchangeable. The weight of the gloss or matt, smooth or corrugated, pure or veined finish, is of crucial importance in communicating a product. Finishes change in meaning, the typical colour of gold for westerners is not the same for orientals, and the yellow or orange of an egg yolk gives the idea of its freshness. Finishes behave in a way not unlike any message, they enhance our imagination or need for belonging, appearing or hiding. A glossy close-fitted dress does not create the same sensation as an identical one in terms of style and colour but with a matt finish, placing the two messages at antipodes. We are often led to believe that satin, lined, or shot peening finishes are to be considered superficial applications regardless of the underlying colour. A pebbled grey is technical; what does a grained yellow represent? A glossy white is invincible purity, a velvety pink is irresistible to the touch. Finishes can trigger subliminal messages (a shiny pepper is healthier than a matt one) or give tips for use, a smooth nectarine is more suitable to be eaten with the peel, generating optical transformations that produce needs which should not be brushed aside.

There are finishes for sight, for touch, for hearing, for smell, for taste and for the mind. A cherry in the mouth does not create the same sensation as that of a walnut; a grain-like ice cream stimulates the tongue even before tasting it. Finishes trigger preconceptions: a glossy sink is more hygienic than a matt one, a satin-finished floor less slippery, a patent leather shoe more waterproof, a cushion upholstered with cotton softer than with taffeta, a glossy car faster but more delicate than a matt one. Finishes create styles. Red mahogany wood with a glossy finish for the Chinese has represented a sign of wealth and perfection for over a thousand years; for several decades now, pale natural-looking wood has represented a sign of authenticity to westerners and was a sign of sobriety for American Shakers of the last century, confirming that finishes identify social classes.

In this regard, continuing to borrow quotes, my friend Enrico told me that in a tunnel in Sardinia was written in block capitals: "Not all that glitters is gold", a sign that the image of belonging is a mental state. In other words, there are both gloss and matt thoughts. Is it just an expression or are the finishes. Are literary quotations embossings of a phrase, musical counterpoint or do they serve to demonstrate the "material" consistency of the subject? Objects, static in shape, are dynamic, energetic, changeable in their interpretation. In the same way, watery eyes express joy after laughter and bitterness after disappointment; goose bumps are a symptom of suffering or excitement, in both cases the interpretation depends on the psychological involvement of the observer. Readiness to interpret detail is personal but easily influenced and adjustable by the persistence of styles. The contiguity between objects and the quality of life, between affection and status symbols, the transitional and pure comfort, emphasises that the message of the objects, either in their smallness or abundance, austerity or extravagance, is fit to fill our daily lives with "finishes".

Size_alismo

Immaginare, solo alcuni decenni addietro, che l'infinitesimo allora conosciuto era gigantismo se relazionato alla materia subatomica e che per studiare questo mondo piccolissimo sarebbe stato necessario realizzare laboratori ad anello di dimensioni chilometriche in cui accelerare e scontrare le particelle, era paragonabile ad una delle migliori trame di un romanzo di fantascienza di Isaac Asimov. Il relativismo, le ipotesi sull'evoluzione dell'universo, proponevano scenari in cui la relazione tra spazio e tempo, distorceva e curvava il rassicurante mondo euclideo. Un insieme di paradossi, di aneddoti, adatti a spiegare fenomeni invisibili che si manifestavano attraverso esili tracce nel mondo reale. Era come accorgersi che in casa c'era stato un topo, dal morso scolpito sulla forma di formaggio. A distanza di anni, siamo omologamente abituati a convivere con l'idea olistica di appartenere a un mondo di cui non riusciamo a definire i confini. Siamo assuefatti da oggetti e tecnologie di cui non percepiamo lo spazio d'azione, anzi non ci interessa affatto approfondire il tema, quello che otteniamo dal loro servizio è reale, tangibile, sufficiente ad appagare il nostro desiderio d'uso. L'arte e il design, a queste letture al limite del comprensibile, hanno sempre aggiunto visioni in grado di dilatare il loro campo di ricerca. Nel mondo subatomico, per continuare con il medesimo esempio, la materia diventa una porzione di vuoto in cui molecole infinitesime, ipoteticamente ancora scindibili, sono in continua agitazione. Gli oggetti statici sono il risultato di particelle in movimento, ossia corrispondono otticamente allo spazio da esse occupato nella loro costante frenesia. Passando dal micro alla maxi dimensione, un oggetto è definibile dalla sua fase attiva. Il movimento identifica la sua reale entità, il suo volume ipotetico è lo spazio necessario per svolgere le azioni ad esso collegate. La dimensione di un'automobile circoscritta dalla traccia lasciata dai fari su di una pellicola fotografica. I segni di tali azioni possono in alcuni casi non persistere fisicamente. Le piazze nelle città sono spazi vuoti idonei a ospitare eventi. Le azioni che in esse si agitano non lasciano segni concreti ma tracce nella memoria di chi le osserva o le genera. Il concetto di dimensione d'uso, che non è semplice esercizio ergonomico, ingloba molti aspetti: fisici, psicologi, sociali e etici. La dimensione è estesa alle conseguenze dell'azione. Un aereo supersonico, che per essere impiegato consuma energia non rinnovabile, è messo in relazione con il tragitto che può percorrere in un determinato tempo e con le trasformazioni che tale spazio subisce. Le dimensioni possono mutare di significato, un oggetto salvaspazio, può essere ecologico nel trasporto e funzionale nell'uso.

Sostituendo il concetto di limite fisico con lo spazio d'esercizio di un oggetto, la definizione di grande o piccolo diventa instabile. Stesso risultato si ottiene considerando l'influenza della sua azione. Basti immaginare un telefono cellulare che squilla durante una cerimonia, o un gruppo di studenti che fissano lo schermo durante una lezione. Possiamo affermare che il "piccolo tecnologico" assume dimensioni d'uso esagitata. Un oggetto in azione non è dimensionalmente statico, si amplifica o si riduce, seguendo il modo con cui è usato. Una vasca idromassaggio, è grande o piccola a seconda di quanti utenti vi si immergono. L'altezza standard di un water è troppo alta per un bimbo e troppo bassa per un anziano. Una radio agisce in un ambiente definito dal livello del suo volume. Una fonte luminosa in funzione del flusso emesso. Una torta definisce il tempo passato secondo il numero di candeline accese. Un profumo con la propria intensità. L'oggetto e il suo spazio, sono inscindibili ed entrambi reali. Lo spazio d'uso è personalizzabile e scientificamente definibile nelle azioni proprie e improprie.

Per precisare quanto il peso dato alla dimensione dello spazio d'azione sia un problema da sempre analizzato, possiamo citare nel campo dell'arte la teoria spazialista di Lucio Fontana e nel campo del progetto architettonico e design, una lontana triennale del 1973, curata da Eduardo Vittoria, dedicata allo "Spazio vuoto dell'habitat"[1]. Un tema che indicava, già allora, che i movimenti del vivere quotidiano assumono valore oltre gli oggetti ad essi collegati.

1. XV Triennale di Milano, 1973.

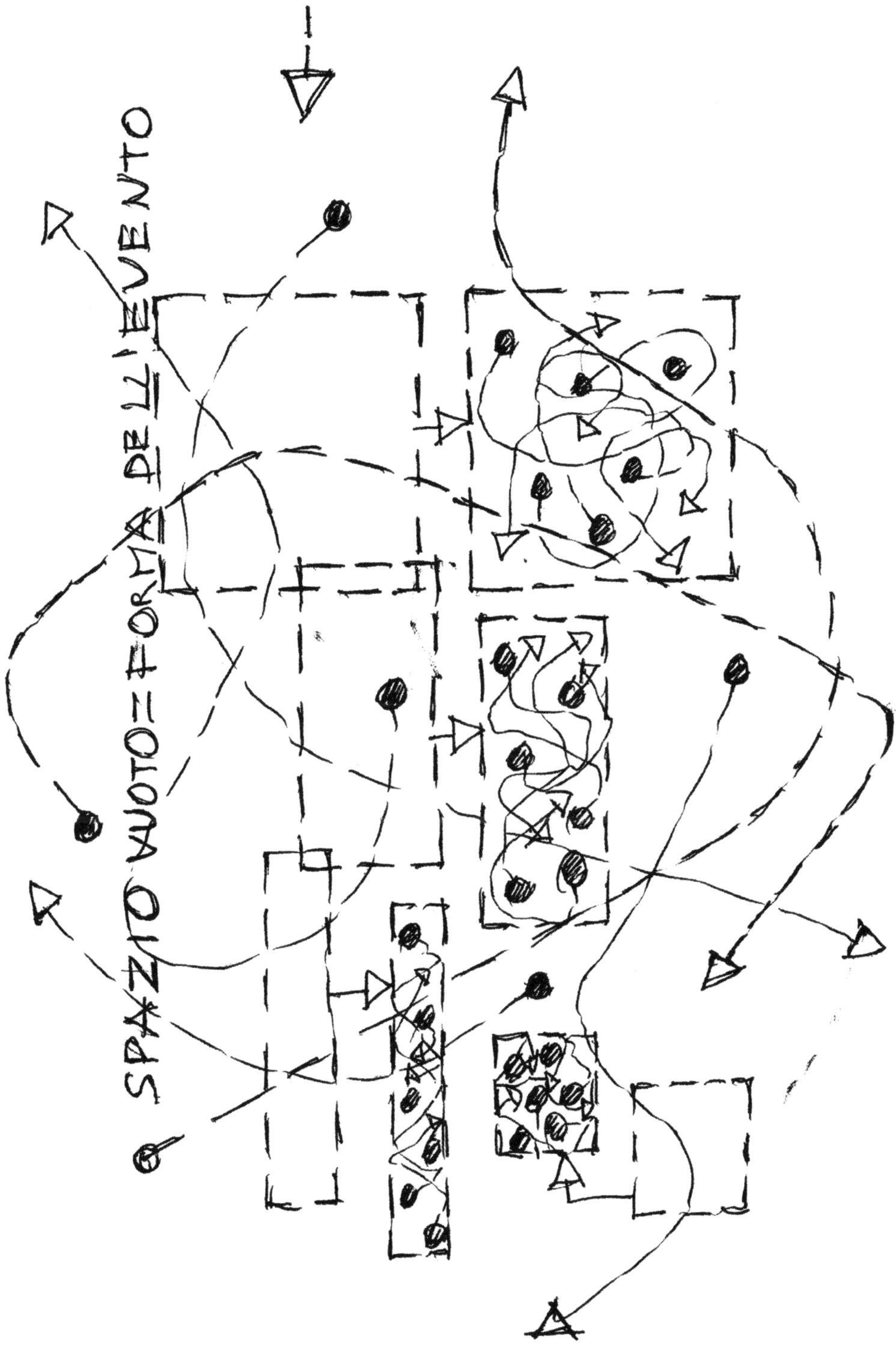
SPAZIO VUOTO = FORMA DELL'EVENTO

Size_ism

Imagine, just a few decades ago, that the infinitesimal known at that time was gigantism if related to subatomic matter, and that in order to study this tiny world, it would have been necessary to create ring-shaped labs of huge dimensions in which to accelerate and clash the particles, it was comparable to one of the best plots of science fiction novels by Isaac Asimov. Relativism, theories on the evolution of the universe, proposed scenarios in which the relationship between space and time, distorted and curved the reassuring Euclidean world. A set of paradoxes, of anecdotes, adapted to explain invisible phenomena that were manifested through feeble traces in the real world. It was as if one had discovered a mouse in the house, from the bite carved out of the cheese. After many years, we are equally accustomed to living with the holistic idea of belonging to a world of which we cannot define boundaries. We are addicted to objects and technologies that we do not perceive in the space of action; quite contrarily, we are not interested in analysing the subject at all, what we get from their service is real, tangible, enough to satisfy our desire for their use. Art and design, through these barely comprehensible interpretations, have always added visions that can expand their field of research.

In the subatomic world, to continue with the same example, matter becomes an empty portion where infinitesimal, hypothetically dividable molecules are in continuous agitation. Static objects are the result of moving particles, ie they optically match the space they occupy in their constant frenzy. From the micro to the maxi dimension, an object can be defined from its active phase. Movement identifies its real entity. Its hypothetical volume is the space required to carry out the related actions. The size of a car circumscribed by the trace left by the headlights on a photographic film. The traces of such actions may in some cases not physically persist. Town squares are empty spaces ideal for hosting events. The actions that take place in them do not leave any tangible signs, but traces in the memory of those who observe or produce them. The concept of the dimensions in terms of use, which is not a simple ergonomic exercise, encompasses many aspects: physical, psychological, social and ethical. The dimension is extended to the consequences of the action.

A supersonic aircraft, which consumes non-renewable energy, is put in relation with the journey it can take in a given time and with the transformations that the space undergoes. Dimensions can change meaning, a space-economising object, can be environmentally friendly in terms of transportation and functional in terms of use.

By replacing the concept of physical limitation with the scope of an object, the definition of large or small becomes unstable. The same result is obtained by considering the influence of its action. One only has to imagine a mobile phone ringing during a ceremony, or a group of students glued to the screen during a lesson. We can affirm that "small technological objects" are overly used. An object in action is not dimensionally static. It amplifies or decreases, according to the way it is used. A jacuzzi is large or small depending on how many people immerse themselves in it. The standard height of a toilet bowel is too high for a child and too low for an elderly person. A radio acts in a context defined by the level of its volume. A light source according to the flow emitted. A cake defines the time elapsed according to the number of lit candles. A scent with its own intensity. The object and its space are inseparable and both real. The space of use is customisable and scientifically definable in its proper and improper actions.

To underline the dimensions of the space of action being a problem that has always been analysed, we can cite in Lucio Fontana's spatial theory in the field of art and in the field of the architectural and design project, a distant three-year period of 1973, curated by Eduardo Vittoria, dedicated to the "Spazio vuoto dell'habitat" [1]. A theme which already indicated that the movements of everyday life take on a certain value beyond the objects connected to them.

1. 15th Milan Triennale, 1973.

2018

Layers

Robusto è stato per lungo tempo sinonimo di pesante. In questa relazione persistente si sono fondate le immagini di molti prodotti e le convinzioni di molti clienti. Trasformare il robusto in forma resistente è diventato lo scopo dell'era del design. Laminare, trafilare sono i processi industriali che hanno permesso questa evoluzione. Imbutire, reticolare, stratificare, i metodi utilizzati per riattivare la resistenza originaria. Il gesto progettuale opposto alla forza, Davide contro Golia. Il trefolo e l'intreccio erano e sono gli emblemi del trasformare materia in linee e piani flessibili. Costruire resistenza per fili, per maglie, era intuitivo e derivabile dalla natura. La stratificazione, anch'essa presente nell'evoluzione naturale, era sinonimo del passaggio da epoca a epoca, come nel caso degli strati geologici della terra o degli anelli di accrescimento annuali degli alberi. Eventi ciclici, trasferiti nella poetica delle patine di vernice scrostate sui muri, ma magistralmente utilizzate nel passato nella costruzione decorativa della lacca cinese o nella stratificazione delle katane giapponesi. Laminare per nobilitare, al contrario, è il processo utilizzato nel caso dell'oro. Metallo troppo malleabile, prezioso e raro per essere utilizzato a vasta scala, ma dal forte impatto emozionale da essere da sempre usato come messaggio subliminale.

Fare sottile e leggero, accoppiare layer per modellare forme è la via all'innovazione strutturale delle architetture e dei prodotti industriali dell'era contemporanea. Imbutire per curve o per spigoli, lo streamline occidentale opposto all'origami orientale, in una comune via per ottenere strutture impalpabili. I "tempi moderni", relegati definitivamente alle spalle, erano legati all'immaginario del tubo, dei condotti, delle vie definite e obbligate, in una ossessione tayloriana dell'organizzazione per nastri e azioni consequenziali. Il tubo invadeva le città, le architetture, le case e il sistema della comunicazione, sinonimo di aggregazione e relazione per linee. Oggi che il piano, liscio o increspato, è tornato ad essere il sistema di riferimento, il mondo sembra più naturale e meno limitato. La stratificazione, la sovrapposizione per fogli, nuovo emblema dell'organizzazione cibernetica, è talmente radicata nella nostra cultura da essere utilizzata non solo come metodo compositivo, ma come ordine mentale e organigramma sociale.

Come spesso accade, la forza espressiva del layer è stata enfatizzata dal mondo dell'arte, dal collage o layerismo in pittura, dalle multiple esposizioni in fotografia e per citare il mondo del video, chi non ricorda le scene di *Minority report*. In questa ottica, anche I metalli, orfani dell'immagine del tubo, della trafila, delle Ipe e He, se: laminati, soffiati, ammaccati, mirrorizzati, continuano ad esporre la loro originaria predisposizione alla sottigliezza come valore aggiunto. Il layer è subentrato all'ideogramma della piramide ed è forse tempo di sostituire o trasformare con tale ipotesi anche quella di Maslow. I bisogni nel mondo fluido, si posizionano orizzontalmente su superfici infinite. È la distanza e concentrazione del bene desiderato dal proprio centro di stato temporale che determina la possibilità di soddisfacimento della richiesta. Piani orizzontali sovrapposti e intersecanti i diversi livelli del nostro corpo: quello della mente, del cuore, dello stomaco, del movimento, in una orizzontalizzazione dello schema vitruviano, in una ibridazione con i punti chakra della filosofia orientale.

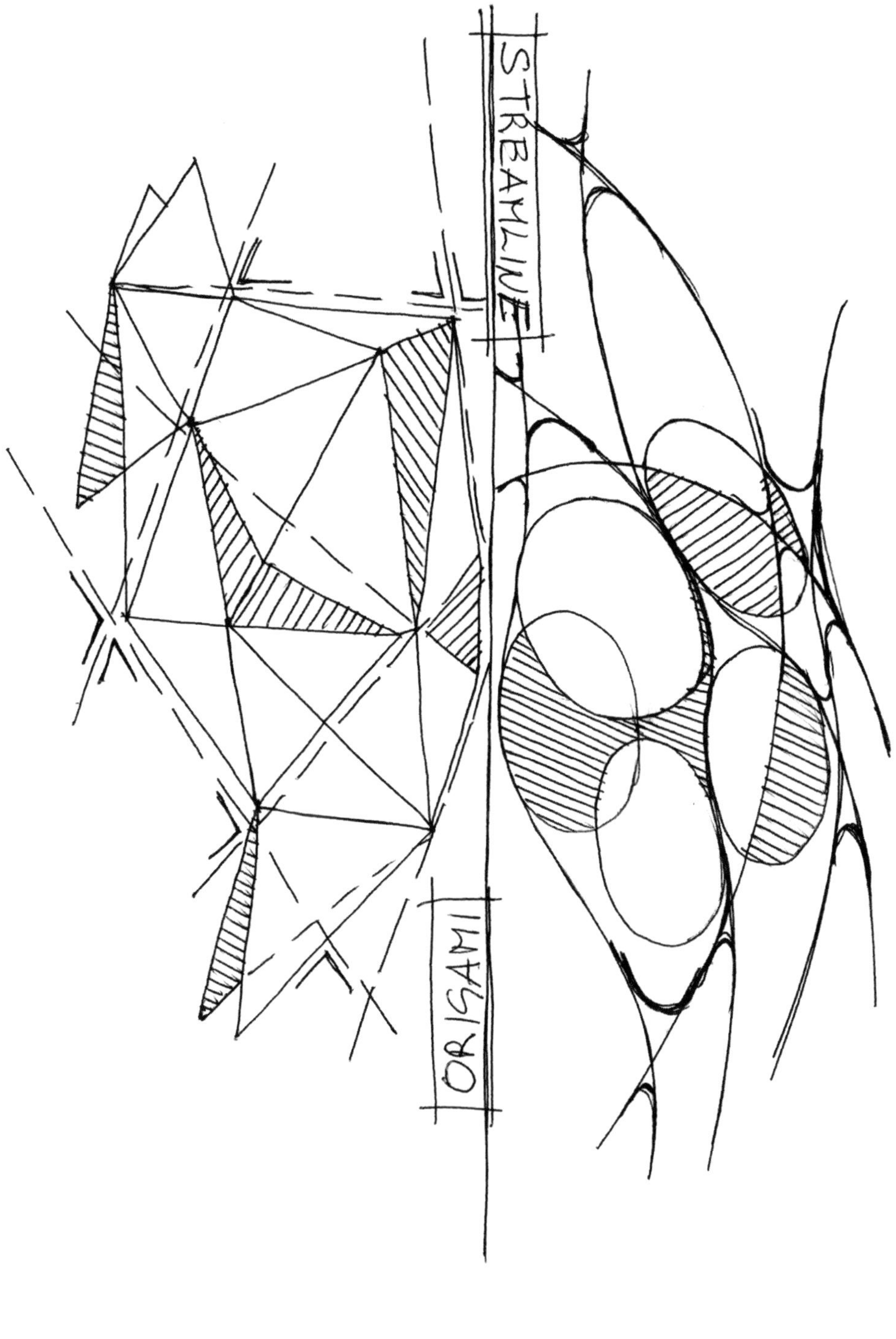
STREAMLINE
ORIGAMI

Layers

Robust has been synonymous with heavy for a long time. In this persistent relationship, the images of many products and the convictions of many customers have merged. Transforming the robust into a durable form has become the aim of the design era. Laminating and drawing are the industrial processes that have allowed this evolution. Ducting, reticulating, stratifying, the methods used to reactivate the original resistance. The design gesture opposed to force, David against Goliath. The strand and the weaving were and are the emblems of transforming matter into flexible lines and planes. Building resistance for threads, for knits, was intuitive and stemmed from nature. Stratification, also present in natural evolution, was synonymous of the passage from epoch to epoch, as in the case of the geological layers of the earth or the annual age rings of trees. Cyclic events, transferred into the poetics of the paint patinas peeling off the walls, but masterfully used in the past in the decorative construction of Chinese lacquer or in the stratification of Japanese katanas. Laminar to ennoble, on the contrary, is the process used in the case of gold. Metal too malleable, precious and rare to be used on a large scale, but with a strong emotional impact that has always been used as a subliminal message.

Making thin and light, coupling layers to mould shapes is the way towards structural innovation of architecture and industrial products of the contemporary era. Deep-drawing through curves or edges, the western streamline opposes oriental origami, in a common way to obtaining impalpable structures. "Modern times", definitively relegated to the side lines, were linked to the imaginary world of the pipe, of conduits, of the defined and obliged paths, in a Taylorian obsession of the organisation through tapes and consequential actions. The pipe invaded the cities, architecture, the houses and the communication system, synonymous with aggregation and relationship by lines. Now that the smooth or rippled plane has returned to being the reference system, the world seems more natural and less limited. Stratification, overlapping by sheets, the new emblem of the cybernetic organisation, is so rooted in our culture that it is used not only as a compositional method, but as a mental order and a social organisation chart.

As often happens, the expressive power of the layer has been emphasised by the art world, by collage or layerism in painting, by multiple exposures in photography and not forgetting the world of video, the memorable scenes of *Minority report.* In this perspective, also metals, orphans of the image of the pipe, of the extruder, of the Ipe and He steel sections, if: laminated, blown, dented, or mirrored, they continue to expose their original predisposition to lightness as added value. The layer has taken over from the pyramid's ideogram and it is perhaps time to replace or transform that of Maslow with this hypothesis. Needs in the fluid world are positioned horizontally on infinite surfaces. It is the distance and concentration of the desired good from its own centre of temporal state that determines the possibility of satisfying the request. Horizontal planes, overlapping and intersecting the different levels of our body: that of the mind, heart, stomach, movement, in a horizontalisation of the Vitruvian scheme, in a hybridisation with the chakra points of oriental philosophy.

Il sapore dei colori

I colori sono sinonimo di energia, la trasmettono e la creano. Sono essi stessi energia che arriva direttamente dal sole alla velocità della luce. Ogni oggetto è colorato dalla luce che lo penetra e che permette ai sensi di percepirne la forma e il "colore". La cromoterapia ha effetto sul cervello mediante l'ipotalamo, che regola e controlla le ghiandole endocrine e i centri energetici dell'uomo associati al sistema nervoso e alla produzione di ormoni. Nelle pratiche esoteriche il nero è uno dei colori più potenti, assorbe la luce, nasconde e crea confusione. La medicina ayurvedica associa ad ogni chakra uno dei sette colori dell'arcobaleno. Per il feng shui, i colori freddi trasmettono lo yin e quelli caldi lo yang. Pratiche secolari che indicano un preciso uso dei colori. I colori generano sensazioni, stati d'animo, lanciano messaggi e indicano associazioni cromatiche idonee ad un ottimale equilibrio alimentare.

La cromoterapia invade le farmacie, i supermercati e i ristoranti, determinando nuovi modi di gestire la dieta. Una colazione gialla, un pranzo rosso, una cena bianca, sono ricette più semplici da memorizzare che gestire quantità proteiche e caloriche di verdure e carboidrati. Il cibo bianco è sinonimo di equilibrio, purezza, depurazione e stimola sincerità. Il rosso indica i cibi per ricaricarsi. Il giallo e arancione, appartengono ai cibi che stimolano la concentrazione, il buon umore e la socializzazione. Il verde è il più diffuso colore in natura e gli alimenti di questa tonalità, generano stati di relax e pace interiore. Al contrario, i nutrimenti scuri, neri, viola e blu, sono eccitanti e favorevoli all'eros e alla fertilità. La natura ha fatto le sue scelte cromatiche, abbinando i colori dei cibi alle corrispondenti proprietà. Il caffè nero è stimolante ed i colori scuri sono quelli più usati nei luoghi emozionali come discoteche o pub. Il nero è trasgressione e raffinatezza allo stesso tempo, atteggiamenti alla base dell'attrazione. Da ora in poi dobbiamo porre la giusta attenzione se fare uno spuntino in ufficio con frutti di bosco o spicchi d'arancio. Il parallelismo tra gli effetti indicati dalla colorimetria degli ambienti e dal cibo, è impressionante. C'è da chiedersi se siano stati proprio i cibi e le sensazioni che se ne traggono mangiandoli, ad indicare le corrette relazioni tra colori e stati d'animo.

I cibi trasmettono messaggi inequivocabili. Il detto: "siamo quello che mangiamo", assume maggior peso nella gestione della nostra immagine. Mangiando si prendono posizioni culturali e sociali che comunicano il nostro stile di vita. Se ad esso si aggiunge che il colore degli alimenti può rafforzare il messaggio del corpo, istante per istante, l'aforisma potrebbe dilatarsi in: "siamo e comunichiamo tramite quello che mangiamo". Alimenti e stati d'animo, idealizzano il gusto del colore. Che il giallo si concretizzi con il sapore aspro, o che il bianco sia leggermente dolce, sono associazioni che fanno parte dell'immaginario collettivo, il limone o il cocco sono frutti conosciuti a tutti. In tal senso, un lavandino bianco e leggermente dolce, un tavolo in marmo nero opaco è tendente all'amaro, un divano giallo è aspro, abbinamenti che possono rafforzare o contrastare le nostre scelte stilistiche. La composizione degli spazi accoglie nuovi stimoli. Immaginare l'abbinamento degli oggetti negli ambienti, per associazione ai sapori che rappresentano, è un incentivo alla personalizzazione. Il designer, in tutto questo, diventa il gestore dei sapori delle case, progettando case aspre o acidule, dolci o insipide. D'altro canto, che i colori messaggiano i sapori è sancito da mille e mille foto-messaggi trasferite dai nostri cellulari e tablet nei principali social network. È pratica quotidiana condividere quello che mangiamo. Nel diffondere le immagini del cibo contestualmente alla loro assunzione, cosa si intende trasmettere, se non il gusto dell'azione che in quel preciso momento stiamo vivendo.

The taste of colours

Colours are synonymous with energy, they convey it and create it. They are themselves energy that comes directly from the sun at the speed of light. Every object is tainted by the light which penetrates it and allows the senses to perceive its shape and "colour". Chromotherapy affects the brain through the hypothalamus, which regulates and controls the endocrine glands and our energy centres, associated with the nervous system and the production of hormones. In esoteric practices, black is one of the most powerful colours. It absorbs light, hides and creates confusion. Ayurvedic medicine associates each chakra with one of the seven colours of the rainbow. For feng shui, cold colours transmit the yin and warm colours the yang. Secular practices that indicate a precise use of colours. Colours generate feelings and moods. They convey messages and indicate colour combinations suitable for optimal food balance.

Chromotherapy invades pharmacies, supermarkets and restaurants, determining new ways of managing one's diet. A yellow breakfast, a red lunch, a white dinner, are simpler recipes to memorise than to manage the quantities of protein and calories of vegetables and carbohydrates. White food is synonymous with equilibrium, purity, purification and stimulates sincerity. Red indicates foods to recharge one's batteries. Yellow and orange belong to foods that stimulate concentration, good mood and socialisation. Green is the most common colour in nature and the foods of this hue generate states of relaxation and inner peace. In contrast, dark, black, purple and blue nutrients are exciting and conducive to eros and fertility. Nature has made its colour choices, combining the colours of food with their corresponding properties. Black coffee is a stimulant and dark colours are the most used in exciting places like discos or pubs. Black is transgression and refinement at the same time, attitudes at the base of attraction. From now on, we have to be careful in choosing whether to have a snack in the office with berries or orange wedges. The parallelism between the effects indicated by the colorimetry of the rooms and food is impressive. One wonders if it is precisely the foods and the sensations drawn by eating them, that indicate the correct relationships between colours and moods.

Food transmits unequivocal messages. The saying: "we are what we eat", takes on greater weight in the management of our image. By eating, we take cultural and social positions that communicate our lifestyle. If we add to this the concept that the colour of food can strengthen our body language, the aphorism could extend to: "we are and communicate through what we eat". Foods and moods, idealise the taste of colour. That yellow is given body with a sour taste, or that white is slightly sweet, are associations that are part of the collective imagination. Lemon or coconut are fruits known to all. In this sense, a white sink is slightly sweet, a table in opaque black marble tends towards bitter, a yellow sofa is acidic, combinations that can reinforce or contrast our stylistic choices. The composition of the spaces welcomes new stimuli. Imagining the combination of objects in different contexts, by association with the flavours they represent, is an incentive to customise. The designer, in all this, becomes the manager of the flavours of the house, designing sour, acidic, sweet or insipid houses. On the other hand, that the colours convey the flavours is enshrined in thousands of photos-messages transferred from our mobile phones and tablets to major social networks. It is daily practice to share what we eat. In spreading the images of food while it is being eaten, what do we wish to convey, if not the taste of the action we are experiencing at that moment?

La tecnica degli opposti

È retorico, negare, che la nostra società sia un crocevia di contraddizioni, in cui atteggiamenti derivanti da visioni divergenti, convergono verso un modo di vivere schizofrenico. Nello specifico i termini: naturale e artificiale, reale e virtuale, agli antipodi per significato, rappresentano quanto di più compenetrante oggi possa esserci nel progettare e produrre azioni. Gli opposti che si attraggono, che vengono spesso utilizzati in forma enfatica per equilibrare situazioni sbilanciate verso uno dei due poli. Tipico esempio della relazione tra visione ecologica e industriale del mondo contemporaneo.

La tecnica degli opposti, è da sempre una delle strade principali per attirare attenzione e scatenare interesse. *Normali meraviglie*, era il titolo di un evento organizzato da Alessandro Mendini a Genova nel 2004, dimostrando quanto possa essere affascinante progettare con le parole. Oggetti normalissimi, gadget, souvenir di viaggi, che accendono suggestioni e ricordi dal valore inestimabile, quello che leggo in un oggetto è più importante di quello che vedo. Stesso potere semantico è abbinabile al termine "garden city", nato per etichettare nuove aree urbane nell'Inghilterra di fine ottocento. Una città non è un giardino e queste esperienze misero in evidenza fin da subito, che il consumo di suolo pubblico, di aree agricole, era un atteggiamento anti economico, anti sociale e oggi etichettabile come anti ecologico. Il ghiaccio bollente è l'emblema di questa logica, il ribaltamento, l'impossibile, genera attenzione, eccitazione, esercitando pressione mediatica a cui nessuno può sottrarsi.

Le città metropolitane, si sono sviluppate dietro la richiesta globale di poter attingere facilmente ai beni di consumo: merci, servizi, relazioni e eventi d'intrattenimento. Parallelamente il capitalismo intuisce, che la concentrazione semplifica la logistica, acuisce i bisogni e determina mercati e consumatori facilmente plasmabili. Il verde in queste città diventa un bisogno commerciale più che sociale, un mezzo per lenire l'idea di fuga, l'ora d'aria che non si nega a nessuno. Ancora oggi tali esperienze vengono ripetute. Ad esempio, gli orti verticali, stanno all'ecologia, come il bianco sta al nero, ma sono l'ipotesi fino ad ora più plausibile di produzione urbana a km zero. La metropoli, con le sue ciclicità quotidiane, è stata idealizzata come antidoto alla fine dell'era industriale, assumendo il valore di produttrice di bisogni: ibridi, costanti e irreversibili. Nella realtà, i servizi, gli eventi, sostituiscono la materialità dei prodotti e Il mondo immersivo subentra alla necessità di tatto e di contatto. Nella città del futuro, la virtualità, la connessione globale, l'internet delle cose, l'auto produzione a distanza, porteranno a riformulare il concetto di spostamento, negando la necessità di coesistere in un territorio fortemente antropizzato. Il consumismo crea la rete, che a sua volta cannibalizza il suo luogo ideale. Bruto che uccide Cesare. La mantide religiosa che si nutre del suo partner.

Nonostante ciò abbiamo ancora bisogno di introdurre nei nostri modi d'uso, codici per un'estetica ecologica, commercializzabile, plausibile, che lenisca i nostri sensi di colpa e che alimenti le nostre ambizioni sociali. Consumatori pentiti o neo ecologisti, abbiamo ormai assorbito la necessità di rispettare l'ambiente, come mezzo per moderare le nostre contraddizioni. Tra le molte esperienze nel campo dell'arredamento e design per la casa, quella che evidenzia una maggiore linearità d'intenti, ancor più del riciclo e del riuso, è conservare il naturale valorizzando l'artificiale sostenibile. Plagiare l'originale, comporre materiali, riciclare immagini, significa idealizzare il concetto di valore trasposto, ossia dare seguito e definire componenti di un prodotto anche il pensiero e le sensazioni che loro accendono e riescono a trasferirci. Un film rappresenta la realtà, racconta una storia, perché l'uso della texture di un materiale naturale non dovrebbe essere considerata allo stesso modo? Il falso come memoria che assume valore sociale. La fede come archetipo del prodotto immateriale.

Siamo abituati da sempre a considerare il superfluo come male della nostra società, ridurlo è il primo passo verso un atteggiamento sostenibile. A questo punto, la virtualità è sintomo di una nuova era ecologia?

The technique of opposites

It is rhetorical to deny that our society is a crossroads of contradictions, in which attitudes resulting from divergent visions converge towards a schizophrenic way of life. Specifically, the terms: natural and artificial, real and virtual, poles apart in terms of meaning, today represent the most interpenetrating terms existing in designing and producing actions. Opposites that attract each other, which are often used emphatically to give equilibrium to situations unbalanced towards one of the two poles. Typical example of the relationship between an ecological and industrial vision of the contemporary world.

The technique of opposites has always been one of the main ways of attracting attention and triggering interest. *Normali meraviglie* (*Normal marvels*) was the title of an event organised by Alessandro Mendini in Genoa in 2004, demonstrating how fascinating it can be to design with words. Normal objects, gadgets, souvenirs from travels, which evoke suggestions and memories of inestimable value. What I read in an object is more important than what I see. The same semantic power can be combined with the term "garden city", created to label new urban areas in England in the late nineteenth century. A city is not a garden and these experiences pointed out immediately that the consumption of public land, of agricultural areas, was an anti-economic, anti-social approach and can now be labelled as anti-ecological. Hot ice is the emblem of this logic, the overturning, the impossible, generates attention, excitement, exerting media pressure from which no one can escape.

Metropolitan cities have developed upon the global demand to be able to easily access consumer goods: products, services, relationships and entertainment events. At the same time, capitalism intuits that concentration simplifies the logistics, sharpens the needs and determines easily malleable markets and consumers. Green in these cities becomes a commercial rather than a social need, a means to soothe the idea of escape, the hour of fresh air that must not be denied to anyone. Still today these experiences are repeated. For example, vertical gardens stand for ecology, as white stands for black, but for now they are the most plausible hypothesis of urban local production. The metropolis, with its daily cycles, has been idealised as an antidote to the end of the industrial era, assuming the value of a producer of needs: hybrids, constant and irreversible. In reality, facilities and events replace the materiality of products and the immersive world replaces the need for touch and contact. In the city of the future, virtuality, global connection, the Internet of things, self-production at a distance, will lead to reformulating the concept of displacement, denying the need to coexist in a strongly anthropised territory. Consumerism creates the network, which in turn cannibalises its ideal place. Brutus who kills Caesar. The praying mantis that feeds on its partner.

Despite this, we still need to introduce codes for ecological, marketable and plausible aesthetics into our methods of use that soothe our feelings of guilt and feed our social ambitions. Repentant consumers or neo-ecologists, we have now absorbed the need to respect the environment as a means of moderating our contradictions. Among the many experiences in the field of home furnishings and design, the one that highlights a greater linearity of intent, even more than recycling and reuse, is to conserve the natural by enhancing the sustainable artificial. Plagiarising the original, composing materials, recycling images, means idealising the concept of transposed value, that is, following and defining components of a product also thought and the sensations that they conjure up and succeed in conveying to us. A film represents reality, tells a story. Why should not the use of the texture of a natural material be treated in the same way? The false as a memory that takes on social value. Faith as an archetype of the immaterial product.

We have always been accustomed to considering the superfluous as the evil of our society. Reducing it is the first step towards a sustainable approach. At this point, is virtuality a symptom of a new ecology era?

Ri-materializzare

Quello che oggi interessa dei materiali, non è solo la provenienza o i metodi per estrarli e renderli utilizzabili, ma la loro rispondenza a esigenze determinate dai modi d'uso. Un processo di produzione e gestione dei prodotti che, tra le molteplici necessità, introduce il concetto di fine vita, in altre parole, della loro dismissione naturale o programmata. Pensare a qualcosa di nuovo, di bello e di ben fatto, immaginandone una fine prestabilita, è assurdo e paradossale, se non fosse che questo atto d'amore sarcastico, è la pratica che consente di mantenere plausibile il vivere nei nostri spazi antropizzati per sostenere il sistema industriale che li genera. Un diverso modo di impostare i requisiti alla base della genesi dei prodotti, di trasformarli nelle finalità con nuove algebre in cui l'obsolescenza non è conseguenza delle reali capacità prestazionali.

Dal punto di vista del prodotto, se ciò fosse possibile, è accettare di vivere poco ma meglio, di essere attivo finché utile e perfettamente in grado di assolvere al proprio compito. Un prodotto che assimila l'idea di una vita dopo la vita, ideale e non materica, costituita da ricordi e memorie a breve raggio d'azione. Ogni oggetto è un robot, statico o dinamico, parte della nostra esistenza a cui affezionarsi tanto più quanto la sua forma è familiare, antropomorfa e propensa al transizionale, ma in quanto essere artificiale legato all'efficienza, se ne dovrà accettare la sostituzione, con dispiacere o cinismo.

Riprodurre è generare economia, oro a diversi carati. Riuso, riciclo, dis-assemblaggio, economia circolare, sono termini che progressivamente hanno generato una visione olistica, utilitaristica e necessaria, della pratica del raccattare e del rifiuto. Dal puro monomaterico e monouso degli anni sfrontati del boom economico, dei baby boomer, si è giunti al compound ibrido a bassa impattività tecnologia degli scarti alimentari dell'era della condivisione e del temporaneo, corte dell'uomo incerto del terzo millennio. La quintessenza, la pietra filosofale, il mercurio lunare e lo zolfo solare, l'acqua, l'aria, la terra, il fuoco e l'etere, appunto, fanno parte della medesima storia, trasformare il vile metallo in oro, considerato per la sua purezza, il materiale nobile, primordiale, l'essenza del tutto, l'origine delle cose. I rifiuti sono socialmente attivi, sono materie prime a chilometro zero, non devono essere estratti, non alterano l'immagine dell'ecosistema e sono idonei per etiche trasformazioni alchemiche. Ri-materializzare, nobilitare, sono processi che solo in prima analisi appaiono semplici. Gestire grandi volumi per ottenere modeste quantità di materia prima, è un processo complesso che richiede innovazione gestionale, pianificata per generare profitti a breve termine. Il plus-valore sociale del riciclo è stato l'elemento generante il bisogno, ma è evidente che nella pratica futura esso diventerà meno impattante, man mano si diffonderà l'idea che l'impegno individuale nella dismissione del quotidiano sia già socialmente adeguato a rendere il sistema del riciclo autonomo e auto-sostenibile. Il progetto, inteso come atto generante corretto e programmato, sarà sempre più determinante in questo processo virtuoso. Tra i giochi infantili più educativi, che influenzano il nostro carattere, rompere e ricomporre gli oggetti, è sicuramente il gesto che crea maggiore disappunto nei genitori, ma induce a sviluppare curiosità e ingegnosità nei neonati. Distruggere per ricostruire è dinamico, entusiasmante, creativo, progressivo, come gattonare e portare alla bocca è parte integrante della scoperta del mondo circostante. Non è chiaro perché quello che ci consente di crescere e formare la nostra consapevolezza del mondo, non possa trasformarsi, in età adulta, in altrettanta eccitazione e genesi di stupore, alimentando la permanenza di gesti creativi. Le cose fatte a pezzi, ricomposte, trasformate, riattivate da un lato, e gli scarti dall'altro, come mezzi per assimilare l'essenza della nostra civiltà, sono parti integranti dello scenario che ci traghetterà verso un futuro già immaginato e presente nei nostri riti quotidiani.

A
B
C
D
X
RI-FORMULAZIONE

Re-materialise

What is interesting about materials today is not only their origin or the methods of extracting them and making them usable, but their correspondence to needs determined by the methods of use. A process of production and management of products that, among the many needs, introduces the concept of end of life, in other words, of their natural or planned disposal. Thinking of something new, beautiful and well made, imagining a predetermined end, is absurd and paradoxical, if it were not that this sarcastic act of love, is the practice that allows us to keep plausible the act of living in our human spaces to support the industrial system that generates them. A different way of setting the requirements at the base of the genesis of the products, of transforming them into finality with new algebras where obsolescence is not a consequence of the true skills of performance.

From the point of view of the product, if this were possible, it is a question of accepting to live a little less but better, to be active as long as we are useful and perfectly able to fulfill our tasks. A product that assimilates the idea of a life after life, ideal and non-material, made up of long- and short-term memories and short-term memories. Every object is a robot, static or dynamic, part of our existence to which we become attached, inasmuch as its form is familiar, anthropomorphic and inclined towards the transitional, but as an artificial element linked to efficiency, we will have to accept its substitution, with displeasure or cynicism.

Reproducing is generating economy, carat gold. Reuse, recycling, dis-assembly, circular economy, are terms that have progressively generated a holistic, utilitarian and necessary vision of the practice of gathering and rejection. From the pure monomateric and mono-use of the brazen years of the economic boom, of the baby boomers, we have arrived at the technologically low-impact hybrid compound of food waste from the era of sharing and of the temporary, court of the uncertain man of the third millennium. The quintessence, the philosopher's stone, the lunar mercury and the solar sulfur, water, air, earth, fire and the ether, in fact, are part of the same story, transforming the vile metal into gold, considered for its purity, the noble, primordial material, the essence of everything, the origin of things. Waste is socially active, it is a locally found raw material, it must not be extracted, it does not alter the image of the ecosystem and is suitable for ethical alchemical transformations. Re-materialising, ennobling, are processes that appear simple in an initial analysis. Managing large volumes to obtain modest quantities of raw materials is a complex process that requires management innovation, planned to generate short-term profits. The social plus-value of recycling has been the element generating the need, but it is evident that in future practice it will become less impactful. Gradually, the idea will spread that individual commitment in every-day disposal is already socially adequate enough to make the recycling system autonomous and self-sustainable. The project, intended as a correct and planned generating act, will be increasingly decisive in this virtuous process. Among the most educational children's games, which influence our character, breaking and re-assembling objects is undoubtedly the gesture that causes the most disappointment in parents, but it helps to develop curiosity and ingenuity in babies. Destroying to then rebuild is dynamic, exciting, creative, progressive, just as crawling and putting objects in their mouths is an integral part of discovery of the surrounding world. It is not clear why what allows us to grow and form our awareness of the world, cannot be transformed, during adulthood, into the same astonishment, fueling the permanence of creative gestures. Things taken to pieces, recomposed, transformed, reactivated on one hand, and waste on the other, as a means to assimilate the essence of our civilisation, are integral parts of the scenario that will lead us towards a future already imagined and present in our daily rituals.

La misura dei sensi

Grande e pesante, sono le caratteristiche fisiche che più di altre hanno identificato il potere. Grande abbastanza per incutere rispetto, timore e generare reverenza. Pesante al punto tale da costituire sicurezza o segnalare opulenza. La relazione tra grande e piccolo, pesante e leggero, nella nostra esistenza passata, ha costruito immaginari e formato un modo di concepire spazi e oggetti legati più agli aspetti psicologici che alle loro reali caratteristiche fisiche. Grande al di sopra della consuetudine, era la misura ideale per costruire una cattedrale idonea a raccogliere e catechizzare fedeli. Pesante oltre la necessità della funzione, era il metodo sicuro per diffondere messaggi di ricchezza. Le dimensioni delle cose, all'interno di molte comunità, non potevano essere definite e evidenziate con le sole unità di misura, con semplici fattori numerici, perché spesso il dato non era radicalmente diffuso. Era il rapporto tra gli uomini, le cose, l'ambiente e la relazione con le abitudini del luogo e del tempo, che generava stupore o disagio. Gli androni delle basiliche romane, chiusi o cunicolari, erano indispensabili per gestire il passaggio tra uno spazio indefinito e uno costruito, nel rapporto: grande infinito, piccolo, grande definito. Il peso eccessivo di un trono, non generava solo rispetto ma induceva a trasferire il senso di stabilità e inamovibilità del potere. Un monile d'oro cavo generava sensazione di ricchezza più di uno pieno dello stesso peso. La lunghezza di una strada curva di accesso a un paese medioevale, serviva a incrementare la voglia di arrivare e magnificare la vista delle mura. Messaggi indotti, subliminali, che nel progredire delle epoche si sono trasformati radicalmente.

Per semplificare la gestione di spazi o quantità, sono state sviluppate e adottate le unità di misura, consuetudini in grado di definire confini e amministrare scambi commerciali. Unità di misura, antropomorfe o meno, dapprima legate a singole comunità e via via diffuse e adottate in funzione del potere politico e commerciale di una di esse. Unità di misura, cui tutti facciamo riferimento, ma che ancora oggi pochi hanno la capacità di usare con sicurezza senza validi oggetti di comparazione. Un chilogrammo è il peso di una pagnotta di pane, cento gradi è la temperatura dell'acqua che bolle, dieci secondi sono il tempo impiegato per correre i cento metri. Un litro è la quantità di liquido di una bottiglia di latte, per non parlare di misure come lumen, gloss, decibel o anni luce, che solo pochi di noi sono in grado di definire nella mente. I sensi gestiscono le prime impressioni, le unità di misura le consolidano o smentiscono.

L'unità di misura della trasparenza, ad esempio, non esiste, eppure riusciamo a gestirla come percentuale rispetto alla completa opacità. Settanta per cento, trenta per cento, utilizzando i nostri sensi e dimostrando che non tutto deve essere necessariamente determinabile con estrema certezza. Il mondo fisico si antepone a quello psicologico delle sensazioni che esso stesso è in grado di generare. Percezioni che non hanno la reale necessità di essere comparate e definite. Il senso di paura o di stupore non si trasmette con fattori numerici. La soglia del dolore, ad esempio, è anch'esso un dato soggettivo, con cui nessuno di noi desidera avere dimestichezza. La soggettività altera i dati, per un bambino un secolo è un tempo lunghissimo, per un uomo centenario e dieci volte la sua vita. Nonostante le unità di misura siano oggi note a tutti, nella pratica, un tavolo non si definisce per metri, ma con il numero di commensali che vi possono sedere intorno. Uno spicchio di torta è grande, medio o piccolo, indipendentemente dalle sue reali calorie, ma dalla sensazione di sazio, che il pranzo precedente ha generato. È indubbio che non posso comunicare la dimensione di una porta a chi deve realizzarla, indicando: abbastanza grande per far passare una persona robusta con uno scatolone in mano. Come non posso chiedere di realizzare il piano di una cucina all'altezza media idonea per lavorare in piedi. Tutto questo perché le mie sensazioni e interpretazioni del mondo sono diverse da quelle di qualsiasi altro. Le consuetudini si trasformano in esperienza e l'esperienza determina consuetudini che hanno necessità di trasformarsi in norme per essere tramandate. L'esperienza del mondo ha bisogno delle unità di misura per essere gestita, ma di contro, l'uso di esse come unico parametro di progetto, rende sterile e inamovibile il mondo.

TRA QUI E LÌ
X

The measure of the senses

Great and heavy are the physical characteristics that more than any others have identified power. Great enough to inspire respect, fear and generate reverence. Heavy enough to constitute security or signal opulence. The relationship between big and small, heavy and light, in our past existence, has built imaginary worlds and formed a way of conceiving spaces and objects related more to psychological aspects than to their real physical characteristics. Great, above tradition, it was the ideal measure to build a cathedral suitable for gathering and catechising the faithful. Heavy beyond the necessity of function, it was the sure method for spreading messages of wealth. The dimensions of things within many communities could not be defined and highlighted with only units of measurement, with simple numerical factors, because often the data was not radically widespread. It was the relationship between people, things, the environment and the relationship with the habits of place and time, which generated astonishment or discomfort. The closed or cunicular entrances of the Roman basilicas, were indispensable for managing the passage between an indefinite and a constructed space in the relationship: great infinity, small, great definity. The excessive weight of a throne, did not generate only respect but contributed to transfering the sense of stability and immovability of power. A hollow gold necklace generated a sense of wealth more than a solid one of the same weight. The length of a curved access road to a medieval village, served to increase the desire to arrive and magnify the sight of the walls. Induced, subliminal messages that have radically changed in the course of time.

To simplify the management of spaces or quantities, units of measurement have been developed and adopted, customs able to define borders and administer commercial exchanges. Units of measurement, anthropomorphic or not, initially linked to individual communities and gradually spread and were adopted according to the political and commercial power of one of them. Unit of measurement, to which we all refer, but which still today few have the ability to use correctly without valid objects of comparison. One kilogram is the weight of a loaf of bread, one hundred degrees is the temperature of boiling water, ten seconds is the time taken to run a hundred metres. A litre is the amount of liquid in a bottle of milk, not to mention measures like lumen, gloss, decibels or light years, which only a few of us can define in our minds. The senses manage first impressions, the units of measurement consolidate or deny them.

For example, the transparency measurement unit does not exist, yet we can manage it as a percentage of complete opacity. Seventy percent, thirty percent, using our senses and showing that not everything must necessarily be determinable with extreme certainty. The physical world takes precedence over the psychological one of the sensations that it is able to generate. Perceptions that do not have a real need to be compared and defined. The sense of fear or stupour is not transmitted by numerical factors. The pain threshold, for example, is also a subjective fact, with which none of us wants to be familiar. Subjectivity alters the data. For a child a century is a very long time, for a centenary man it is ten times his life. Although the units of measurement are known to everyone today, in practice, a table is not defined by metres, but by the number of diners who can sit around it. A piece of cake is large, medium or small, regardless of its actual calories, but according to the feeling of fullness following a lunch. There is no doubt that I cannot communicate the size of a door to those who have to make it, by indicating: large enough for a sturdy person to pass through with a box in his hand. Just as I cannot ask for the design of a kitchen top at the average height suitable for working whilst standing up. All this because my feelings and interpretations of the world are different from those of any other. Customs are transformed into experience and experience determines habits that need to be transformed into norms to be handed down. The experience of the world needs units of measure to be managed, but on the contrary, the use of them as the only design parameter, makes the world sterile and irremovable.

Il termosifone non è un cappotto

Il freddo è in grado di rallentare e fermare i processi vitali, il caldo li attiva. Il freddo è un mezzo per ibernare e posticipare l'uso delle cose, il caldo ne impone il consumo immediato. Il freddo stringe, il caldo dilata.

In traumatologia il ghiaccio lenisce i sintomi, il caldo li cura. L'uso combinato del caldo e del freddo è considerato, in molte scienze mediche sia occidentali, sia orientali, come il miglior sistema per stimolare la circolazione, per elasticizzare i tessuti del corpo umano e riattivare la linfa vitale. Anche la memoria, se congelata, come la definisce Lapo Binazzi, esponente di spicco del gruppo radicale fiorentino degli UFO [1], serve solo alla malinconia, se scaldata, avvia azioni di condivisione, di ibridazione dei tempi e delle pratiche quotidiane. Il caldo genera piacere se si è immersi in un ambiente freddo. Il vino bianco gelido è indicato per l'estate, il vin brûlé è una tipica bevanda invernale. Viviamo e consumiamo culturalmente stereotipi che nascono da pratiche consolidate.

Forzare lo stato delle cose, passare dal freddo al caldo e viceversa, è in grado di attivare momenti di relazioni. Le terme romane, le saune finlandesi, il rituale giapponese dell'ofuro [2], sono ambienti e gesti che si predilige non vivere da soli, azioni di coppia o di gruppo, che creano convivialità e predisposizione al contatto. Lo stare davanti al camino acceso nelle sere d'inverno, fare il pupazzo di neve, sdraiarsi d'estate al sole in riva al mare, sono tipici momenti di familiarizzazione generati dall'eccezionalità atmosferica.

Il passaggio dal freddo al caldo, è quindi un requisito progettuale stimolante. Costruire superfici tiepide su cui camminare, immaginare forme calde da toccare, da tenere in mano, da sfiorare o avvolgere intorno al corpo, è un incentivo al progetto a cui non si può resistere. Quando si afferra con entrambi le mani una tazza di tè, si genera una estensione e predisposizione al caldo da sorseggiare. Un gesto pratico, istintivo, che definisce la forma non solo come contenitore ma come sensorializzatore dell'azione. Una tazza calda può essere letta anche come uno scaldamano, la sua forma è l'elemento che ne agevola o nega l'uso in tale direzione.

La stanza del freddo, cambusa e frigo naturale dalle pareti sottili posizionata a nord, nelle case di campagna di molte nostre regioni, o il box scalda vivande con sportello, inserito nel termosifone in ghisa, tipico delle case borghesi di fine ottocento, sono esempi eccellenti di azioni multiple in oggetti destinati alla gestione della temperatura domestica. Tipici esempi di molteplicità e interdisciplinarietà del fare design. L'uso proprio o improprio delle cose è prerogativa di chi ne dispone, l'inclinazione a usi personalizzati è insito nella progettazione.

Generare caldo o freddo è oggi, non solo un problema tecnico, ma anche etico e sociale. Basti immaginare quanto esso sia importante per la salvaguardia dell'ecosistema e l'economia delle nostre società. Progettare il tepore di un ambiente o di un oggetto, è quindi, culturalmente rilevante. Dare forma al calore, impalpabile, invisibile, se non si accetta che la brina o il vapore ne siano una stretta conseguenza, può significare giocare, sia con la memoria precostituita, sia con l'estensione delle percezioni. Le fontane zen, in altro modo definibili come piccole cascate d'acqua, tipiche dell'arte del feng shui cinese, che in forma tecnica: nebulizzano l'acqua, inumidiscono l'aria e di conseguenza la raffrescano, sono un insieme di azioni e di messaggi. Oltre a termoregolare l'ambiente, Il movimento e il suono, attivano l'energia universale del "chi", riportano alla natura, predispongono al vivere olistico.

1. Gli UFO sono un gruppo di design radicale che ha operato a Firenze dalla fine degli anni '60. L'uso estremo della narrazione e decontestualizzazione delle immagini sono stati gli elementi caratterizzanti gli oggetti e le performance urbane che li hanno resi celebri.

2. L'Ofuro è un antico rito del bagno ancora in uso nelle case giapponesi. Vasca di acqua calda a 42° in cui ci si immerge puliti per permetterne l'uso successivo a tutti i componenti della famiglia.

Un termosifone è un terminale di sistema ad uso promiscuo. Una volta inserito nell'ambiente è statico e genericamente indipendente da chi ne usufruisce. Un calorifero è un prodotto, in genere, poco considerato, dall'immagine stereotipata e in qualche caso definito invasivo. Un cappotto è un indumento ad uso individuale, riponibile, soggetto agli stili e che nell'indossarlo agisce sulla propria immagine, più di altri capi di abbigliamento.
Il termosifone non è un cappotto, anzi ne è un suo surrogato tecnologico. Se valutassimo accettabile l'ipotesi di realizzare un termosifone indossabile, sarebbe un esempio di design retrotopico [3], una forma di esagerata personalizzazione, oppure un'azione ecologica?

3. Z. Bauman, ***Retrotopia***, Collana Tempi nuovi, Laterza 2017.

Il termosifone non è un cappotto / The radiator is not a coat.

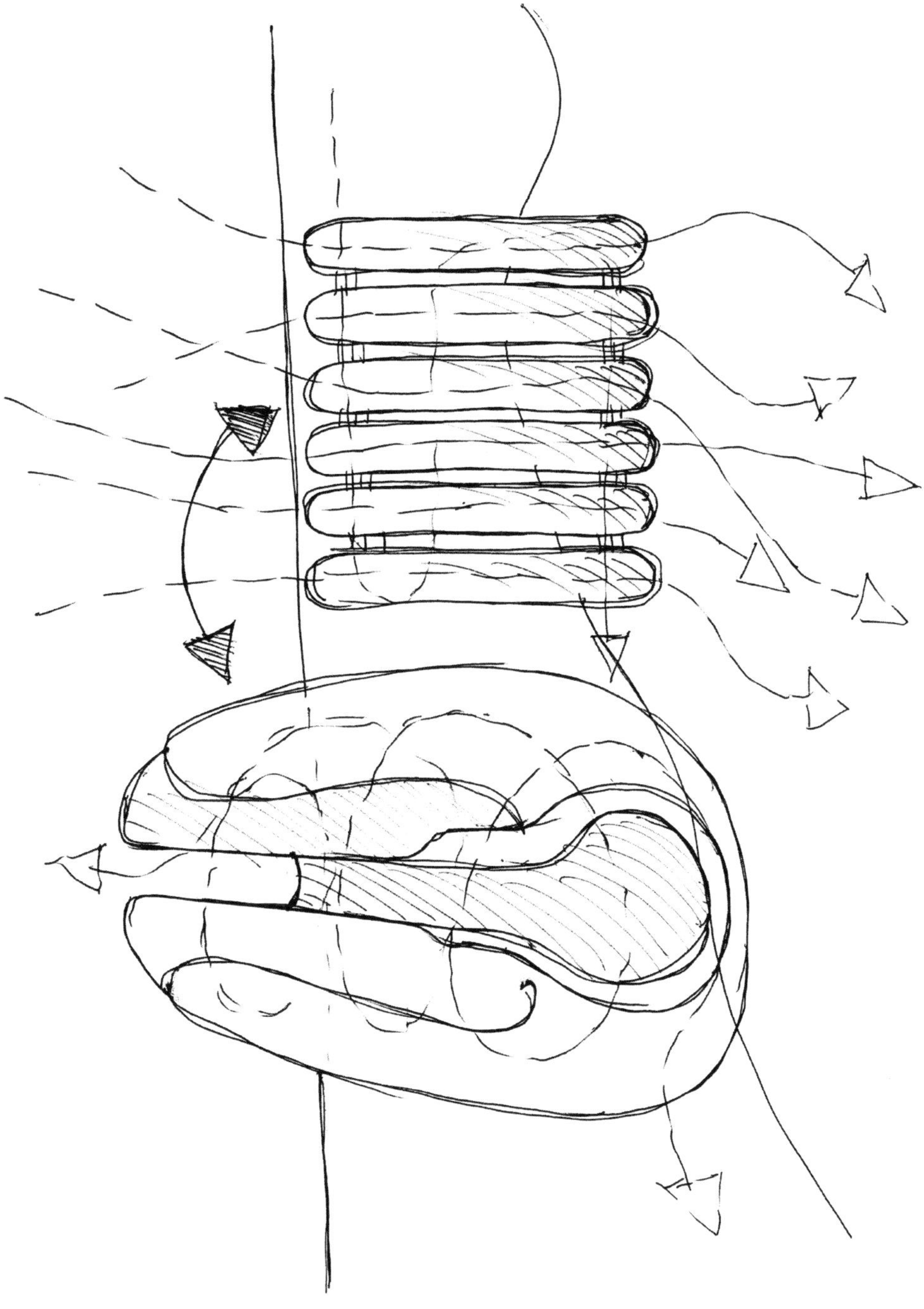

The radiator is not a coat

The cold is able to slow down and stop the vital processes, the heat activates them. Cold is a means to hibernate and postpone the use of things, the heat imposes immediate consumption. The cold shrinks, heat expands.

In traumatology, ice soothes symptoms, heat heals them. The combined use of heat and cold is considered, in many Western and Eastern medical sciences, the best system for stimulating circulation, for elasticising the tissues of the human body and reactivating the lifeblood. Even memory, if frozen, as defined by Lapo Binazzi, a leading exponent of the Florentine radical group of UFOs [1], serves only melancholy. If heated, it initiates actions of sharing, hybridisation of the times and daily practices. Heat generates pleasure if one is immersed in a cold environment. Icy white wine is recommended for the summer, while vin brûlé is a typical winter drink. We culturally live and consume stereotypes that arise from established practices.

Forcing the state of things, going from cold to hot and vice versa, is able to activate moments of relationships. The Roman baths, the Finnish saunas, the Japanese ritual of the ofuro [2], are contexts and gestures that are preferably not experienced alone, but in couples or groups, which create conviviality and predisposition to contact. Being before a fireplace lit on winter evenings, making a snowman, lying in the summer sun on the seashore, are typical moments of familiarisation generated by atmospheric exceptionality.

The transition from cold to warm is therefore a stimulating planning requirement. Building warm surfaces on which to walk, imagining warm shapes to touch, to hold in one's hand, to touch or wrap around one's body, is an incentive to the project that cannot be resisted. When a cup of tea is grasped with both hands, heat is sensed which leads one to sip. A practical, instinctive gesture that defines the form not only as a container but as a sensorialiser of the action. A hot cup can also be interpreted as a hand warmer, its shape is the element that facilitates or denies its use in this direction.

The cold room, galley and natural fridge with thin walls positioned to the north, in the country houses of many of our regions, or the heated food box with door, inserted in the cast iron radiator, typical of the bourgeois houses of the late nineteenth century, are excellent examples of multiple actions in objects designed to manage temperature in the home. Typical examples of multiplicity and interdisciplinarity of designing. The proper or improper use of things is the prerogative of those who have them, the inclination to customised uses is inherent in the design.

Generating heat or cold is today not only a technical problem, but also ethical and social. One only has to imagine how important it is for the preservation of the ecosystem and the economy of our societies. Designing the warmth of an environment or an object is therefore culturally relevant. Giving shape to impalpable, invisible heat, if one does not accept that frost or vapour are a strict consequence of it, can mean playing, either with pre-established memory, or with the extension of perceptions. Zen fountains, otherwise defined as small waterfalls, typical of the art of Chinese feng shui, which in technical form, nebulise the water, moisten the air and consequently cool it, are a set of actions and of messages. In addition to thermoregulating the environment, movement and sound, they activate the universal energy of the "who", returning us to nature, predisposed for holistic living.

A radiator is a system terminal for unselective use. Once inserted into the room, it is static and generically independent of those who use it. A heater is a product, generally little

1. UFOs are a radical design group that has been operating in Florence since the late 1960s. The extreme use of narration and decontextualisation of the images were the elements characterising the objects and the urban performances that made them famous.

2. The Ofuro is an ancient bath ritual still used in Japanese homes. 42° hot water tank in which to immerse oneself clean, to allow subsequent use to all the members of the family.

considered, with a stereotypical image and in some cases defined invasive. A coat is a garment for individual use, storable, subject to styles, and in wearing it, acts on one's image, more than other items of clothing. The radiator is not a coat, but rather a technological substitute for it. If we consider acceptable the hypothesis of creating a wearable radiator, would it be an example of retrotopic [3] design, a form of exaggerated personalisation, or an ecological action?

3 Z. Bauman, ***Retrotopia***, Collana Tempi nuovi, Laterza, 2017.

2019

Almost green

Se si escludono le variabili del chiaro e dello scuro, in occidente riconosciamo un numero limitato di tonalità di verdi. Dal verde marcio a quello pisello, dal muschio al verde salvia, dal verde oliva a quello smeraldo. Un elenco riconducibile alle dita di una mano, a conferma della teoria della memoria a breve termine, in cui il numero magico sette, più o meno due, come teorizzava George Miller, indica il limite delle sequenze facilmente memorizzabili [1]. Con questo presupposto, in epoche tra loro distanti e con aspetti sacri e profani, devono la loro genesi: la scala musicale, i re di Roma, i peccati capitali, le virtù, i sacramenti, i doni dello spirito santo, le sette sorelle, i sette nani, e molti altri. In Amazzonia, ipotizzando che gli indigeni autoctoni non siano stati tempestivamente informati su questa prassi del marketing, si usa comunemente una serie assai più numerosa di varianti del verde. Definizioni cromatiche idonee a trasmettere altrettanti modi d'uso delle erbe a loro associate. C'è chi dichiara che il numero si attesti intorno a diciotto, chi esagerando dice di poterne elencare fino a settanta. È indubbio che uno in più, uno in meno, gli abitanti di quei luoghi, nel verde ci vivono quotidianamente e ne riconoscono le qualità reali. Se estendiamo questo concetto, gli Eschimesi sono i padroni delle varietà del bianco e i Tuareg, spadroneggiano negli ocra. Gli Inglesi sono i detentori della scala del grigio, ma ciò non è più esatto, perché del grigio sono possessori tutti gli abitanti delle metropoli del mondo. Il primato della scala dello smog è diffusamente condiviso. La luce definisce i colori e la gelatina fluida che avvolge le nostre città, ne limita la sua diffusione.

Questo preambolo per affermare che ogni ambiente naturale, ha le sue leggi e pretende da chi le usa una conoscenza approfondita delle regole che ne determinano il giusto equilibrio. Per decenni abbiamo confuso il concetto di ecologico con quello di naturale. Abbiamo definito il riciclo come male minore della società del consumo. Abbiamo dato valore a concetti difficili da attuare come quello di decrescita programmata. Tutto questo utilizzando il verde come sinonimo di pensiero ecologico. Il verde non è più esclusivamente un colore ma un simbolo, un'astrazione programmata di una attitudine alla vita consapevole.

Si definisce "green economy", un modello teorico di sviluppo, dove oltre ai benefici in fatto di aumento di reddito, si prende in considerazione anche l'impatto ambientale cioè i potenziali danni prodotti dall›intero ciclo di produzione, uso, dismissione e smaltimento dei prodotti. Il riciclo, nelle ipotesi migliori, diventa fattore di nuove attività industriali. L'economia ecologica è per sua stessa natura identificabile con un grigio tendente al verde, tonalità che nella società contemporanea sono quasi sempre abbinati a messaggi contrapposti. Non è un caso isolato se si pensa alla dissonanza esistente tra colore e prodotto nella locuzione verde petrolio. Nella realtà, quindi, sarebbe più etico parlare di una "gray to green economy", definizione con meno appeal, meno ottimismo, più cosciente delle criticità ambientali che essa in ogni caso determina. Il messaggio indotto è quindi: vorrei ma non posso essere un verde brillante, sono un "almost green", appartengo ad uno spaccato di vita reale in cui Carlo Lucarelli potrebbe facilmente trovare spunti per un thriller psicologico legato ai crimini ambientali. Se elencassimo le azioni verdi quotidiane utili all'ambiente e potessimo giungere a sette, più o meno due, ovvero memorizzarle e attuarle facilmente, potremmo dire di essere sulla buona strada. Spegnere la luce prima di uscire, usare un maglione in più per riscaldarsi, viaggiare con i mezzi di trasporti pubblici ed elettrici, accendere la lavatrice di notte, non dormire di fronte alla tv accesa, chiudere l'acqua mentre si insaponano i piatti, rifornirsi di cibo quotidianamente e non usare il frigo, non lasciare gli elettrodomestici in standby, ..., Miller aveva proprio ragione, in questo caso sette più uno.

1. Nel 1956, il noto psicologo cognitivo George Armitage Miller pubblicò uno degli articoli più citati del campo: "Il magico numero sette, più o meno due". In quel lavoro, sosteneva che anche se il cervello può immagazzinare un'intera vita di conoscenza nei suoi mille miliardi di connessioni, il numero di elementi che gli esseri umani possono mantenere attivamente e contemporaneamente nella consapevolezza cosciente è limitato, in media, a sette. "The Magical Number Seven, Plus or Minus Two: Some Limits on Our Capacity for Processing Information" Psychological Review, 1956.

Almost green.

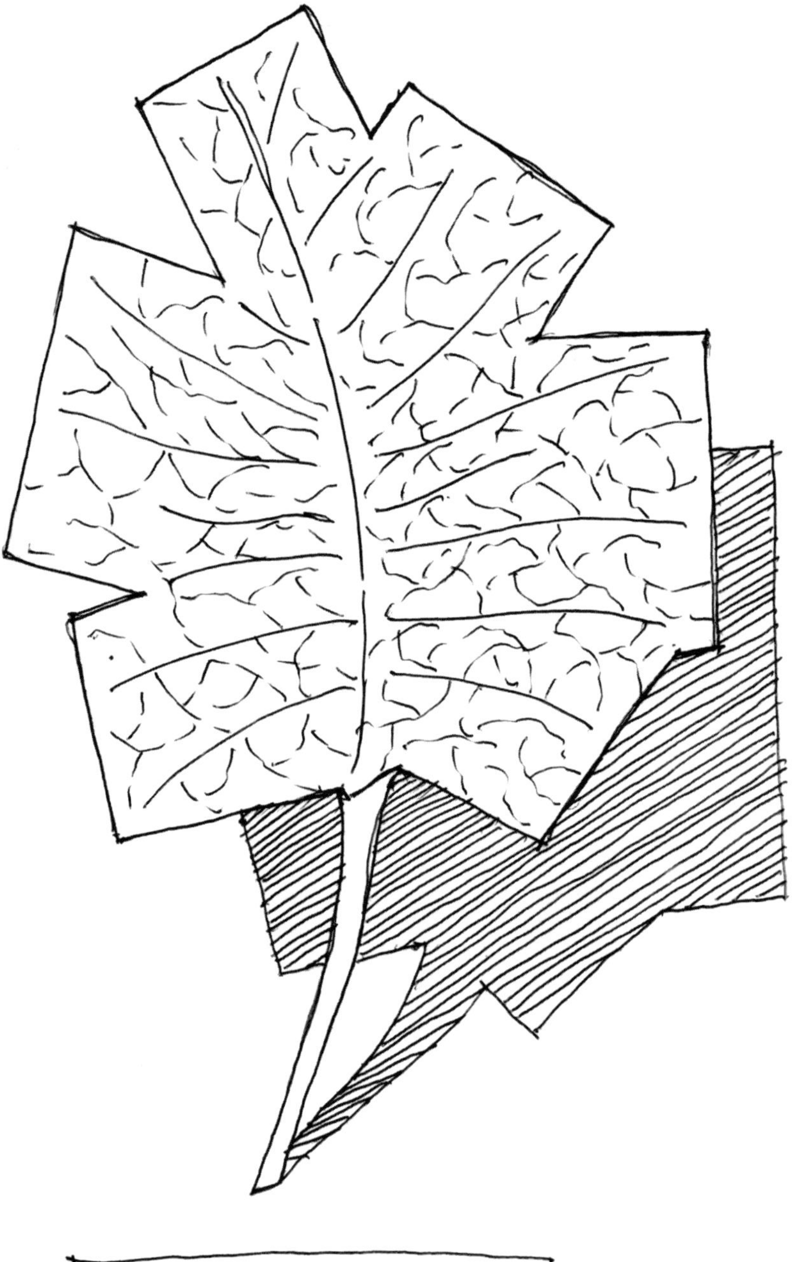

Almost green

If we exclude the variables of light and dark, in the West we recognise a limited number of shades of greens. From rotten green to pea, from moss to sage green, from olive to emerald green. A list that we could count on the fingers of one hand, confirming the theory of short-term memory, in which the magic number seven, plus or minus two, as George Miller theorised, indicates the limit of sequences that can be easily memorised [1]. With this assumption, in different eras and with sacred and profane aspects, they owe their genesis: the musical scale, the kings of Rome, the capital sins, the virtues, the sacraments, the gifts of the holy spirit, the seven sisters, the seven dwarfs, and many others. In Amazonia, hypothesising that indigenous natives have not been promptly informed about this marketing practice, a much more numerous series of variants of green is commonly used. Chromatic definitions suitable to transmit as many ways of use of the herbs associated with them. There are those who say that the number is around eighteen, those who exaggerate say they can list up to seventy. There is no doubt that the inhabitants of those places live in green spaces every day and recognise the real qualities. If we extend this concept, the Eskimos are the masters of the varieties of white and the Tuareg, domineers of the ochres. The English are the holders of the grey scale, but this is no longer correct, because all the inhabitants of the metropolises of the world belong to grey. The primacy of the smog scale is widely shared. The light defines the colours and the fluid gelatine that surrounds our cities, limiting its diffusion.

This preamble to affirm that every natural environment has its own laws, and demands from those who use it a thorough knowledge of the rules that determine the right balance. For decades we have confused the concept of ecological with that of natural. We have defined recycling as the lesser evil of the consumer society. We have given value to concepts that are difficult to implement such as that of planned degrowth. All this using green as a synonym for ecological thought. Green is no longer exclusively a colour but a symbol, a programmed abstraction of an attitude to conscious life.

It is called "green economy", a theoretical model of development, where in addition to the benefits in terms of income increase, we also take into account the environmental impact, ie the potential damage produced by the entire production, use, and disposal cycle of products. Recycling, in the best hypotheses, becomes a factor in new industrial activities. The ecological economy is by its very nature identifiable with a grey tending to green, shades that in contemporary society are almost always combined with opposing messages. It is not an isolated case if one thinks of the dissonance between colour and product in the petroleum green phrase. In reality, therefore, it would be more ethical to speak of a "grey to green economy", a definition with less appeal, less optimism, more aware of the environmental criticalities that in any case it determines. The message is therefore: I would like to but cannot be a bright green, I am an "almost green", I belong to a slice of real life in which Carlo Lucarelli could easily find ideas for a psychological thriller related to environmental crimes. If we list the daily green actions useful to the environment and we could reach seven, plus or minus two, or store and implement them easily, we could say we are on the right track. Turn off the light before going out, use an extra sweater to warm up, travel by public or electric transport, turn on the washing machine at night, not sleep in front of the TV on, turn off the tap while washing the dishes, stock up on food every day and not use the fridge, not leave appliances on standby, ..., Miller was right, in this case seven plus one.

1. In 1956, the well-known cognitive psychologist George Armitage Miller published one of the most cited articles in the field: "The magical number seven, plus or minus two". In that work, he argued that even if the brain can store a lifetime of knowledge in its one thousand billion connections, the number of elements that humans can actively and simultaneously maintain in conscious awareness is limited, on average, seven. "The Magical Number Seven, Plus or Minus Two: Some Limits on Our Capacity for Processing Information" Psychological Review, 1956.

La forma delle abitudini

Gli oggetti sottoposti allo scorrere dell'acqua sono idealmente smussati e privi di spigoli, ciò è stato vero fino a quando l'idea di minimalismo non ha invaso il modo di figurare gli ambienti contemporanei. L'idea di sottrarre e semplificare, non incide solo sull'aspetto e decoro delle cose ma anche sul modo di essere costruiti. È evidente che assemblare una scatola di legno è più semplice che tornire un tronco, così lo è anche il fatto che estrarre un corpo da uno stampo è meno problematico se la sagoma è priva di spigoli. Concetti che inseriti nel mondo dell'arredo bagno, hanno subito una ibridazione unica nel loro genere. Una forma cubica è indubbiamente essenziale, come lo è una sfera, l'unica variabile è il lato o il raggio. Lo spigolo smussato, al contrario, ammette infinite soluzioni, ossia necessita che sia presa una decisione in merito. In tal senso, il cubo retto è più minimale di uno smussato e rappresenta l'immagine ideale di un maggior numero di persone che potrebbero trovare il raccordo troppo o poco accentuato.

L'idea di forma, immagine, stile, è soggetta alle abitudini, ovvero alla consuetudine di vedere e comprendere le cose che ci circondano. La forma è connotata dal suo contorno, l'immagine è ciò che essa rappresenta, lo stile è quello in cui un gruppo sociale, più o meno esteso, si identifica in un determinato luogo e tempo. L'idea di essenzialità, assunta come assioma dagli oggetti legati alla cura del corpo, ha indicato la strada per uno scenario inclusivo che rispondeva alla richiesta di raffinatezza del momento. Siamo di fronte ad un tipico caso in cui la configurazione formale, ovvero, l'assunzione del quadrato come nuova forma archetipa per i sanitari, in contrasto con il buon senso pratico, è diventata stimolo all'innovazione, ampliando i limiti di applicabilità delle tecnologie del settore. Le forme morbide sono diventate desuete, troppo tradizionali per rappresentare la modernità e soggette ad una obsolescenza più psicologica che tecnica. Apparentemente in conflitto ma in linea con il concetto di essenzialità, la vasca da bagno, per consuetudine rettangolare allo scopo di adeguarsi alla scatola abitativa, si stacca dal muro e riacquisendo la sua indipendenza, torna ad essere tinozza, con altre dimensioni, idealizzazioni e sofisticazioni d'uso. Due modi inversi di ottemperare ai medesimi requisiti estetici.

Il consueto, le forme familiari, così come le tonalità della musica, o i colori della moda, entrano nella nostra quotidianità e la trasformano, indicando momenti in cui eccedere o uniformarsi. Una bottiglia per il vino con sezione quadrangolare non è accettata dal mercato, lo diventa se contiene olio, attestando che il vino è ancora un prodotto fortemente connesso alla tradizione e che l'olio è ancora alla ricerca di un contenitore che tipologicamente lo rappresenti. Una scatola di pasta tonda non sarebbe facilmente compresa, non perché meno organizzabile negli armadi, ma perché troppo inconsueta per un prodotto quotidiano, troppo sofisticata per un alimento di base. Questo non vuol dire che un suo uso non possa essere idoneo ad evidenziare un nuovo marchio. Eccedere o uniformarsi alla consuetudine, corrisponde a messaggi indotti o dedotti, costruiti assecondando o contrastando la normalità. L'estetica quotidiana è legata all'esperienza nel riconoscere la corrispondenza delle forme alle prerogative funzionali che ad esse vengono abbinate. Utilizzare per lungo tempo in modo incorretto un utensile nato per altro scopo, equivale a connotarne una nuova funzione, trasformandolo idoneo allo scopo nella mente di chi lo usa. Così un martello diventa un ottimo schiaccianoci, una bottiglia un elegante vaso mono-fiore e un parallelepipedo un'ottima forma per un catino. William James, medico, psicologo e filosofo, a fine Ottocento, anticipando i concetti funzionalisti, scriveva: "Tutta la nostra vita, in quanto ha una forma definita, è soltanto una massa di abitudini pratiche" [1]. L'abitudine alle immagini trasforma la comprensione del nostro habitat ed è ancora oggi parte integrale di questa definizione, allo stesso tempo, pragmatica e anticonformista.

1. W. James, *Discorsi agli insegnanti e agli studenti sulla psicologia e su alcuni ideali di vita*, (1892), Armando Editore 2003.

Natural minimal.

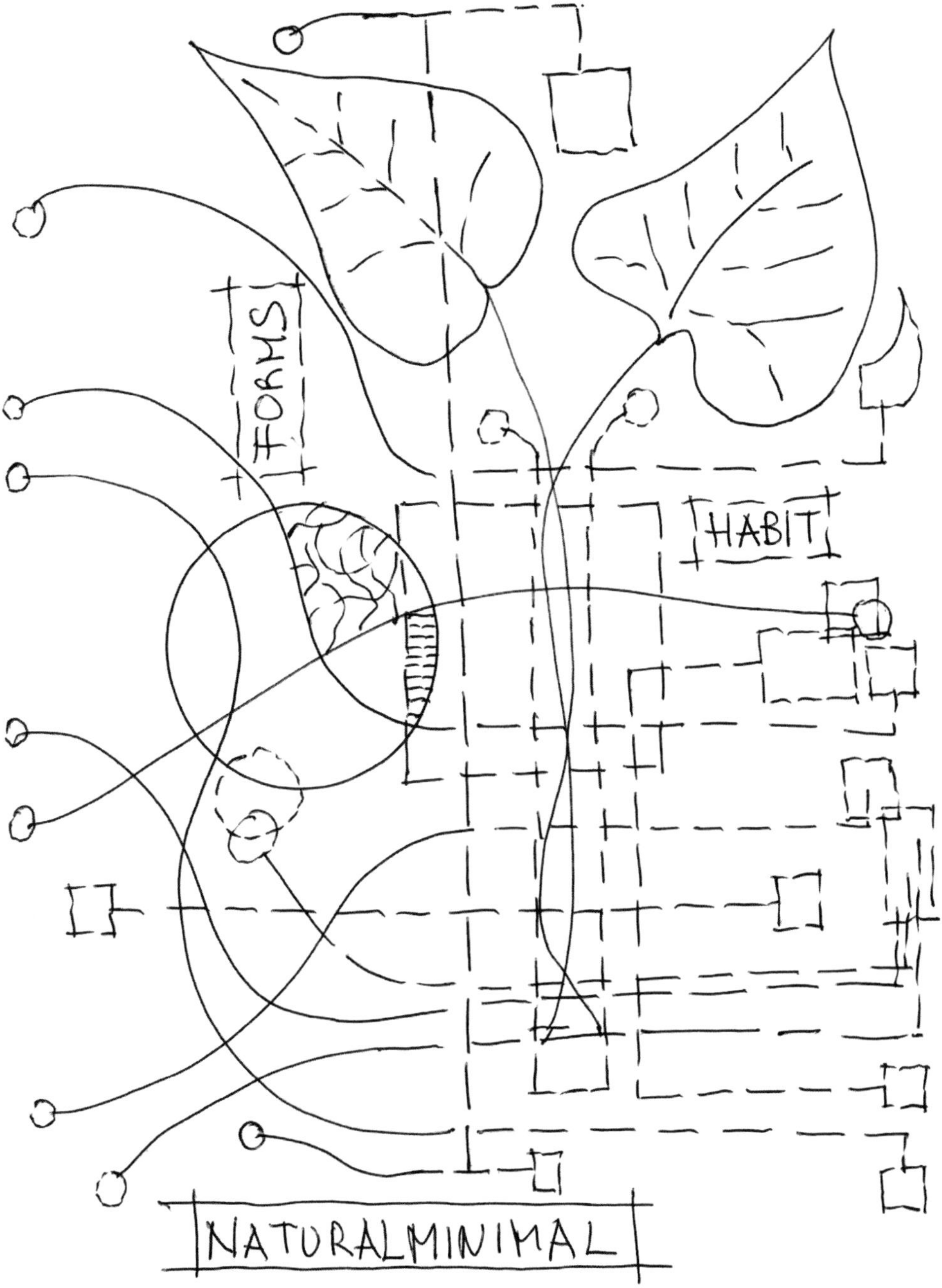

The shape of habits

Objects subjected to the flow of water are ideally rounded and devoid of sharp edges. This was true until the idea of minimalism invaded the way of representing contemporary environments. The idea of subtracting and simplifying does not only affect the appearance and decorum of things but also the way they are built. It is evident that assembling a wooden box is simpler than lathing a piece of tree trunk, in the same way as extracting an element from a mould is less problematic if the shape is without edges. Concepts that enter the world of bathroom furnishings have undergone a unique hybridisation. A cubic form is undoubtedly essential, as is a sphere, the only variable is the side or the radius. The rounded edge, on the contrary, admits infinite solutions, that is, it requires a decision to be made on the matter. In this sense, the sharp-edged cube is more minimal than a beveled one and represents the ideal image of a greater number of people who could find the connection too much or barely accentuated.

The idea of form, image and style, is subject to habits, or the custom of seeing and understanding the things that surround us. Shape is characterised by its outline, the image is what it represents, Style is that in which a social group identifies itself in a specific place and time. The idea of essentiality, assumed as an axiom by objects related to body care, has paved the way for an inclusive scenario that responded to the request for the elegance of that moment. We are faced with a typical case in which the formal configuration, that is, the assumption of the square as a new archetypal form for healthcare professionals, in contrast with practical common sense, has become a stimulus for innovation, widening the limits of applicability of technologies of the sector. Soft shapes have become obsolete, too traditional to represent modernity and subject to a more psychological than technical obsolescence. Apparently in conflict but in line with the concept of essentiality, the bathtub, due to its traditional rectangularity in order to adapt to the form and dimensions of the housing unit, detaches itself from the wall and regains its independence. It returns to being a tub, with other dimensions, idealisations and sophistications of use. Two inverse ways of complying with the same aesthetic requirements.

The customary familiar forms, as well as the tones of music, or the colours of fashion, enter our everyday life and transform it, indicating moments in which to exceed or conform. A bottle for wine with a quadrangular section is not accepted by the market. It becomes so if it contains oil, proving that wine is still a product strongly connected to tradition and that oil is still looking for a container that typologically represents it. A round pasta box would not be easily understood, not because more difficult to store in cupboards, but because it is too unusual for a daily product, too sophisticated for a basic food. This does not mean that its use cannot be suitable to highlight a new brand. Exceeding or conforming to custom, corresponds to messages induced or deduced, constructed by favouring or opposing normality. Daily aesthetics are linked to the experience in recognising the correspondence of the forms to the functional prerogatives that are combined with them. Using a tool created for another purpose incorrectly for a long time is equivalent to connoting a new function, transforming it into fit-for-the-purpose in the mind of the user. Therefore a hammer becomes an excellent nutcracker, a bottle an elegant mono-flower vase and a parallelepiped an excellent shape for a basin. William James, doctor, psychologist and philosopher, at the end of the Nineteenth century, anticipating functionalist concepts, wrote: "Our whole life, inasmuch as it has a definite form, is only a mass of practical habits" [1]. The habit of images transforms the understanding of our habitat and is still today an integral part of this definition, at the same time, pragmatic and nonconformist.

1. W. James, *Discorsi agli insegnanti e agli studenti sulla psicologia e su alcuni ideali di vita*, (1892), Armando Editore, 2003.

Davide e Perseo

Indugiare affascinati di fronte alla statua del *Davide* di Michelangelo collocata alla Galleria dell'Accademia a Firenze è umanamente comprensibile. Come ha teorizzato Stendhal, la tachicardia, i capogiri, le vertigini, la confusione e in qualche caso le allucinazioni, che si provano al cospetto di opere d'arte di straordinaria bellezza, sono amplificate se esposte in spazi chiusi, e la galleria, con le sue prospettive, la sua luce e riverbero, conferma questa ipotesi. Quello del *Davide* è forse uno dei pochi casi in cui la sua copia, posizionata in Piazza della Signoria, luogo che incute una sudditanza storica in ogni suo pur piccolo dettaglio, genera una istintiva sensibilità estetica, alla pari di quella che si prova alla vista del *Perseo* di Benvenuto Cellini. Scultura in bronzo inserita a poche braccia di distanza nella cornice della Loggia del Lanzi. Nel complesso, un insieme di eccellenze che costruiscono un irripetibile museo a cielo aperto. Il *Perseo*, è un'opera di straordinaria fattezza e espressività, realizzata da un artista che da fine incisore decide di cimentarsi con il gigantismo tipico delle opere di Michelangelo. Il *Perseo* e il *Davide*, sono due esempi di opere rinascimentali che traggono dalla mitologia la loro ispirazione. Le dimensioni, la fama degli autori, la storia da esse raccontate, il sito, l'epoca, sono parte di una medesima storia, quella di Firenze che vuole diffondere l'idea di grandezza tramite opere in grado di dialogare con la forza comunicativa degli spazi costruiti.

Il *David*, se si esclude il basamento, è di circa un metro più alto del *Perseo*, le due narrazioni alla base dell'opera sono parimenti conosciute. Sia Buonarroti che Cellini, sono giganti della storia dell'arte e realizzano le due statue a distanza di soli cinquant'anni. Il materiale è forse l'unica variante che le pone in due ambiti totalmente diversi. Scolpire il marmo, da sempre, è considerato un gesto più naturale, più vicino all'idea di genesi artistica che formare e fondere il metallo. Abbozzare, scalpellare, lisciare la pietra contro fondere e colare il metallo in uno stampo e poi "brasare"[1] le diverse parti. Immaginare un artista che scolpisce lentamente, che estrae da un blocco l'immagine in essa racchiusa, atto primordiale e divino di liberare la forma dal carcere della pietra grezza, in uno stato d'enfasi più volte citato da Michelangelo, raffrontata all'idea di fabbricazione dell'opera d'arte, di creazione per fasi, di gestione dei componenti, passando dalla bottega all'opificio, forse esagerando, dall'arte al design, da oggetto unico a riproducibilità del manufatto. Le abilità richieste per la realizzazione di tali opere sono le medesime, immaginazione, definizione del messaggio, capacità plastiche bi e tridimensionali, gestione dei dettagli, elementi che nel loro insieme definiscono la credibilità dell'artista. È lo stesso Benvenuto Cellini, nella sua autobiografia, a raccontare quanto sia stato problematico e difficile realizzare un'opera in fusione così grande, l'enorme mole di lavoro per definire le parti e per la rifinitura della fusione. Un lavoro lungo, faticoso e meticoloso, che richiese quasi nove anni contro i soli tre spesi da Michelangelo per concludere il *David*.

Nell'immaginario collettivo prevale l'idea che l'arte è individuale, irripetibile. Nella fragilità del materiale risiede l'abilità dell'artista, l'accuratezza dei gesti ne crea l'unicità e la potenza mediatica. Il naturale in contrapposizione all'artificiale, il marmo contro il metallo. L'arte della natura contro l'arte umana. Il materiale, quindi la sua scelta, partecipa ancora prima della forma a costruire il messaggio del prodotto finale. Questo vale per le opere d'arte e ancor più per gli oggetti quotidiani, dove il materiale, annuisce a problemi estetici, etici e sociali. Un materiale naturale può assumersi il compito di essere semplicemente se stesso, quello costruito deve dimostrare l'attitudine all'uso.

1. Termine utilizzato per definire l'operazione di giunzione delle parti fuse separatamente.

Idea, materiale, opera / Idea, material, work.

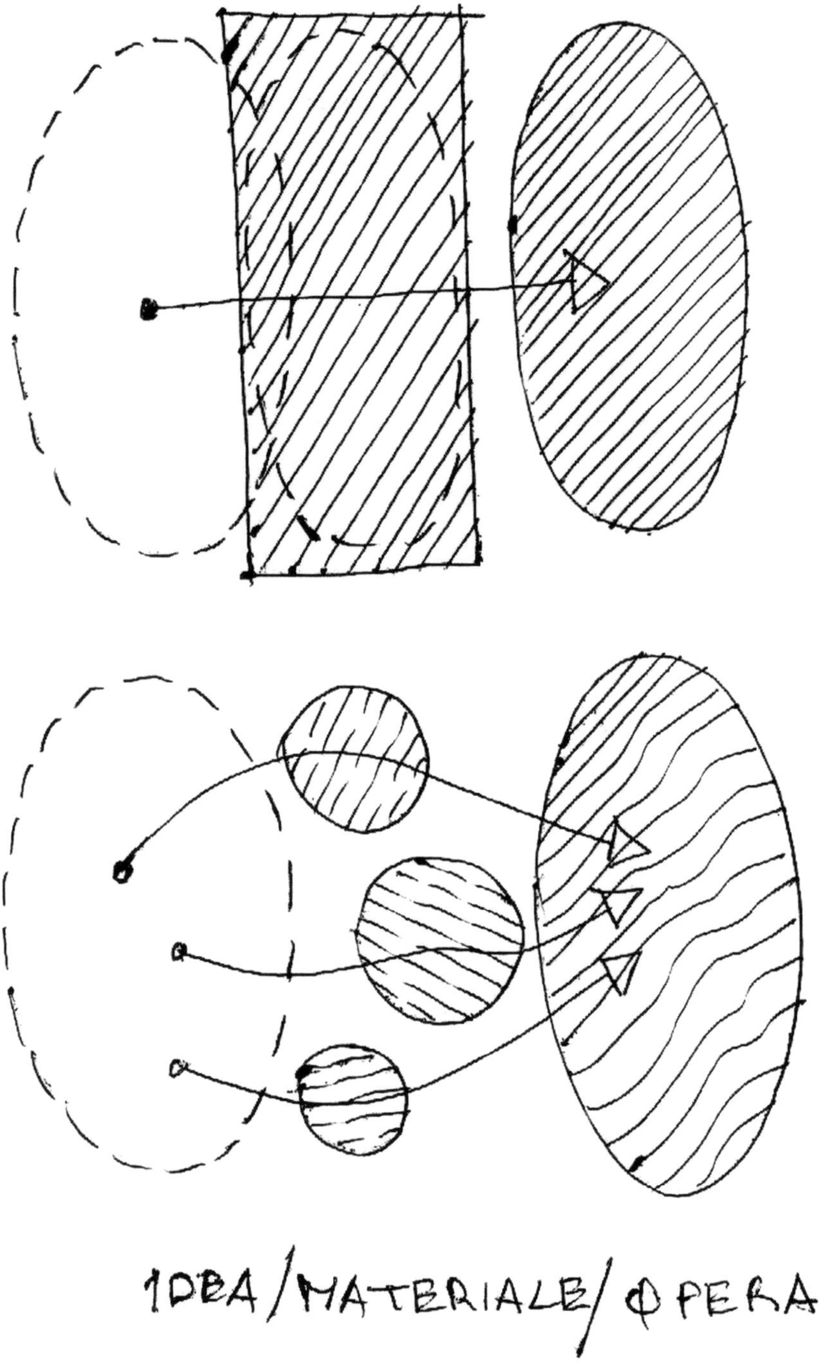

Davide and *Perseo*

Admiring Michelangelo's statue of *David* located at the Accademia Gallery in Florence is humanly understandable. As Stendhal theorised, tachycardia, dizziness, vertigo, confusion and in some cases hallucinations, which are experienced in the presence of works of art of extraordinary beauty, are amplified if displayed in closed spaces, and the gallery, with its perspectives, its light and reverberation, confirm this hypothesis. That of *David* is perhaps one of the few cases in which his copy, positioned in Piazza della Signoria, a place that instils a historical subjection in every minute detail, generates an instinctive aesthetic sensibility, on a par with that which one experiences at the sight of *Perseus* by Benvenuto Cellini. A bronze sculpture inserted a few metres away in the frame of the Loggia del Lanzi. Overall, a set of fine works that build a unique open-air museum. *Perseus*, is a work of extraordinary feat and expressiveness, created by an artist who, as a fine engraver decided to try his hand at the typical gigantism of Michelangelo's works. *Perseus* and *David* are two examples of Renaissance works that draw their inspiration from mythology. The dimensions, the fame of the authors, the story told by them the site, and the era, are part of the same story, that of Florence that wants to spread the idea of greatness through works able to dialogue with the communicative power of built-up spaces.

David, if we exclude the base, is about one metre higher than *Perseus*, the two narratives at the base of the work are equally known. Both Buonarroti and Cellini, are giants in the history of art and completed the two statues within the space of fifty years. The material is perhaps the only variant that places them in two totally different areas. Sculpting marble has always been considered a more natural gesture, closer to the idea of artistic genesis than forming and melting metal. Hewing, chiseling and smoothing the stone as opposed to melting and pouring the metal into a mould and then "braising" [1] the different parts. Imagine an artist sculpting slowly, extracting from a block the image enclosed in it, primordial and divine act of freeing the shape from the prison of the rough stone, in a state of emphasis repeatedly quoted by Michelangelo, compared to the idea of making the work of art, of creating by phases, managing the components, passing from the workshop to the factory, perhaps exaggerating, from art to design, from a single object to the reproducibility of the artefact. The skills required for the creation of these works are the same: imagination, definition of the message, two and three dimensional plastic capacities, management of details, elements that together define the credibility of the artist. Benvenuto Cellini himself, in his autobiography, recounts how problematic and difficult it was to pull off such a large fusion, the enormous amount of work to define the parts and complete the fusion. A long, tiring and meticulous work, which took almost nine years in relation with the mere three spent by Michelangelo to conclude *David*.

In the collective imagination, the idea prevails that art is individual and unrepeatable. In the fragility of the material lies the artist's skill, while the accuracy of gestures creates uniqueness and media power. The natural in contrast to the artificial, marble against metal. The art of nature against human art. The material, therefore its choice, participates even before form, in constructing the message of the final product. This applies to works of art and even more to everyday objects, where the material accepts aesthetic, ethical and social problems. A natural material can take on the task of simply being itself, the built one must demonstrate its aptitude for use.

1. Term used to define the joining operation of the separately cast parts.

Contract designer: scenografo del gusto

L'individualismo è un fattore genetico del nostro paese, un aspetto originato dalla necessità storica di proteggere la propria tradizione artigiana, tramandata di padre in figlio. Come lo è quello di partecipare alla costruzione di distretti e filiere in grado di connotare e evidenziare territori o attività produttive. Evolvere individualmente e cooperare alla crescita dell'ambiente è quindi una nostra tipica inclinazione.

La riconoscibilità della qualità raggiunta dal settore dall'arredo su misura italiano nel mondo, quindi, non deriva solo dall'immagine globale del Made in Italy, ma dalla struttura semiartigianale delle imprese e dalla fitta rete di terzisti in grado di modellarsi facilmente alle richieste esigenti dei clienti. Unicità, personalizzazione, da un lato, efficienza, qualità, dall'altro, sono i termini ricorrenti che contraddistinguono questo settore in cui la tipica fabbrica di arredi ha trovato opportunità per diversificare il bacino d'utenza, per desettorializzare e incrementare possibilità di ricerca e innovazione. Spesso è il cliente tradizionale che spinge ad interessarsi al settore, in cerca di una qualità dei dettagli conforme a quella degli arredi standard presenti nelle collezioni. In altri casi è stato lo stesso designer, che trasmigrando dall'oggetto allo spazio, si rivolge all'azienda con cui collabora conoscendone le doti e le potenzialità. Il rapporto è basato sulla ricerca di qualità reale e assistenza alla progettazione, confidando nella filiera produttiva e nei tecnici interni delle aziende. Binomio in grado di certificare che il progetto, in fase di realizzazione, mantenga un risultato qualitativamente rilevante. Un'efficiente cooperazione che unisce ricerca e esperienza. Il rapporto originario tra progettista e azienda si è modificato in seguito, quando quest'ultime hanno intravisto la possibilità di utilizzare il prodotto derivante dal progetto su misura come azione sperimentale idonea a diversificare il proprio catalogo. Questo atteggiamento, in alcuni casi, ha coinciso con l'affievolirsi di stimoli all'iter tradizionale dei progetti, protesi all'evoluzione tipologica e tecnologica e conformi all'immagine del brand.

Gli archi-star, avendo l'opportunità di far coincidere possibilità di progetto e commessa, tornano a guardare con curiosità al mondo del prodotto, diventano di diritto i progettisti prediletti dalle imprese legate all'abitare, a loro volta affascinate dal ritorno d'immagine derivante dall'insolita cooperazione. Un fatto non nuovo e naturale per il mondo dell'arredo, che risale alle origini del design italiano, riconosciuto e storicizzato, quando i maestri, oggi conclamati in tale ruolo: da Ponti a Mollino, da Gardella ad Albini, solo per citarne alcuni, sviluppavano le loro idee per ambienti moderni direttamente a contatto con gli artigiani, spingendoli a trasformarsi in imprenditori. Fase storica fondamentale a cui è seguita quella più complessa della costruzione dei brand, in cui figure in grado d'innovare le tipologie, all'infuori dagli stili in essere nel mondo delle architetture, hanno costruito e connotato una radicale trasformazione del modo d'innovare il prodotto d'arredo del design italiano.

Il binomio spazio – oggetto ha subito nel tempo fasi contrastanti nell'ondeggiare tra gli stili architettonici, dai tempi lunghi di metabolizzazione e il prodotto d'arredo industriale, in grado, nel senso artistico dell'azione, di anticipare la genesi di forme d'espressione.

Il prodotto contract, il su misura assunto come consuetudine, ha aperto nuove prospettive tra i due approcci progettuali e in molti casi ha generato prodotti di enorme successo. Non dobbiamo però dimenticare che la ricerca quasi spasmodica di commesse, di azioni contract, coincidenti con la crisi del mercato dell'arredo, ha minato alla base l'indipendenza formale tipica dell'imprenditoria italiana.

I contemporanei stili del contract d'arredo di qualità in Italia si sono generati nella relazione con gli showroom per le aziende della moda, dove: nuovi materiali, luci, grafica, partecipavano a costruire il messaggio del brand. In poco tempo la medesima richiesta di qualità e innovazione spaziale a raggiunto tutte le tipologie di spazi. Un hotel, uno yacht, un ristorante, sono ambienti in cui si sommano azioni. Ci si riposa, si viaggia, si mangia in essi solo occasionalmente e per questo ci si aspetta che l'esperienza sia unica e totale. Un buon piatto derivante da una ricetta raffinata, non ha lo stesso sapore se assaggiato seduti scomodi o con un livello di illuminazione troppo alto, questo rende la qualità dello spazio globale e della sua realizzazione centrale per ottenere la giusta atmosfera.

Il mercato del prodotto d'arredo e del contract si stanno sempre più ibridando, i materiali, le necessità viaggiano da un ambiente all'altro, i risultati sono indistinti, il prodotto per il contract, il contract per il prodotto, stanno trasformando i requisiti che tale unione deve ottemperare. Il progetto del gesto e dell'esperienza si aggiunge a quello formale, materico e d'uso.

Il contract non è un mercato ma una nuova prassi progettuale. Dal fare al pensare, in Italia, il passo è breve. Un oggetto domestico che deve durare e resistere allo stress d'uso, alla casualità e rischio dell'azione, in relazione stretta con una immagine non casuale, è un'occasione per incrementare attenzione su un prodotto altrimenti statico. Un nuovo modo d'intendere il progetto industriale, in cui le tecnologie si muovono verso un'elasticità fisica, verso un'intercambiabilità non legata solo ai componenti, verso mimesi e cosmesi temporanee, che trasformano il designer in scenografo del gusto.

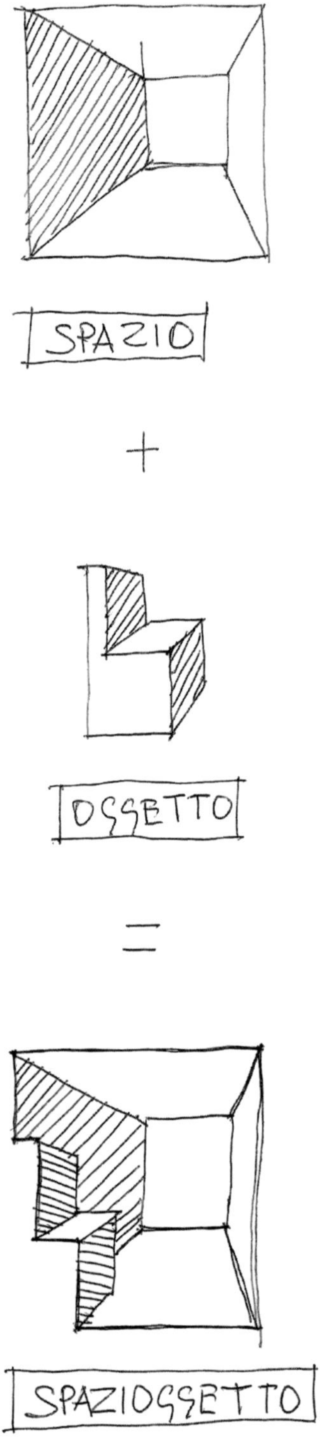

Spazio + Oggetto = Spazioggetto / Space + Object = Spaceobject.

Contract designer: set designer of taste

Individualism is a genetic factor of our country, an aspect originaling from the historical need to protect its artisan tradition, handed down from father to son. As is that of participating in the construction of districts and supply chains that can characterise and highlight areas or productive activities. Developing individually and cooperating in the growth of the environmenl is therefore our typical inclination.

The recognisability of the quality achieved by the ltalian custom-made furniture sector across the globe, therefore, does not derive only from the global image of Made in ltaly, but from the semi-artisan structure of the companies and from the dense network of subcontractors able to easily model themselves to satisfy the demanding requirements of customers. Uniqueness, personalisation, on the one hand, efficiency, quality, on the other, are the recurrent terms that distinguish this sector in which the typical furniture factory has found opportunities to diversify the catchment area, to de-sectorialise and increase research possibilities and innovation. It is often the traditional customer who is interested in the sector, looking for a quality of detail in line with that of the standard furnishings in the collections. In other cases it is the designer himself, who, transmigrating from the object to the space, turns to the company with which he collaborates, knowing its qualities and potential. The relationship is based on the quest for genuine quality and design assistance, lrusting in the production chain and in the internal technicians of the companies. A binomial able to certify that the project being carried out, maintains a qualitatively relevant result. Efficient cooperation that combines research and experience. The original relationship between designer and company changed later, when the latter saw the possibility of using the product deriving from the customised project as an experimental action suitable for diversifying its catalogue. This attitude, in some cases, coincided with the weakening of stimuli to the traditional process of projects, aimed at the evolution of typology and technology and conforming to the image of the brand.

The archi-stars, having the opportunity to match the possibilities of project and commission, return to look at the product world with curiosity. They become the favourite designers of the companies linked to living, in turn fascinated by the return of image resulting from the unusual cooperation. A fact that is not new and natural for the world of furniture, which dates back to the origins of ltalian design, recognised and historicised, when the masters, now known in this role: from Ponti to Mollino, from Gardella to Albini, just to name a few, developed their ideas for modem environments directly in contact with artisans, pushing them to become entrepreneurs.

A fundamental historical phase that was followed by the more complex phase of brand building, in which figures capable of innovaling the typologies, apart from the styles in place in the world of architeclure, have built and characterised a radical transformation of the way of innovating the furnishing product of Italian design.

The space-object binomial, over time, has undergone contrasting phases, oscillating among architectural styles, with long metabolisation times and the industrial furnishing product, able, in the artistic sense of the action, to anticipate the genesis of forms of expression.

The contract product, the tailor-made assumed as a custom, has opened up new perspectives between the two design approaches and in many cases has generated products of enormous success. However, we must not forget that the almost spasmodic pursuit of contracts, for contract actions, coinciding with the crisis in the furniture market, undermined the formal independence typical of Italian entrepreneurship. The contemporary styles of quality contract furnishing in Italy were generated in the relationship with showrooms for fashion companies, where: new materials, lights and graphics, participated in building the brand message. In a short time, the same demand for quality and spatial innovation reached all types of spaces. A hotel, a yacht, or a restaurant are environments in which actions are added. One rests, one travels, one eats in them only occasionally and for this reason one expects the experience to be unique and total. A good dish resulting from a refined recipe, does not taste the same if lasted silling uncomfortably or with bright lighting. Such factors make for the quality of the global space and are essential to create the right almosphere.

The furniture and contract product market is increasingly hybridising. Materials and needs travel from one environment to another, the results are indistinct, the contract product, the contract for the product, are transforming the requirements that this union must comply with. The project of gesture and experience is added to that of form, material and use.

The contract is not a market but a new design practice. From thinking to doing, in Italy, the step is short. A domestic object that mus last and withstand the stress of use, the randomness and risk of the action, in dose relationship with a non-random image, is an opportunity to increase attention on an otherwise static product. A new way of understanding the industrial project, in which technologies move towards physical elasticity, towards interchangeability not only linked to components, towards mimesis and temporary cosmetics, which transform the designer into a designer of taste.

La goccia e l'alveare

Le scimmie che vivono nella neve dello Jigokudani Monkey Park, nella provincia di Nagano a nord del Giappone, consuete nel fare il bagno caldo in acque termali, sono la dimostrazione che prendersi cura del proprio corpo è un gesto del tutto normale anche al di fuori della sfera umana. Ippopotami ed elefanti, non considerano uno status symbol cospargersi di fango per curare e proteggere la propria pelle, e la tipica posizione yoga, del fiore di loto o cobra, presa naturalmente dai lemuri, introducono nella sfera del naturale anche il principio di riposo e riordino mentale. Da un altro punto di vista, il benessere fisico e mentale non è solo uno stato estetico o psicologico ma anche sociale, se si pensa a quanto sia importante per la cultura orientale, essere in forma per poter contribuire alla crescita e salvaguardia del proprio popolo. *Mens sana in corpore sano, salus par aquam*, sono il contro altare della cultura occidentale per ribadire gli stessi concetti. *Wellness*, quindi, non come edonismo o necessità antistress del contemporaneo, ma come politica, come ideologia di un preciso e specifico modo di appartenere alla collettività.

Assimilare comportamenti dalla natura e dai suoi esseri, è diventato per il genere umano una pratica diffusa, una fonte di ispirazione, ma anche una vera e propria via per generare: immagini e "bellezze" condivise, soluzioni tecniche e nuovi materiali. La biomimesi, il design bio-ispirato, possono essere considerati soluzioni eco-tecniche e etico-culturali e rappresentano il centro dell'immaginario collettivo legato alla ricerca di equilibrio tra fare e rispettare. *Wellness*, quindi, come mezzo per assimilare e applicare i principi di eco-social design. Seguendo questi presupposti, gli spazi per la cura del corpo sono legati alla riproposizione delle azioni naturali: da un lato gli ambienti, dall'altro la semplificazione e specializzazione delle forme degli oggetti ad essi collegati. Materiali, colori e geometrie, in cui si ammettono poche trasgressioni, tra cui la variazione ergonomica delle dimensioni dei sanitari, ad incrementare l'immagine di unico e di condiviso, oppure la de-saturazione cromatica delle superfici, ad esaltare l'indefinito tipico dalle particelle in sospensione dell'acqua surriscaldata o in energico movimento. Un uso scenografico dello sfumato come mezzo per naturalizzare l'antropizzato. Un effetto studiato e applicato, anticipando i tempi, da Leonardo da Vinci per dare una maggiore naturalezza e profondità di campo alla sua riproduzione delle immagini.

Passando dagli ambienti agli oggetti, le forme di riferimento, parti di un medesimo sistema e ben presenti nella condivisione filosofica di ogni civiltà, sono da sempre: il cerchio, centripeto e espansivo, e il quadrato, inteso come limite, come recinto e senso di giustezza. Da questo appare chiaro che entrambe queste generatrici formali sono bene accette per essere alla base di sistemi costruttivi considerati naturali e simboli di una longeva tradizione. La goccia e l'alveare, il catino e la cassetta, che diventano emblemi dell'oggetto in ceramica o in legno, in ferro laminato o vetro. Il legno costruito per piccoli componenti ripetuti, più giusti e facili da lavorare, la ceramica, mono componente e mono materica a rappresentare la monoliticità del lavoro del tempo, la trasmigrazione scultorea del marmo in forme industriali ripetibili. Il dettaglio o l'insieme, la giunzione come decoro che si confronta con il contorno come limite.

Gli ambienti per prendersi cura di sé stessi, domestici o collettivi, tra lo star bene, attività fisica rigenerante e necessità sociale, sono da sempre soggetti a questi vincoli formali e consuetudini materiche. Tensioni muscolari michelangiolesche che si uniscono a profumi di una natura sensitiva. Opposti in simbiosi permanente.

WELLNESS/STAR BENE: ATTIVITÀ FISICA/NECESSITÀ SOCIALE

WELLNESS

SCIMMIE DELLE NEVI
ELEFANTI - IPPOPOTAMI
LEMURI
GINNASTICA SOCIALE
MENS SANA IN CORPORE SANO
SALUS PAR AQUAM
WELLNESS COME IDEOLOGIA
FARE-RISPETTARE
ECO-SOCIAL DESIGN
BELLEZZE CONDIVISE
SOLUZIONI ETICO-TECNICHE-CULTURALI
VARIAZIONI X CONDIVISIONE
ESSENZIALE
LA LEGGE DELLO SFUMATO
NATURALIZZARE L'ANTROPIZZATO
CERCHIO ESPANSIVO
QUADRATO LIMITE
LA GOCCIA E L'ALVEARE
IL CATINO E LA CASSETTA
IL DETTAGLIO O L'INSIEME
GIUNZIONE COME DECORO
CONTORNO COME LIMITE
VINCOLI FORMALI
CONSUETUDINI MATERICHE
TENSIONI MUSCOLARI
NATURA SENSITIVA
SIMBIOSI PERMANENTE

The waterdrop and the beehive

The monkeys that live in the snow of the Jigokudani Monkey Park, in the province of Nagano in northern Japan, accustomed to taking a hot bath in thermal waters, are proof that taking care of one's body is a completely normal gesture even outside the human sphere. Hippos and elephants, do not consider a status symbol being sprinkled with mud to heal and protect their skin, and the typical yoga position, of the lotus flower or cobra, naturally assumed by the lemurs, also introduce the principle of rest and mental reorganisation into the sphere of nature. From another point of view, physical and psychological well-being is not just an aesthetic or psychological state but also a social one, if you think about how important it is for oriental culture, to be fit to contribute to the growth and preservation of one's people. *Mens sana in corpore sano, salus par aquam*, are the counter altar of Western culture to reaffirm the same concepts. Wellness, therefore, not as hedonism or an anti-stress necessity of modern-day living, but as a policy, as an ideology of a precise and specific way of belonging to the community.

Assimilating behaviours from nature and its beings has become a widespread practice for mankind, a source of inspiration, but also a real way to generate: shared images and "beauties", technical solutions and new materials. Bio-mimesis, bio-inspired design, can be considered eco-technical and ethical-cultural solutions, and represent the centre of the collective imagination linked to the quest for balance between making and respecting. Wellness, therefore, as a means to assimilate and apply the principles of eco-social design. Following these assumptions, spaces for body care are linked to the re-proposal of natural actions: on the one hand the spaces, on the other the simplification and specialisation of the shapes of the objects connected to them. Materials, colours and geometries, in which few transgressions are admitted, including the ergonomic variation of the dimensions of the sanitary ware, to increase the image of a single and shared one, or the chromatic de-saturation of the surfaces, to enhance the indefinite, typical of the suspended particles of overheated water or in energetic movement. A scenographic use of the nuanced as a means to naturalise the anthropised. An effect studied and applied, anticipating the times, by Leonardo da Vinci to give a greater naturalness and depth of field to his reproduction of images.

Shifting from environments to objects, the forms of reference, parts of the same system and ever present in the philosophical sharing of every civilisation, have always been: the circle, centripetal and expansive, and the square, intended as a limit, as an enclosure and a sense of rightness. From this it is clear that both these formal generatrices are at the base of building systems considered natural and symbols of a long-lived tradition. The waterdrop and the beehive, the basin and the box, which become emblems of the ceramic or wooden object, in laminated iron or glass. Wood used for small repeated components, easier to work with, and the single-component ceramic representing the monolithic nature of the work of time, the sculptural transmigration of marble into repeatable industrial forms. The detail or the whole, the joint as a decoration set against the outline as a limit.

Contexts dedicated to wellness, domestic or collective, for well-being, regenerating physical activity and social necessity, have always been subject to these formal constraints and material customs. Michelangelesque muscular tensions that blend with scents of a sensitive nature. Opposites in permanent symbiosis.

Scenografia percettiva

La sensazione prodotta dal contatto o dall'irradiazione di una massa calda, che sia il sole, un camino acceso, un corpo umano, è piacevole se la differenza di temperatura, fluendo da quello a gradazione maggiore a quello minore, è contenuta in parametri minimamente percepibili o inferiori alla soglia del dolore. Il calore è una forma di cessione di energia, può essere trasmesso ma non posseduto. In caso di eccessi conduce a fenomeni di alterazione temporanea come la sudorazione, l'ebollizione nei liquidi, dilatazione, fusione, sublimazione, nei corpi solidi. Gestire il calore equivale a mantenere o trasformare gli elementi coinvolti. Il calore è un'accelerazione posizionale, il risultato della dinamica docile o irruenta delle particelle. Muoversi produce energia in tutti i sensi, tramite aspetti palpabili e impalpabili. La sensazione di calore, quindi, è prodotta da uno stimolo sia esterno, sia interno, sia fisico che psicologico, come evidenziano i versi: "Sei calda come i baci che ho perduto", righe indimenticabili di Bruno Martino nella canzone *Estate*. Tra gli aspetti che aumentano la percezione di affinità, congenialità o avversione a una puntuale situazione di calore, vi sono elementi come l'umidità, le tinte o la stessa geometria degli ambienti, ed è la capacità di adeguarsi velocemente allo stimolo che determina sia lo shock, sia la percezione di una circostanza ad hoc. Come per la soglia del dolore, anche il livello sonoro, l'intensità di luce, il peso di un oggetto, la dimensione di uno spazio, rispondono a aspetti fisiologici del corpo umano. Un suono assordante produce una sensazione di bruciore localizzato, allo stesso modo di strofinarsi gli occhi in caso di luce accecante.

Possiamo definire il calore come uno degli aspetti della scenografia percettiva definita dalle azioni quotidiane. Il calore è progettabile in forma reale o virtuale, tramite azioni primarie o secondarie, risposte lente o veloci, utilizzando materiali naturali o sintetici. In tutto questo è la nostra abitudine che crea riluttanza o senso di eccitazione nell'apprestarsi a subire una variazione di qualsiasi genere dello stato di normalità. Entrare in una vasca fredda dopo una sauna, in un ambiente crepuscolare da uno spazio a luce intensa, trasferirsi a piedi nudi da un piano ruvido e caldo a uno liscio e freddo, guardare l'immagine di un fuoco dopo quella di una distesa di neve, un muro rosso in mattoni dopo uno bianco marmoreo, ascoltare la musica di un sax o di un clavicembalo, sono azioni non casuali e programmabili. Si progettano gli ambienti e le sensazioni che in esso si possono percepire.

Si definiscono le dimensioni di una stanza e la relazione spaziale con i futuri fruitori. Si sceglie un tubolare metallico di una sedia immaginando la sua resistenza e la percezione di freddo o caldo nel sedersi. Si predispone un riscaldamento a parete o pavimento in relazione alla sua risposta termica e apparenza estetica. Possiamo definire un ambiente o materiale caldo da uno freddo, ma difficilmente riteniamo necessario concepire metodi di rilevazione e trasformazione puntuali della temperatura localizzata. Siamo abituati a rispondere a domande quali: colore, stile, musica preferita, ma con non poche esitazioni riusciremmo a rispondere a una domanda come: quale è il tuo calore preferito? A chi piace caldo, a chi piace freddo. Tra gestione energetica, riscaldamento globale, domotica personalizzata, la certezza è che a breve a tale domanda sarà necessario rispondere con adeguata professionalità, coscienza, creatività ed etica progettuale.

Freddo-caldo / Cold-hot.

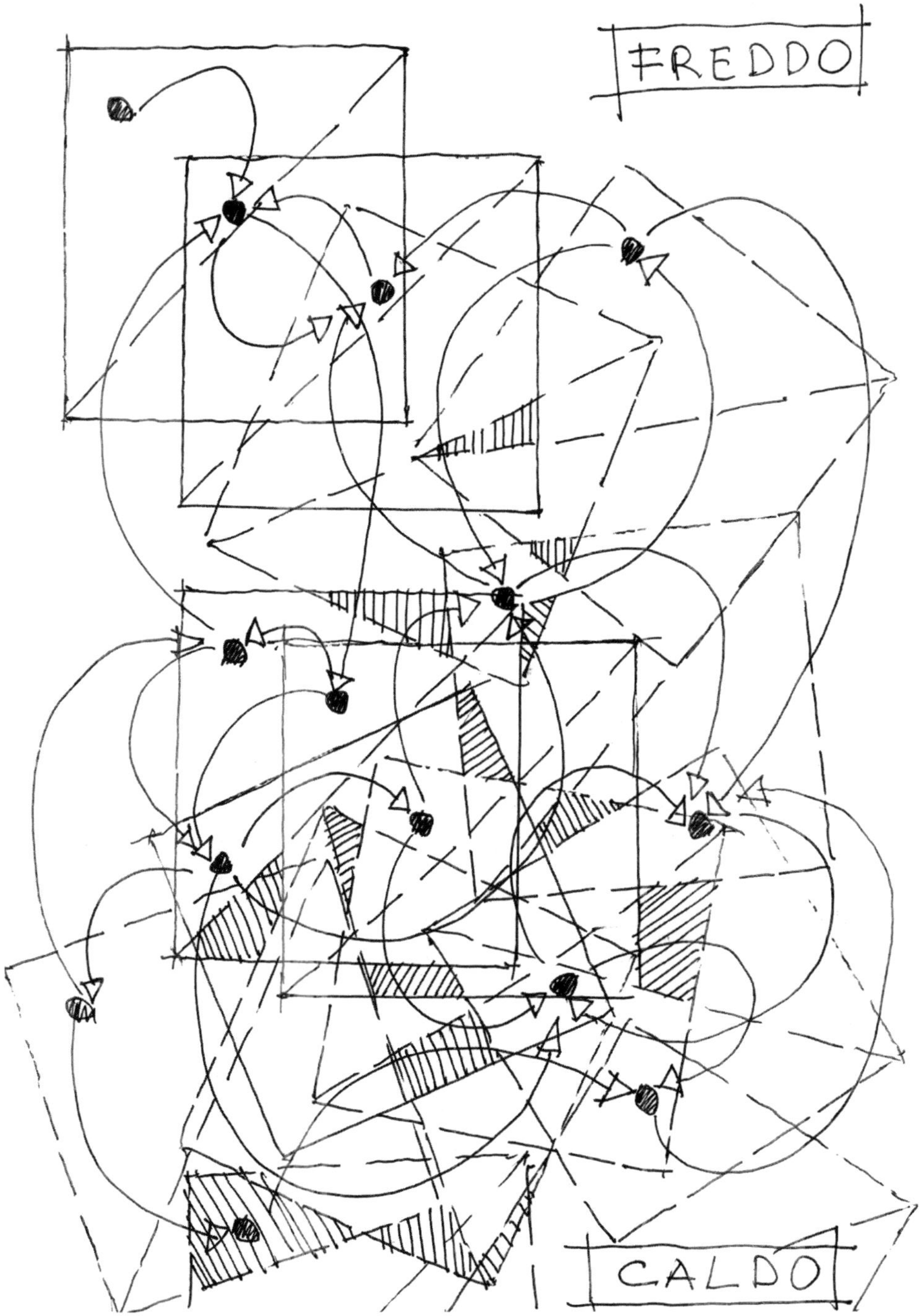

Perceptive scenography

The sensation produced by the contact or irradiation of a hot mass, whether it is the sun, a lit fireplace, or a human body, is pleasant if the temperature difference, flowing from that with a higher gradation to the lower one, is contained in parameters minimally perceptible or below the pain threshold. Heat is a form of energy transfer. It can be transmitted but not possessed. In the case of excesses, it leads to temporary alteration phenomena such as sweating, boiling in liquids, dilation, fusion, sublimation, in solid bodies. Controlling heat is equivalent to maintaining or transforming the elements involved. Heat is positional acceleration, the result of the docile or impetuous dynamics of particles. Moving produces energy in all senses, through palpable and impalpable aspects. The sensation of heat, therefore, is produced by both an external and internal stimulus, both physical and psychological, as the verses show: "You are as hot as the kisses I have lost", unforgettable lines by Bruno Martino in the song *Estate*. Among the aspects that increase the perception of affinity, congeniality or aversion to a localised heat situation, there are elements such as humidity, colours or the very geometry of the environments, and it is the ability to quickly adapt to the stimulus that determines both the shock and the perception of an ad hoc circumstance. As for the pain threshold, also the sound level, the intensity of light, the weight of an object, the size of a space, respond to physiological aspects of the human body. A deafening sound produces a localised burning sensation, as well as rubbing the eyes in the case of blinding light.

We can define heat as one of the aspects of perceptive scenography defined by daily actions. Heat can be designed in real or virtual form, through primary or secondary actions, slow or fast, using natural or synthetic materials. In all this, it is our habit that creates reluctance or a sense of excitement in getting ready to undergo a variation of any kind of normality. Entering a cold tub after a sauna in a context at dusk from an intensely bright space, moving barefoot from a rough, hot plane to a smooth, cold one, looking at the image of a fire after that of an expanse of snow, a red brick wall after a white marble one, listening to the music of a saxophone or a harpsichord, are non-random and programmable actions. The environments and the sensations that can be perceived in it are designed.

We define the dimensions of a room and the spatial relationship with future users. You choose a metal tubular chair, imagining its strength and the perception of cold or heat in sitting in it. Wall or floor heating is prepared in relation to its thermal response and aesthetic appearance. We can define a warm environment or material from a cold one, but we hardly think it necessary to devise methods for detecting and precisely transforming the localised temperature. We are used to answering questions such as: colour, style, favourite music, but without too much hesitation, we could answer a question like: what is your favourite kind of warmth? Who likes it hot, who likes it cold. What with energy management, global warming and personalised domotics, the certainty is that shortly, it will be necessary to respond with adequate professionalism, conscience, creativity and design ethics to such demand.

2020

Macroscopiche miniature

L'osservazione dell'infinitesimale, nel suo correre inarrestabile e progressivo, unita alle applicazioni delle nano tecnologie, con soluzioni impalpabili da tendere nell'immaginario all'immateriale, sono aspetti che influenzano con il loro peso il nostro essere contemporanei. Le implicazioni teologiche, psicologiche, filosofiche, riferite all'infinito e all'incorporeo, hanno acceso da sempre le discussioni nelle diverse epoche. Da Socrate a Aristotele, da Leopardi a Negroponte, l'infinito invisibile ha segnato profondamente la nostra idea di scienza. L'immateriale e l'impercettibile, nella nostra epoca, sono talmente presenti da avere bisogno di unità di misura. Ne abbiamo una per l'intelligenza, intesa come relazione tra età anagrafica e mentale, usiamo i micron per quantificare il visibile al microscopio, i byte per la quantità d'informazioni, i "like" per l'apprezzamento. L'effetto collaterale positivo è che quello che non vediamo ma percepiamo, non costituisce più un problema per la nostra psiche. In architettura si definisce e progetta il vuoto come spazio generante il pieno [1]; la realtà aumentata non è più un ectoplasma vagante nella nostra mente; la "tecno mimesi", ovvero l'integrazione tra corpo umano e tecnologia, non è più un tabù. Esempi di come siamo concentrati sui risultati al di là delle tecnologie che ne permettono la realizzazione.

L'informazione virtuale, il digitale, omni disponibile, trasforma il nostro modo di esercitare la mnemotecnica e contemporaneamente decodifica il concetto spaziale di luogo comune d'azione: il teatro, il cinema, il mercato, diventano effimeri, virali, on-line. L'immateriale, non è il nulla, è gestibile, trasferibile, quantificabile, trasformabile, immagazzinabile e cedibile. Il prodotto incorporeo è immenso nell'effetto, macroscopico nel suo essere comune, tradizionale nella sua condivisione, pesante nei suoi valori commerciali, formativo nella gestione dei dati e immenso nelle implicazioni sociali. Siamo, quindi, abituati a gestire gli effetti di progetti virtuali, a considerare positive le applicazioni che gestiscono il nostro tempo, che approfondiscono tematiche, che suddividono, passo dopo passo, le nostre coscienze e conoscenze. Miniature invisibili ma macroscopiche negli effetti. Dettagli che generano usi e non forme. La lampada di Aladino, riportata nella nostra fiaba, è un contenitore di opportunità, un iphone con touch screen, un luogo pieno di realtà virtuali.

Il gesto di attivazione è intuitivo, leggermente diverso, ma gli effetti comparabili. Invertendo i termini, la locuzione: macroscopiche miniature, diventa un tema di riflessione perfetto per una ricerca teorico-pratica tra arte e design, tra scienza e fantascienza, una corrispondenza misurata tra dimensioni delle cose e loro effetti. Una relazione in antitesi, tecnica analitica tipica dell'operare di Alessandro Mendini, che nel suo vagare tra gli opposti, tra visioni possibili e impossibili, ci ha sempre consigliato di analizzare e oltrepassare le apparenze.

1. A tale proposito vedi: E. Vittoria, *Lo spazio vuoto dell'habitat*, catalogo della XV Triennale di Milano, 1973.

Da infinitesimo a virtuale / From the infinitesimal to the virtual.

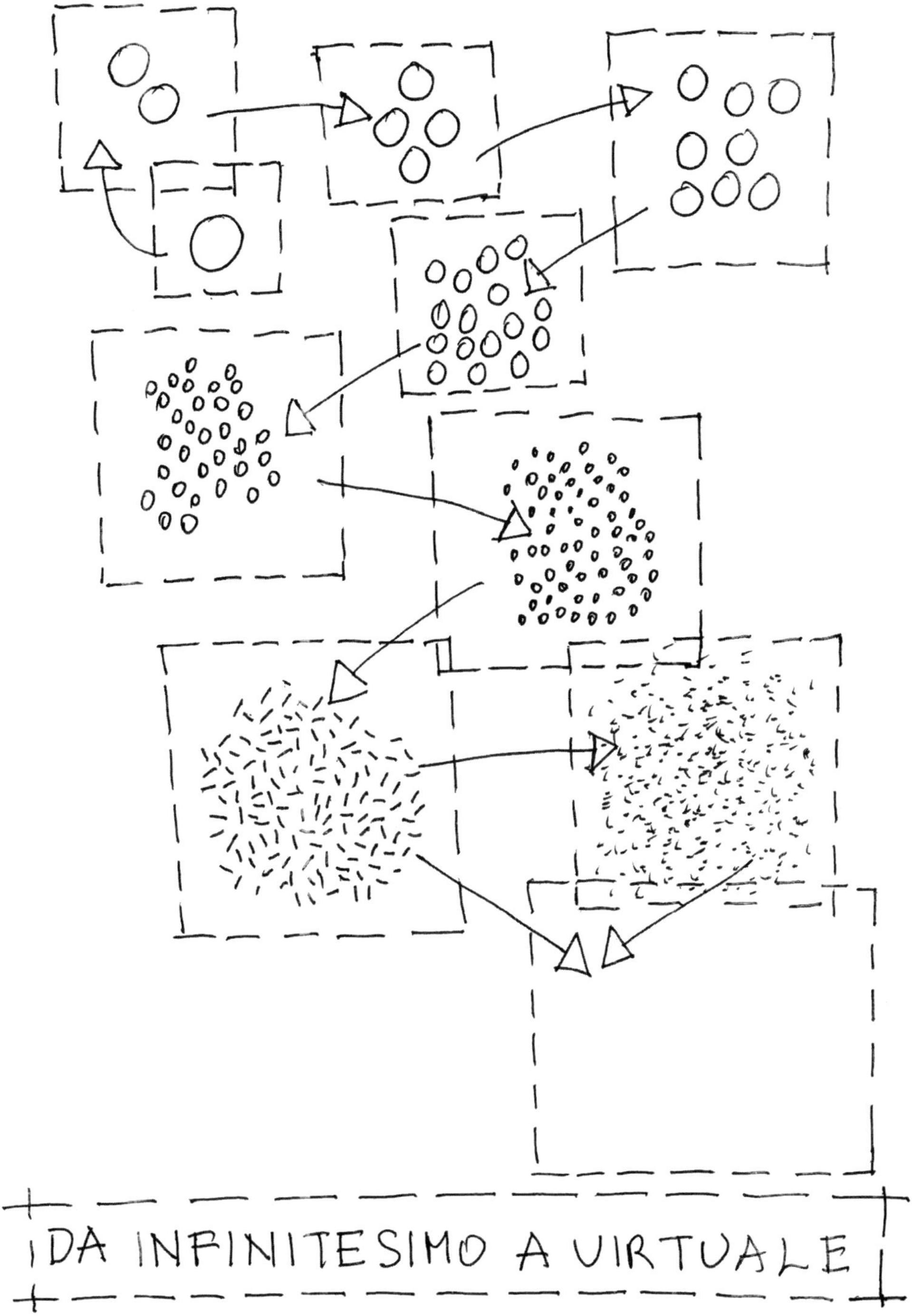

Macroscopic miniatures

The observation of the infinitesimal, in its unstoppable and progressive running, combined with the applications of nano technologies, with impalpable solutions to be extended in the imagination to the immaterial, are aspects that influence our contemporary being with their weight. The theological, psychological and philosophical implications, referring to the infinite and the incorporeal, have always sparked discussions in different eras. From Socrates to Aristotele, from Leopardi to Negroponte, the invisible infinite has profoundly marked our idea of science. The immaterial and the imperceptible, in our age, are so present that they need units of measurement. We have one for intelligence, understood as the relationship between age and mental age, we use microns to quantify the visible under the microscope, bytes for the amount of information and likes for appreciation. The positive side effect is that what we do not see but perceive is no longer a problem for our psyche. In architecture, the void is defined and designed as the space generating fullness [1]; amplified reality is no longer a wandering ectoplasm in our minds; techno mimesis, or the integration between human body and technology, is no longer a taboo. Examples of how we are focused on results beyond the technologies that allow their creation.

Virtual, digital, omni available information, transforms our way of practicing mnemotechnics and simultaneously decodes the spatial concept of common place of action: theatre, cinema, the market, become ephemeral, viral, online. The immaterial, it is not nothing, is manageable, transferable, quantifiable, transformable and storable. The incorporeal product is immense in its effect, macroscopic in its common being, traditional in its sharing, heavy in its commercial values, formative in data management and immense in its social implications. We are therefore used to managing the effects of virtual projects, to considering positive the applications that manage our time, which deepen themes, which subdivide, step by step, our consciences and knowledge. Invisible but macroscopic miniatures in effects. Details that generate uses and not forms. Aladdin's lamp, shown in our fairy tale, is a container of opportunities, an iPhone with a touch screen, a place full of virtual realities.

The activation gesture is intuitive, slightly different, but the effects are comparable. Inverting the terms, the phrase: macroscopic miniatures, becomes a perfect reflection theme for a theoretical-practical research between art and design, between science and science fiction, a measured correspondence between the dimensions of things and their effects. An antithetical relationship, an analytical technique typical of Alessandro Mendini's work, who in his meandering among opposites, among possible and impossible visions, has always advised us to analyse and go beyond appearances.

1. On the subject see: E. Vittoria, *Lo spazio vuoto dell'habitat*, catalogue of 15th Milan Triennale, 1973.

L'arte sociale dell'acqua

A Firenze, nei primi anni del nuovo millennio, è apparsa sui viali un'opera bronzea di Jean Michel Folon, in cui i raggi strutturali delle falde di un ombrello senza telo, si trasformano in linee d'acqua. Un oggetto in parte fontana, in parte scultura, allo stesso tempo vero e effimero, immobile e dinamico. Una somma di sensazioni e posizioni ideologiche facilmente acquisibili con un semplice sguardo. Come sempre l'arte riesce ad anticipare i temi sensibili della società. Ripararsi dall'acqua, tipico di un ombrello, ampliando il senso, diventa simbolo dell'importanza che essa riveste e rivestirà nel futuro della nostra società. L'acqua che evidenzia gli eccessi del nostro stile di vita, l'acqua come riparo dalle cattive gestioni delle risorse naturali, l'acqua che segnala le ambiguità e contrasti del mondo. Una delle più ispirate poesie tridimensionali di Folon, in cui riesce a far trapelare con la consueta leggerezza la forza mediatica del suo pensiero, messaggio a servizio di una società in cui gli eccessi di stimoli visivi rende muti i contenuti. Scriveva in tal senso Edoardo Sanguineti che: "L'industria culturale non è tale da impedire la nascita di un'opera d'arte di qualità e magari d'eccezione. Ma è evidente che ne condiziona la forma". In questo caso, aggiungerei, anche la sua valorizzazione, visto che Pluie, l'uomo della pioggia, anche se posizionato in una trafficata rotonda stradale, dove è stato colpito duramente, spezzato, restaurato e riposizionato dopo un incidente stradale, è diventato simbolo dell'area, del suo rinnovamento e contemporaneità d'intenti. Bruno Munari, in *Fantasia*, metteva in evidenza come gli opposti, le alterazioni dei sensi, sono da sempre sistemi di attrazione e stimolo alla riflessione. Le linee d'acqua, usate per ripercorrere forme fluide, architetture temporanee, inconsuete piroette, sono in egual misura costruzioni effimere come gli occasionali e sempre più rari pupazzi di neve, gli imponenti e spettacolarizzati castelli di ghiaccio di Harbin, o la Rain Room, cinetica Op Art dei rAndom International al MoMa di New York nel 2013, in cui si passeggia sotto la pioggia senza bagnarsi.

Modi distinti di interpretare l'acqua, fluida o solidificata, tradizionale o interattiva. Ognuno di questi casi sono parte integrante di un immaginario collettivo in cui giocare con l'acqua non è considerato un atto banale. È come se fosse insito in ognuno di noi la consapevolezza della sua importanza, anche se spesso contrastiamo questa indole con azioni irresponsabili e dannose a tutta l'umanità.

Progettare con l'acqua, spettacolarizzare gli effetti con essa realizzabili, unire movimenti geometrici e colori, è diventato un metodo classico di generare spettacoli urbani. Fontane usate come organi, programmabili nei gesti e nei tempi, interpretazione di una tradizione scomparsa nelle pieghe della città funzionale.

L'acqua è visione, suono, tatto, gusto e odore, compresenza di effetti sinestetici difficilmente riscontrabili in altre occasioni che la rendono una materia da costruzione sofisticata e altamente attraente. Che sia rigolo, goccia o onda, docile o impetuosa, l'acqua è strumento della musica quotidiana. Forma d'arte è anche il contrasto tra l'acqua spettacolarizzata e quella distribuita alla spina dalle casette dislocate in alcuni angoli delle nostre città. Momenti agli antipodi, performance sociali, di due modi di evidenziare che l'acqua è stimolo alla condivisione di azioni ludiche ma anche etiche e ecologiche.

Pioggia / Rain.

The social art of water

In Florence, in the early years of the new millennium, a bronze work by Jean Michel Folon appeared on the avenues, in which the structural ribs of an umbrella without a canopy are transformed into lines of water. An object, part fountain, part sculpture, at the same time true and ephemeral, immobile and dynamic. A sum of sensations and ideological positions easily acquired at a simple glance. As always, art manages to anticipate the sensitive issues of society. Sheltering from the water, typical of an umbrella, expanding the meaning, becomes a symbol of the importance it has and will play in the future of our society. The water that highlights the excesses of our lifestyle, water as a shelter from the mismanagement of natural resources, water that signals the ambiguities and contrasts of the world. One of Folon's most inspired three-dimensional poems, in which he manages to convey with the usual lightness the media power of his thought, a message at the service of a society in which the excesses of visual stimuli renders the contents silent. Edoardo Sanguineti wrote in this sense that: "The cultural industry cannot prevent the birth of a quality and perhaps exceptional work of art. But it is clear that it affects its shape". In this case, I would also add its enhancement, given that Pluie, the rainman, even if positioned in a busy traffic roundabout, where he was hit hard, broken, restored and repositioned after a road accident, has become a symbol of the area, its renewal and contemporaneity of purpose. Bruno Munari, in *Fantasia*, highlighted how opposites, alterations of the senses, have always been systems of attraction and stimulus for reflection. The water lines, used to retrace fluid forms, temporary architecture and unusual pirouettes, are equally ephemeral constructions such as the occasional and increasingly rare snowmen, the imposing and spectacular ice castles of Harbin, or the Rain Room, Op Art kinetics of rAndom International at the MoMa in New York in 2013, where you can walk in the rain without getting wet.

Distinct ways of interpreting water, fluid or solidified, traditional or interactive. Each of these cases are an integral part of a collective imagination in which playing with water is not considered a trivial act. It is as if awareness of its importance was inherent in each one of us, even if we often contrast this nature with irresponsible and harmful actions to all humanity.

Designing with water, making the effects achievable with it spectacular, combining geometric movements and colour, has become a classic method of generating urban shows. Fountains used as organs, programmable in gestures and times, interpretation of a tradition disappeared into the folds of the functional city.

Water is vision, sound, touch, taste and smell, a co-presence of synaesthetic effects that are difficult to find on other occasions which make it a sophisticated and highly attractive building material. Whether in the form of a rivulet, a drop or a wave, docile or impetuous, water is an instrument of daily music. An art form is also the contrast between the spectacular water and that distributed on tap by houses located in some corners of our cities. Moments at the antipodes, social performances, of two ways of highlighting that water is a stimulus for sharing playful but also ethical and ecological actions.

ICONS – luoghi, segni, gesti, racconti, eventi

Il concetto di icona, dai semiologi definita come messaggio affidato alle immagini, è oggi dilatato a molte interpretazioni, sempre più distanti da figurazioni statiche. Nell'antichità, a causa delle poche occasioni e mezzi per diffondere simboli, spesso legati alle credenze, si costruivano memorie collettive tramite la diffusione di racconti, ripetuti e memorizzati. I simboli dovevano poter essere tracciati e costruiti con semplicità su molteplici supporti per facilitarne uso e trasmissione. Con lo sviluppo sociale e urbano, le immagini, rappresentanti sia l'autorità politica, sia quella spirituale, hanno avuto necessità di identificare luoghi, sacri e profani, in cui estendere il loro valore mediatico. Spazi in cui radunare comunità, amplificare il potere delle abitudini cicliche, esporre e diffondere regole. I segni diventano supporto alle leggi scritte, che in altri modi restavano inaccessibili alla comprensione di molti. I simboli, quelli più persuasivi, sono quelli che sono stati in grado di ibridare il messaggio con gesti e locuzioni verbali. il segno della croce ne è il caso più calzante. I gesti iconici intangibili, immateriali, comparabili per valore a graffiti, preghiere e canzoni popolari, sono più diffusivi di quelli reali.

Relegare il concetto di icona alle sole forme è dare eccessivo valore al periodo iconoclastico, alla capacità persuasiva delle immagini, che come sappiamo è storia recente. Quindi, da sempre, costruire icone collettive comprende: segni, gesti, racconti, modi d'uso e ambienti. Definire simboli immateriali, spingersi al progetto di messaggi "iconogestici", è stimolante e accattivante. Più essi sono condivisibili, più diventano virali. Il pollice verso, decisivo per la sorte dei gladiatori, il segno del silenzio sulla bocca, la mano sul cuore, gli inchini, le strette di mano, il gesto di saluto militare, la ola calcistica, batti cinque, il mezzo giro di mano ripetuto intorno all'orecchio destro di Luca Toni, per salutare un proprio goal, sono immagini cinetiche progettate, forse casualmente, ma divenute diffusissime perché prive di impedimenti alla loro ripetibilità. Simboli di appartenenza culturale e sociale, in grado di generare affiliazione e definire comunità. Anche la cibernetica, che riproduce in sistemi artificiali gesti e azioni, ha subito, se vogliamo semplificare, lo stesso processo evolutivo nella gestione dei software di relazione con le macchine. Ad una prima fase di scrittura per tasti, in cui era necessario definire cosa fare e il suo valore, si è passati al clic iconico, in cui è necessario quantificare esclusivamente la dimensione del risultato voluto, per giungere oggi, alla progettazione di gesti unici in grado di sintetizzare cosa e quanto.

Per intenderci, il segno per allargare o stringere un'immagine ne è l'archetipo. L'icona immateriale, il segno cinetico, la locuzione verbale, "hey alexa", rappresentano il futuro del nostro modo di gestire la relazione con prodotti e ambienti. La forza espressiva dei gesti, dei messaggi indotti, tradotti in comandi gestuali o verbali, sono la nuova frontiera dell'ergonomia cognitiva, una nuova fase per l'affordance dei prodotti. L'internet delle cose, le intelligenze artificiali e le connettività, per diffondersi ulteriormente hanno necessità di libertà d'azione, da qui la proliferazione di gesti e azioni iconiche. La distanza sociale, ad esempio, una semplice porzione libera di spazio, un passo di danza collettivo, un flash mob, un silent party, è un gesto che oggi nell'immaginario descrive un messaggio iconico preoccupante, domani, estendendo il suo valore sociale tornerà ad essere un gesto legato al rispetto della privacy individuale. Per andare avanti bisogna spesso guardare indietro.

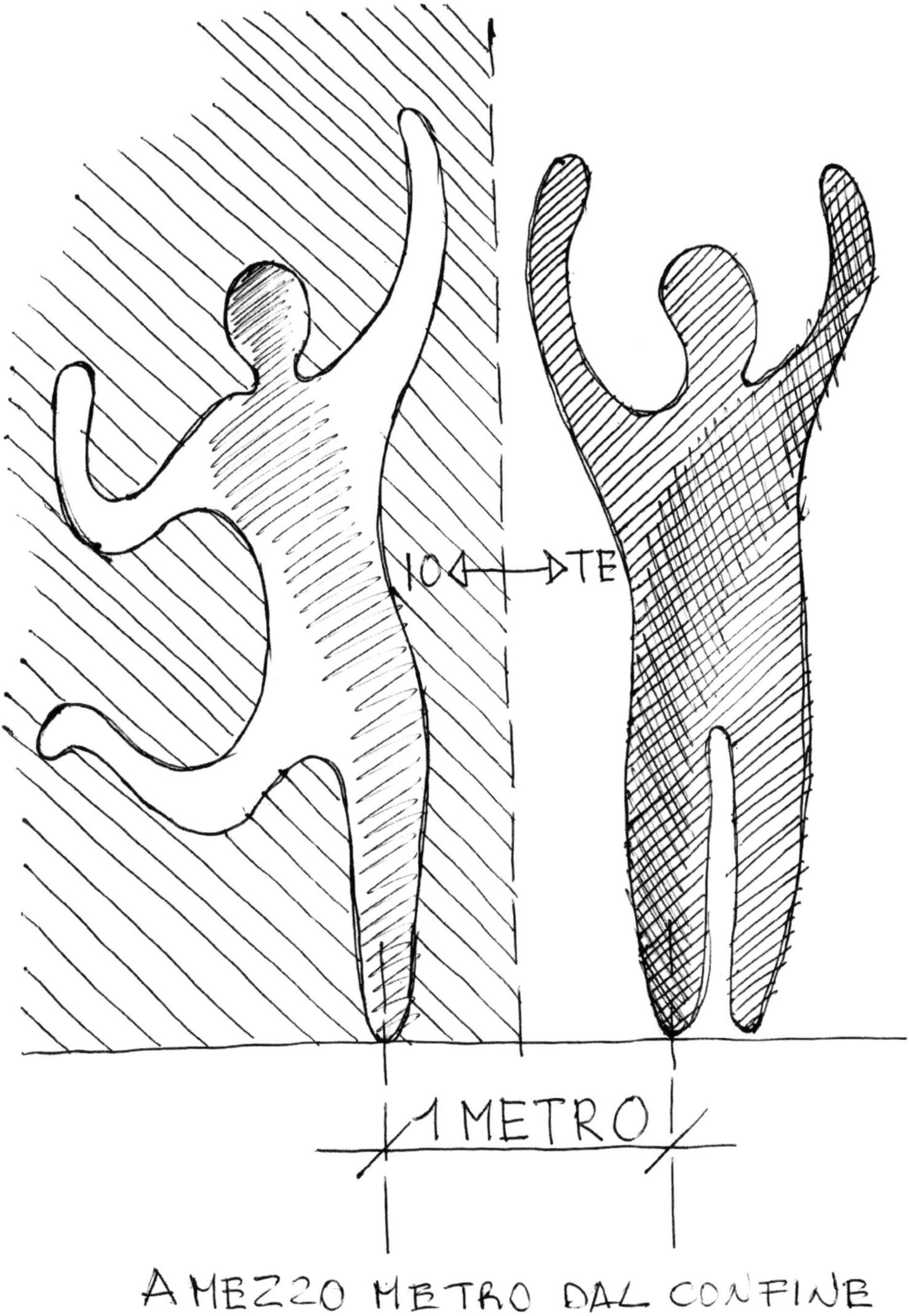
IO ←→ DTE
1 METRO
A MEZZO METRO DAL CONFINE

ICONS – places, signs, gestures, stories, events

The concept of icon, defined by semiologists as a message entrusted to images, has been broadened to many interpretations, increasingly remote from static figurations. In ancient times, because of the few opportunities and means to spread symbols, often linked to beliefs, collective memories were constructed through repeated and memorised storytelling. The symbols had to be easy to trace and build on multiple supports to facilitate their use and transmission. With social and urban development, the images, representing both political and spiritual authority, have needed to identify sacred and profane places, in which to extend their media value. Spaces in which to gather communities, amplify the power of cyclical habits, expose and spread rules. Signs become support for written laws, which in other ways remained inaccessible to the understanding of many. The symbols, particularly the most persuasive ones, are those that have been able to hybridise the message with verbal gestures and phrases. The sign of the cross is the most appropriate case. The iconic, intangible and immaterial gestures, comparable in terms of graffiti, prayers and popular songs, are more widespread than the real ones.

To relegate the concept of icon to forms alone means giving excessive value to the iconoclastic period, to the persuasive ability of images, which as we know is recent history. So, as has always been the case, building collective icons includes: signs, gestures, stories, methods of use and environments. To define immaterial symbols, to encourage the project of "iconogenic" messages, is stimulating and captivating. The more shareable they are, the more viral they become. The thumbs down, decisive for the fate of the gladiators, the sign that everyone remain silent, the hand on the heart, the bows, the handshakes, the gesture of military salute, the football chant, the high five, the repeated half turn of the hand around Luca Toni's right ear to celebrate his own goal, are all kinetic images designed, perhaps randomly, but which have become widespread because they have no impediments to their repeatability. Symbols of cultural and social belonging, capable of generating affiliation and defining communities. Even cybernetics, which reproduce gestures and actions in artificial systems, have undergone, if we want to simplify, the same evolutionary process in the management of machine-related software. At an initial phase of writing by keys, where it was necessary to define what to do and its value, we have moved on to the iconic click, in which it is necessary to quantify exclusively the size of the desired result, in order to achieve today the design of unique gestures capable of summarising what and how much.

More precisely, the sign to enlarge or reduce an image is its archetype. The intangible icon, the kinetic sign, the verbal phrase, "hey alexa", represent the future of our way of managing our relationships with products and environments. The expressive power of gestures, of induced messages, translated into gestural or verbal commands, are the new frontier of cognitive ergonomics, a new phase for the affordance of products. The internet of things, artificial intelligence and connectivity, in order to spread further, need freedom of action, hence the proliferation of iconic gestures and actions. Social distance, for example, a simple free portion of space, a collective dance step, a flash mob, a silent party, is a gesture that today in the imagination describes an alarming iconic message. Tomorrow, by extending its social value it will revert to being a gesture linked to respect for individual privacy.
To move forward, you often have to look back.

Il dettaglio non è un dettaglio

Essenziali per la definizione dell'immagine, i dettagli, non sono puri elementi estetici, anzi contribuiscono alla generale funzionalità dell'oggetto. Un progetto non è tale se non si definiscono e controllano tutte le sue fasi di realizzazione. La scelta dei materiali, la loro combinazione e giunzione, le finiture e texture, sono essenziali per costruire un prodotto durevole nel tempo e facile nell'uso. Questo è tanto più vero, tanto più si analizzano oggetti che hanno subito nel tempo un lento e graduale affinamento tipologico. Nel dettaglio, come affermava Giovanni Klaus Koenig, "lo scarto è breve tra ruggito e raglio", e nella sua definizione risiede tutta la maestria del progettista. Assorbire dalla tradizione la capacità di innovare ad ogni occasione le soluzioni tecnico-estetiche non è solo mestiere, ma capacità di leggere progetto, di assimilare le raffinate esecuzioni sviluppate nel tempo dalla sapiente consapevolezza del materiale e tecniche di trasformazione tramandate per secoli da generazioni di artigiani. I dettagli, servono per evidenziare, assecondare o nascondere i punti oscuri delle fasi di realizzazione, permettere la gestione delle dilatazioni, delle deformazioni, indicare le corrette posizioni d'uso, facilitare le fasi di assemblaggio e di manutenzione dell'oggetto, in un processo ambiguo che lo trasforma da esigenza tecnica a decoro. È universalmente riconosciuto che l'abilità di gestione dei dettagli è la base portante del successo del Made in Italy. Il periodo d'oro, in tal senso, è quello della pre-industrializzazione, o del pre-design, in cui si passa dall'oggetto unico, alla piccola e media serie. Una fase essenziale, in cui la pratica artigianale reiterata nel tempo, con una prima embrionale suddivisione delle fasi e mansioni, ha indicato la strada alla nascita dei primi veri opifici industriali. Il prodotto che ne derivava, non ancora definibile a tutti gli effetti, bene di consumo, era progettato per avvalersi di attrezzature idonee a sviluppare i primi processi controllati e ripetibili, in cui si meccanizzavano sistematicamente i gesti più specialistici e raffinati del mondo dell'artigianato, cui rimaneva il compito di apportare al manufatto gli ultimi gesti di finitura.

Il Pre-design, come successivamente tutto il design italiano, deve il suo successo a questa permanenza e continuità storica delle arti. Un territorio, quello italiano, circoscritto e relativamente poco esteso, in cui la compresenza di attività, di manufatti, di modi d'uso, si susseguono nel tempo senza soluzione di continuità. L'evoluzione tipologica era usata come metodo, intrisa di ibridazioni culturali derivanti da un commercio fiorente ma circoscritto, in cui le variazioni erano confrontabili, rilevabili e documentabili rispetto alle soluzioni precedenti. Un mercato conosciuto, in grado di creare riconoscibilità e valore aggiunto, nella stretta corrispondenza che l'acquirente rilevava tra qualità e produttore.

Gli aspetti salienti del pre-design possono essere letti in alcuni atteggiamenti embrionali ma diffusi. Oltre all'evoluzione tipologica come metodo, punto precedentemente esposto, possiamo aggiungere: l'uso delle trasformazioni formali e costruttive a servizio del quotidiano (la normalità come stile); la specializzazione degli oggetti in riferimento al loro stato d'uso (il consumatore come fonte di validazione); la qualità dei materiali come valore estetico e conseguente abolizione delle decorazioni (l'eleganza costruttiva); la cura dei dettagli nell'assemblaggio dei componenti come accorgimento produttivo (la semplificazione dei processi); l'appartenenza di una specifica tipologia di prodotto a un determinato territorio (il distretto come servizio al commercio e all'innovazione). In definitiva, il dettaglio in tale epoca è stato un modo di pensare e non solo di fare. Se fare design è dare senso alle cose, il dettaglio non è solo un dettaglio.

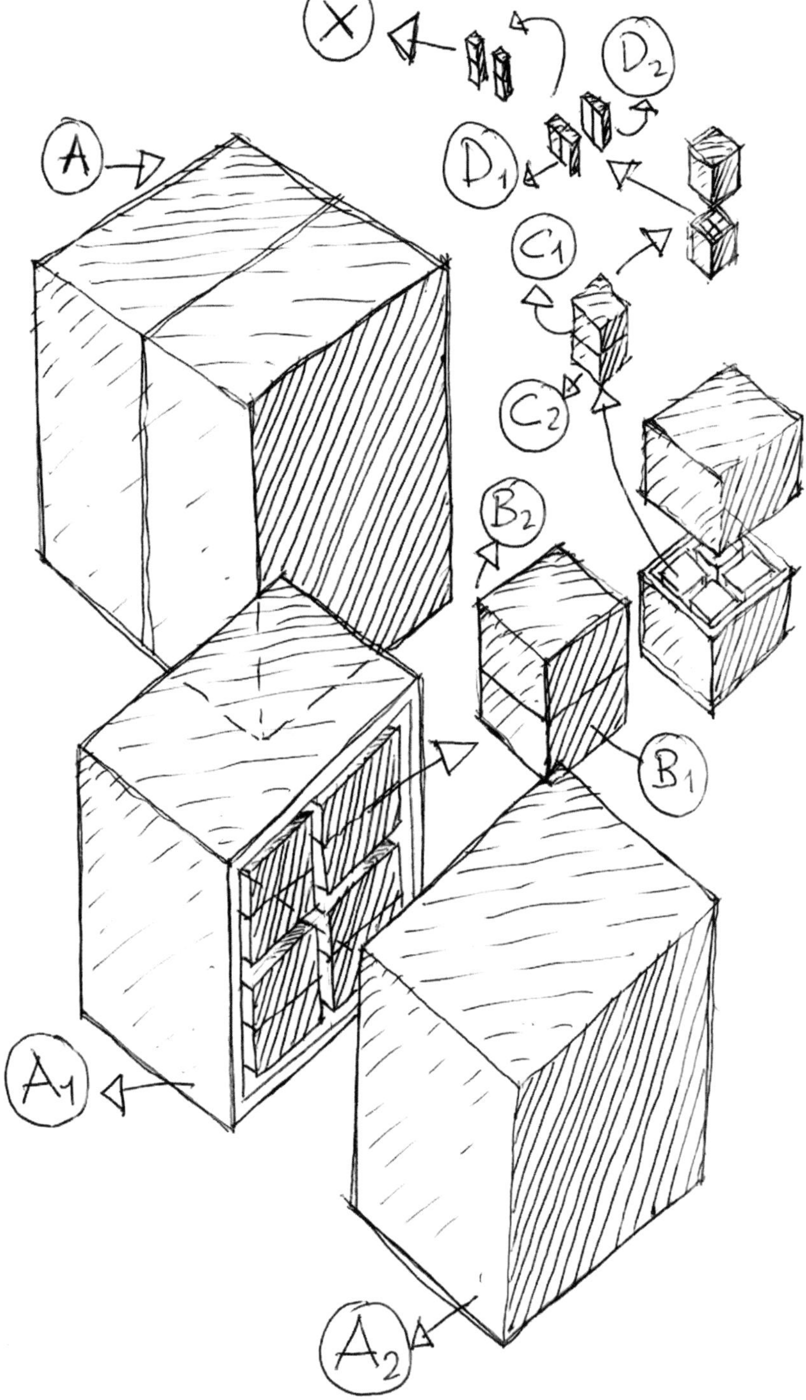
X
D2
A
D1
C1
C2
B2
B1
A1
A2

Detail is not a detail

Details are not essential for the definition of the image, they are not purely aesthetic elements, rather they contribute to the general functionality of the object. A project is not such if all its stages of implementation are not defined and controlled. The choice of materials, their combination and joining, the finishes and textures, are essential for building a product that is durable over time and easy to use. This is all the more true, the more we analyse objects that have undergone a slow and gradual typological refinement over time. In detail, as Giovanni Klaus Koenig stated, "the gap is short between a roar and a bray", and in its definition lies all the mastery of the designer. Absorbing from tradition the ability to innovate technical-aesthetic solutions at every opportunity is not only expertise, but the ability to interpret projects, to assimilate refined executions developed over time by a sapient awareness of the material and transformation techniques handed down for centuries by generations of craftsmen. The details are used to highlight, support or hide the dark points of the construction phases, allow the management of expansion and deformation, indicate the correct positions of use, facilitate the assembly and maintenance phases of the object, in an ambiguous process that transforms it from a technical need to embellishment. It is universally recognised that the ability to manage detail is the cornerstone of the success of Made in Italy. The golden age, in this sense, is that of pre-industrialisation, or pre-design, in which we move from the single object to the small- and medium-scale production. An essential phase, in which the craft practice repeated over time, with an initial embryonic division of the phases and tasks, has shown the way to the birth of the first real industrial factories. The resulting product, not yet fully definable, a consumer good, was designed to make use of suitable equipment to develop the first controlled and repeatable processes, in which the most specialised and refined gestures of the world of craftsmanship were systematically mechanised and left with the task of making the final finishing touches to the product.

Pre-design, like subsequently all Italian design, owes its success to this permanence and historical continuity of the arts. A territory, that of Italy, limited and relatively sparse, in which the coexistence of activities, artifacts and methods of use, follow one another over time without continuity. The typological evolution was used as a method, imbued with cultural hybridisations deriving from a thriving but limited trade, in which the variations were comparable, detectable and documentable with respect to the previous solutions. A well-known market, capable of creating recognition and added value, in the close correspondence that the buyer found between quality and manufacturer.

The salient aspects of pre-design can be perceived in some embryonic but widespread attitudes. In addition to the typological evolution as a method, a point previously mentioned, we can add: the use of formal and constructive transformations at the service of everyday life (normality as style); the specialisation of the objects in reference to their state of use (the consumer as a source of validation); the quality of materials as aesthetic value and consequent abolition of decoration (constructive elegance); attention to detail in the assembly of the components as a productive device (simplification of the processes); the belonging of a specific type of product to a specific territory (the district as a service to trade and innovation). Ultimately, detail in this era was a way of thinking and not just doing. If making design is making sense of things, detail is not just a detail.

L'informale ha liberato il mondo. L'omogeneo, il disomogeneo, l'eterogeneo

Formare e trasmettere il buon gusto, locuzione che identifica quello che immaginiamo corretto nell'abbinare: colori, texture, forme, materiali, non è stato mai semplice e immediato. La bellezza è ciò che piace ad un gruppo sociale in un tempo e luogo ben definito. In tal senso, per educare allo stile del momento intere comunità, si sono adottati modi di fare, pratiche, teorie trasmissibili, che hanno semplificato e aiutato in questo compito. Il teorema di Policleto, i pensieri dell'Alberti, i cinque punti di Le Corbusier, gli ordini greci, il modernismo, il minimal, sono regole e stili, nel campo dell'arte e dell'architettura, che in epoche diverse hanno avuto la stessa rilevanza. Pensieri progettuali, figli del proprio tempo, affinati individualmente o collettivamente. Con la stessa valenza, il frac, il tailleur, lo smoking, sono esempi di modi di vestire che hanno definito la giusta forma di apparire nel periodo della massima evoluzione della borghesia, antagonista e troppo in fretta sviluppatasi per assimilare i comportamenti estetici della precedente nobiltà. Teorie in grado di trasmigrare, come quella della Gestalt, che dalla psicologia, cede il concetto di struttura ed esperienza visiva alla grafica, o quella del colore, che sulla base del comportamento naturale della luce, mediante la sintesi additiva o sottrattiva, indica possibili sovrapposizioni e definizioni cromatiche delle cose. Esempi di come l'estetica applicata, ha sempre avuto bisogno di stili e di stilisti. Dalle regole al caos, la strada è stata costellata da infinite prese di posizioni e ripensamenti, ma la necessità di addolcire gli obblighi formali, sia nel design, sia nella moda e nell'arte, adeguandosi alle richieste di trasgressioni delle nuove generazioni in crescita sociale, ha indicato che un gusto libero e semplice, è possibile, ma ha bisogno di oggetti facilmente abbinabili in più forme e per infinite situazioni. L'informale, il casual, ha amplificato e liberato l'espressività del mondo.

Per dimostrare tale tesi, possiamo sottolineare che tutte le opere costruite dall'uomo, dal punto di vista compositivo possono essere catalogate in tre semplici gruppi: quello dell'omogeneo, del disomogeneo e dell'eterogeneo [1]. L'omogeneo è l'insieme di elementi identici in tutti le caratteristiche: dimensione, colore, finitura; il disomogeneo è quello che altera alcuni dei parametri che lo rappresentano, ad esempio, stessa forma e dimensione ma diversi colori, l'eterogeneo è quello costituito da insiemi generalmente diversi. È evidente che nella prima categoria, le relazioni tra le parti, se mal gestite possono facilmente generare mancanze estetiche, più difficili da riscontrare nelle altre due. Inoltre, questo primo tipo di associazione formale, ammette una sola emergenza, ovvero un elemento, o gruppo congiunto, che primeggi rispetto al complesso. Individuare nel sistema compositivo gli elementi correlati, corrisponde alla capacità di definire sottogruppi estetici o funzionali, non sempre facili da individuare. Un gruppo funzionale può essere costituito, all'interno di un arredamento, dal sistema delle luci, o dall'aggregato divano, poltrona, tappeto e tavolo da fumo. Nella moda, se analizziamo il modo di vestire di una donna, è ravvisabile nell'insieme degli accessori: scarpe, cappello e borsa, oppure nel complesso dei gioielli. In tal senso, se si decidesse di utilizzare un cappello molto elaborato, esso dovrà diventare l'emergenza, oppure, esagerando e diversificando tutti gli accessori, trasformare il gruppo in eterogeneo. Medesima lettura è facilmente applicabile al complesso dei tasti di una tastiera o di un telecomando. Quindi, l'eterogeneo, l'informale, non ha leggi se non quella di perseguire il diverso, ibridando liberamente stili, colori, materiali. Unica concessione alla "non regola" è quella definibile di disomogeneizzazione inversa, in altre parole, applicare un medesimo colore alla pluralità delle forme.

Non sempre l'individualità e la libertà è gradita e facile da usare, pertanto, pur nella inalterabilità del concetto di free style, c'è chi è in grado di costruire consigli e messaggi estetici e chi ne sente la necessità adattandosi ad essi.

1. Il sistema di lettura della composizione ODE: omogeneo, disomogeneo, eterogeneo, non è mai stato interamente pubblicato, ma è uno degli esercizi di Basic Design, che da sempre caratterizzano la didattica dell'autore.

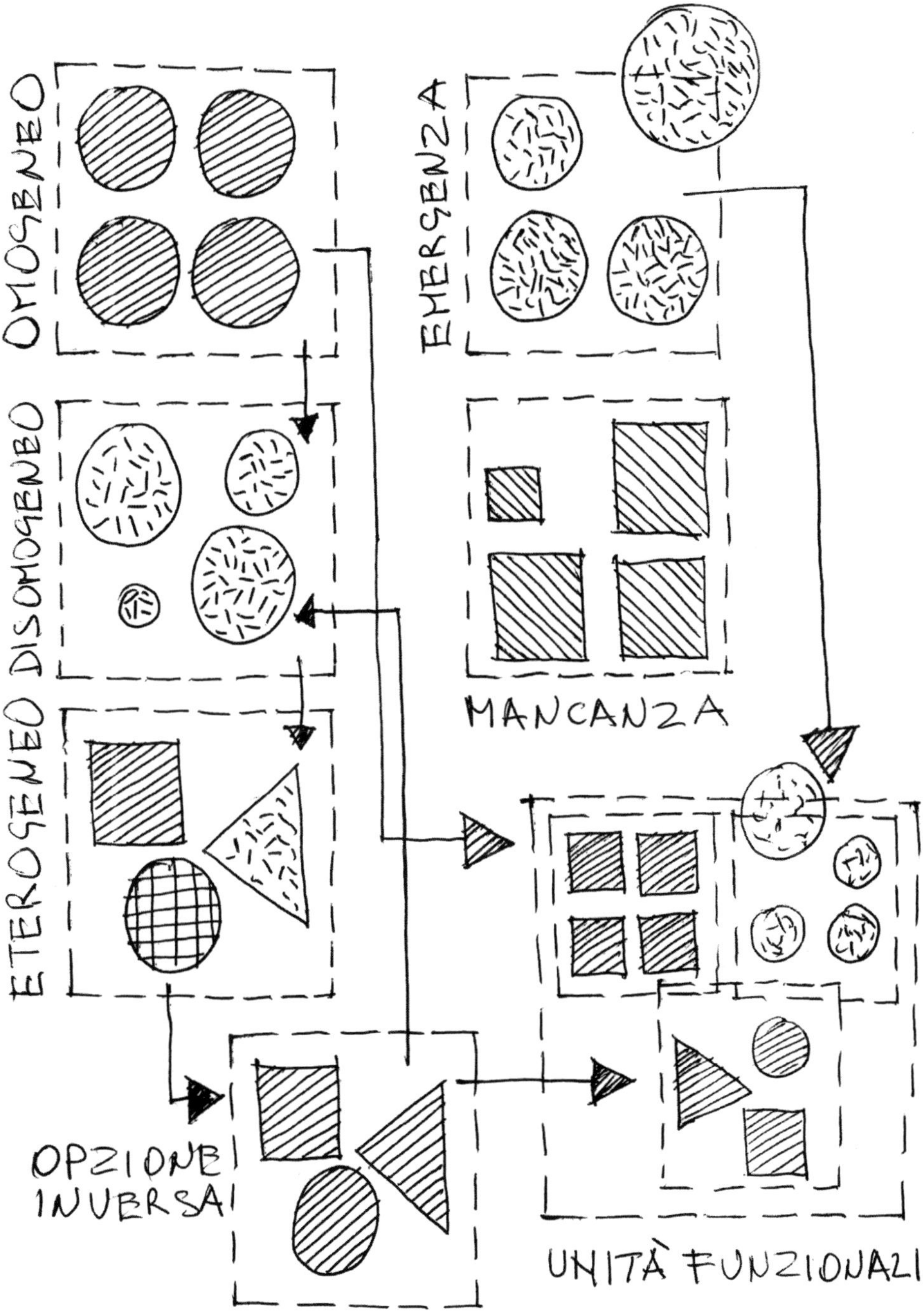
OMOGENEO
DISOMOGENEO
ETEROGENEO
EMERGENZA
MANCANZA
OPZIONE
INVERSA
UNITÀ FUNZIONALI

Informality has freed the world. The homogeneous, the inhomogeneous, the heterogeneous

Forming and transmitting good taste, a term that identifies what we imagine correct in combining colours, textures, shapes and materials, has never been simple and immediate. Beauty is what pleases a social group in a well-defined time and place. In this sense, in order to educate entire communities about the style of the moment, ways of doing things, practices and transmissible theories have been adopted, which have simplified this task. Polycletus's theorem, Alberti's thoughts, Le Corbusier's five points, Greek orders, modernism and minimalism, are rules and styles in the field of art and architecture, which in different eras have had equal relevance. Design concepts, children of their time, refined individually or collectively. With the same value, the tailcoat, the suit and the tuxedo are examples of ways of dressing that have defined the correct form of appearing in the period of maximum evolution of the bourgeoisie, antagonistic and developed too quickly to assimilate the aesthetic behaviour of previous nobility. Theories capable of transmigrating, such as that of the Gestalt, which from psychology, transfers the concept of structure and visual experience to graphics, or that of colour, which on the basis of the natural behaviour of light, through addition or subtraction, indicates possible overlaps and chromatic definitions of things. Examples of how applied aesthetics have always needed styles and stylists. From rules to chaos, the road has been studded with infinite stances and second thoughts, but the need to soften formal obligations, in design, in fashion and in art, adapting to the demands of transgressions of the growing new generations, has indicated that a free and simple taste is possible, but it needs objects that can be easily combined in multiple forms and for infinite situations. Informality and casualness have amplified and freed the expressiveness of the world.

To demonstrate this thesis, we can highlight the fact that all works built by man, from a compositional point of view, can be categorised into three simple groups: that of the homogeneous, the inhomogeneous and the heterogeneous [1]. The homogeneous is the set of identical elements in all characteristics: size, colour, finish; the inhomogeneous is what alters some of the parameters that represent it, for example, the same shape and size but different colours; the heterogeneous is that made up of generally different sets. It is evident that in the first category, the relationships among the parts, if badly managed, can easily generate aesthetic deficiencies, more difficult to find in the other two. Furthermore, this first type of formal association admits only one situation, that is, an element, or a joint group, which stands out in relation to the whole. Identifying the correlated elements in the compositional system corresponds to the ability to define aesthetic or functional subgroups, not always easy to identify. A functional group in furnishings can be the lighting system, or the aggregate sofa, armchair, rug and smoking table. In fashion, if we analyse a woman's way of dressing, it can be seen in the set of accessories: shoes, hat and bag, or in the jewelry. In this sense, if you decide to use a very elaborate hat, it will have to become the predominant element, or, by exaggerating and diversifying all the accessories, the group will be transformed into a heterogeneous one. The same interpretation is easily applicable to the keys on a keyboard or remote control. Therefore, the heterogeneous, the informal, has no laws other than that of pursuing the different, freely hybridising styles, colours and materials. The only concession to the "non-rule" is that which can be defined as inverse inhomogeneity, in other words, applying the same colour to the plurality of forms.

Individuality and freedom are not always welcome and easy to use, therefore, despite the inalterability of the concept of free style, there are those who are able to construct advice and aesthetic messages and those who adapt to them.

1. The ODE composition reading system: homogeneous, uneven, heterogeneous, has never been entirely published, bui it is one of the Basic Design exercises that have always characterized the author's didactic.

Il design e le donne

"Ho visto cose potenti e austere progettate dalle donne e cose delicate e poetiche progettate dagli uomini", non siamo alle porte dei Bastioni di Orione, citati nel celebre monologo dal replicante Roy Batty in *Blade Runner*, ma a Rimini al Museo dell'arredo contemporaneo, dove nel 1991, Frances Brunton, della libreria delle donne di Firenze, organizzò la mostra "Il design delle donne" in cui si raccoglievano centoventi oggetti di sessanta donne designer e ci si domandava se anche essere "donna" potesse rappresentare una delle tante categorie e metodologie per distinguere i modi di progettare. Clara Mantica, nella sua postfazione, autrice della citazione riportata, sposta decisamente il problema in tutt'altra direzione. Ancora oggi, a distanza di quasi trent'anni, il tempo dell'"ismo": razionalismo, bolidismo, neogeometrismo, minimalismo, non è ancora del tutto passato, ma il tipo di appellativo generalizzante ha perso forza di penetrazione mediatica, nel rincorrere differenze in molti casi inesistenti. Progettare è progettare: un oggetto, un evento, un gesto, uno slogan, un modo di vestire, un film, una canzone. Se si escludono gli aspetti specialistici riferiti ad ogni ambiente, il percorso, che parte dalle opportunità di progetto e rilievo delle problematiche per concludersi con una soluzione plausibile e la sua validazione, è in genere il medesimo. Fin dagli albori dell'analisi dei metodi progettuali questo è insito in ogni enunciazione. Lo stesso Bruno Munari, nel cercare di definire le fasi della progettazione di un prodotto, usava come metafora il cucinare un piatto di riso verde, affermando, in tal senso: che progettare è progettare.

I messaggi che un prodotto può veicolare nel fruitore, volontariamente o involontariamente, in altre parole, indotti o dedotti, possono riguardare anche la personalità e lo stile del progettista. Questo è tanto più vero tanto più l'oggetto è vicino al mondo dell'arte, ma è rintracciabile anche nei progetti di architettura o in quelli di design, sfumandosi in quest'ultimo caso dai prodotti artigianali a quelli industriali. La scelta di connotare o meno il manufatto con il proprio segno, stile, messaggio, è dipendente esclusivamente dall'inserire tale aspetto nei requisiti e pertinenze iniziali del progetto. La personalizzazione nel mondo del design, diventa più complessa quando il processo è il risultato di un team o destinato ad un mercato globale, in cui il segno potrebbe essere difficilmente riconosciuto o apprezzato. Se estendiamo questi aspetti al caso di "genere", è evidente che anche esso rientra in quelli decisamente opzionali di un progetto. La sensibilità individuale è un fattore che trasforma radicalmente il modo di leggere e interpretare un fatto, di elevare o diminuire i valori e limiti di ogni singola azione o artefatto. Il femminile o maschile è un fattore determinante nella gestione delle opzioni ma in un prodotto non ne genera una necessaria diversificazione formale. Anche nell'uso, nelle rispondenze funzionali e dimensionali riferite ai due sessi, ad esempio, il concetto di unisex è origine di mediazioni universalmente riconosciute.

Che la lampada *Pipistrello* sia della Gae Aulenti, o che la poltrona *Bobo Lounge* sia di Cini Boeri, è difficilmente leggibile, come lo è ugualmente determinare che il *Cestello* e la poltrona *Ghost*, siano il risultato di un loro progetto a quattro mani rispettivamente con Piero Castiglioni e Tomu Katayanagi. Sarebbe, in ogni caso, una leggerezza non riconoscere le differenze di sensibilità al progetto che ogni singolo progettista, uomo o donna, può introdurre nelle fasi di realizzazione di una ricerca o manufatto. Affinare le proprie capacità deduttive e progettuali è la somma di esperienze indirette e dirette, e le prime, prioritarie nella fase di apprendimento, derivano in gran parte dagli stimoli ricevuti dall'ambiente in cui si è cresciuti e dall'educazione che si pone nell'analisi dei dettagli, che nel nostro modo di vivere all'occidentale non possono essere ancora definiti egualitari tra i sessi.

Forse il design delle donne, in quanto tale, non è un problema prioritario, ma la parità di genere nel design e attraverso il design, è un tema urgente e internazionale, che deve trovare sempre più spazio all'interno dei nostri modi di progettare le future azioni sociali.

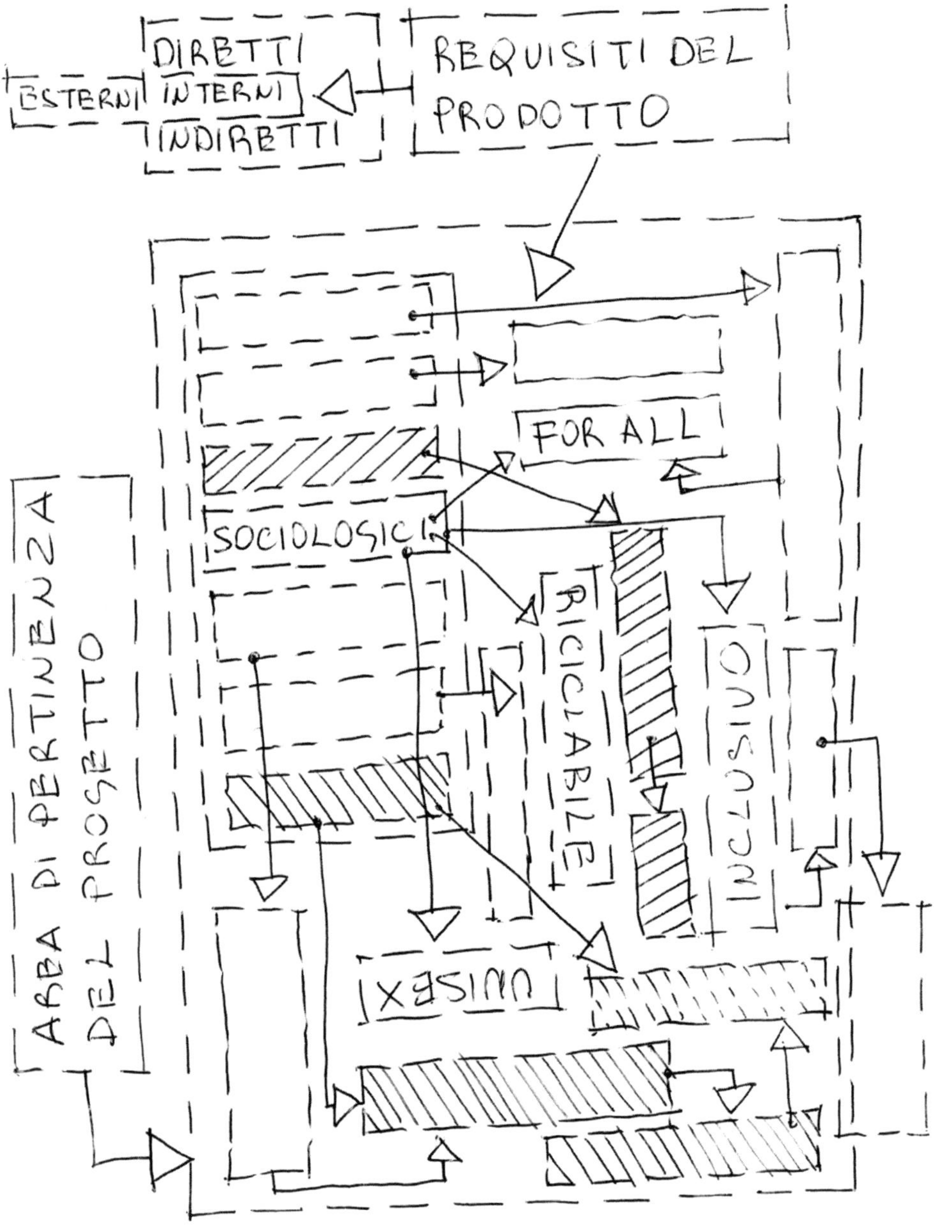
DIRETTI
ESTERNI
INTERNI
INDIRETTI
REQUISITI DEL PRODOTTO
FOR ALL
SOCIOLOGICI
RICICLABILE
INCLUSIVO
UNISEX
AREA DI PERTINENZA DEL PROGETTO

Design and women

"I have seen powerful and austere things designed by women and delicate and poetic things designed by men", we are not at gates of the shoulder Orion, mentioned in the famous monologue by the replicant Roy Batty in *Blade Runner*, but in Rimini at the Museum of Contemporary Furniture, where in 1991, Frances Brunton, of the women's library in Florence, organised the exhibition *Women's design* where one hundred and twenty objects by sixty women designers were collected, and one wondered if being a "woman" could also represent one of the many categories and methodologies to distinguish the methods of designing. Clara Mantica, in her afterword, author of the quotation referred to, decisively shifts the problem in a completely different direction. Even today, almost thirty years on, the time of the "ism", for instance, rationalism, bolidism, neo-geometrism and minimalism, has not yet completely passed, but the type of generalising denomination has lost its power of media penetration, in pursuing differences in many non-existent cases. Designing is designing: an object, an event, a gesture, a slogan, a way of dressing, a film, a song. If we exclude the specialised aspects referring to each context, the path, which starts from project opportunities and pinpointing problems to end with a plausible solution and its validation, is generally the same. From the very outset of the analysis of design methods, this has been inherent in every statement. Bruno Munari himself, in his endeavour to define the phases of designing a product, used cooking a plate of green rice as a metaphor, affirming, in this sense that designing is designing.

The messages that a product can convey to the user, voluntarily or involuntarily, in other words, induced or deduced, can also concern the personality and style of the designer. This is all the more true the closer the object is to the world of art, but it can also be found in architectural or design projects, in the latter case toning from handcrafted to industrial products. The choice of whether or not to connote the artifact with its own symbol, style or message, depends exclusively on including this aspect in the initial requirements and relevance of the project. Customisation in the world of design becomes more complex when the process is the result of a team or destined for a global market, where a symbol could hardly be recognised or appreciated. If we extend these aspects to the case of "gender", it is evident that this also falls within the decidedly optional aspects of a project. Individual sensitivity is a factor that radically transforms the way of reading and interpreting a fact, of raising or lowering the values and limits of every single action or artifact. The feminine or masculine is a determining factor in the management of options but in a product it does not generate its necessary diversification in terms of form. Even in use, in the functional and dimensional correspondences referring to the two sexes, for example, the concept of unisex is the origin of universally recognised mediations.

Whether the *Pipistrello* lamp is by Gae Aulenti, or the *Bobo Lounge* armchair by Cini Boeri, it is barely legible, and likewise determining that the *Cestello* and the *Ghost* armchair are the result of their four-handed project respectively with Piero Castiglioni and Tomu Katayanagi. In any case, it would be superficial not to recognise the differences in terms of sensitivity to the project that each individual designer, whether male or female, can introduce during the phases of fulfilling a research or an artifact. Refining one's deductive and design skills is the sum of indirect and direct experiences, and the first, a priority in the learning phase, derive largely from the stimuli obtained from the environment in which one grew up and from one's education used in the analysis of detail, which in our Western way of life cannot yet be defined as egalitarian between the sexes.

Perhaps women's design, as such, is not a priority problem, but gender equality in design and through design is an urgent and international issue, which must find more and more space within our ways of designing future social actions.

2021

Le forme della tecnologia

Le immagini delle cose, i messaggi indotti e dedotti che possono esercitare, i giudizi di bello o brutto e le sensazioni di novità o di obsolescenza che generano nell'osservatore, oltrepassano la relazione che esse hanno con la loro funzione primaria. Una continua antitesi tra qualità reale e percepita, poli opposti ma complementari di ogni processo di valutazione. L'immaginario collettivo legato alle forme della tecnologia, tra fantascienza, hi-tech e virtualizzazione, è soggetto alle stesse considerazioni e assume connotazioni in grado di costruire canoni di riferimento universali. In tal senso risulta difficile accettare immagini appartenenti alla tradizione per applicazioni legate a nuove tecnologie. Per tradizione dobbiamo intendere oggetti e modi di fare largamente diffusi e in costante uso in uno specifico gruppo sociale. È la sua estrema diffusione che fa apparire un iphone vecchio dopo pochi mesi, per buona gioia dei suoi produttori. Se ciò è vero è facile comprendere il senso di inadeguatezza che si prova davanti a un robot umanoide, al di là delle reali innovazioni in dotazione. Per noi i robot fanno parte della tradizione fantascientifica di Isaac Asimov o George Lucas, pur nella loro capacità di esercitare empatia con l'utente, fanno parte di una memoria consolidata e quindi tendenzialmente non più in grado di generare stupore tecnologico, che è proprio quello che i loro sviluppatori intendono ottenere: non pensare a un oggetto tecnico, funzionale, ma ad un aiuto più umano a cui potersi tendenzialmente anche affezionare.

In un'era post-contemporanea, il nostro modo di reagire agli stimoli legati all'uso di ausili in grado di operare, amplificare e semplificare le azioni quotidiane, è affine ad una ricerca in cui aspetti etici e sociali sono i limiti di un controverso senso di operare. Da un lato, quindi, è lecito ibridare la tecnologia con un velo di umanità, dall'altro si è giunti alla frantumazione, smaterializzazione e de-formalizzazione degli oggetti, ovvero si ipotizza una coesione o connessione solo temporanea dei componenti più innovativi, più che continuare a sviluppare una visione formale e statica della funzione.

Dallo stupore progettuale scaturito dalla "scatola vuota", dovuta alla miniaturizzazione e conseguente definizione del vuoto funzionale degli inizi dell'era elettronica, siamo giunti all'accettazione, come se inevitabile, sia delle tecnologie indossabili o integrabili, sia del connected body, estensione all'uomo dell'internet delle cose. L'informatica onnipresente (ubicomp), che tende ad essere connessi sempre e in ogni luogo, comprende l'evoluzione dei consueti strumenti di connessione: wi-fi, reti, computer, tablet, cellulari, smart watch e glasses, oltre allo sviluppo di microchip integrabili nel corpo umano per la costruzione inversa di cyborg. È lecito immaginare che abilitare l'uomo a azioni impossibili e oltre il limite consentito dalla natura, sia più semplice che costruire androidi comparabili al pensiero umano. L'*human enhancement* è un desiderio diffuso che ammette compromessi prima inaccettabili, o almeno sviluppati come dotazioni per soggetti non abili a perseguire determinate azioni ritenute indispensabili a costruire una adeguata qualità della vita. L'uomo integrando la tecnologia elimina l'uso di periferiche e middleware di relazione tra uomo e macchina, la tecnologia implantare rimodella il termine stesso di affordance, crea meno timori dell'ingegneria genetica o del biohacking, e diventa parte integrante di quella intelligenza ambientale: smart city, smart home, smart car, in cui l'everyware è parte fondante e ormai accessibile. Che gli oggetti di gestione quotidiana delle azioni più comuni e delle relazioni, dello stare connessi, della condivisione totale delle esperienze e informazioni, siano indispensabili ma invasivi, è idea condivisa e rafforzata dalle numerose ipotesi di prodotti che tendono a semplificare l'accesso alle reti e a migliorare la relazione con noi stessi. Il perfezionamento di esoscheletri e bio-ausili, gambe bioniche che trasformano la disabilità in potenza, interfacce neurali come integrazione tra intelligenza biologica e digitale, o la *brain machine interface* (BMI), ormai dichiarata operativa, tendono a far immaginare un futuro in cui la tecnologia assumerà immagini personalizzabili, uniche, irripetibili, rinunciando a comunicare tramite forme stereotipate. La tecnologia, il virtuale, le nuove applicazioni informatiche, rinunciando alle immagini hanno bisogno di messaggi, termini e locuzioni altamente comunicabili, in questo scenario, dare un nuovo nome all'azione è più importante della stessa denominazione del prodotto.

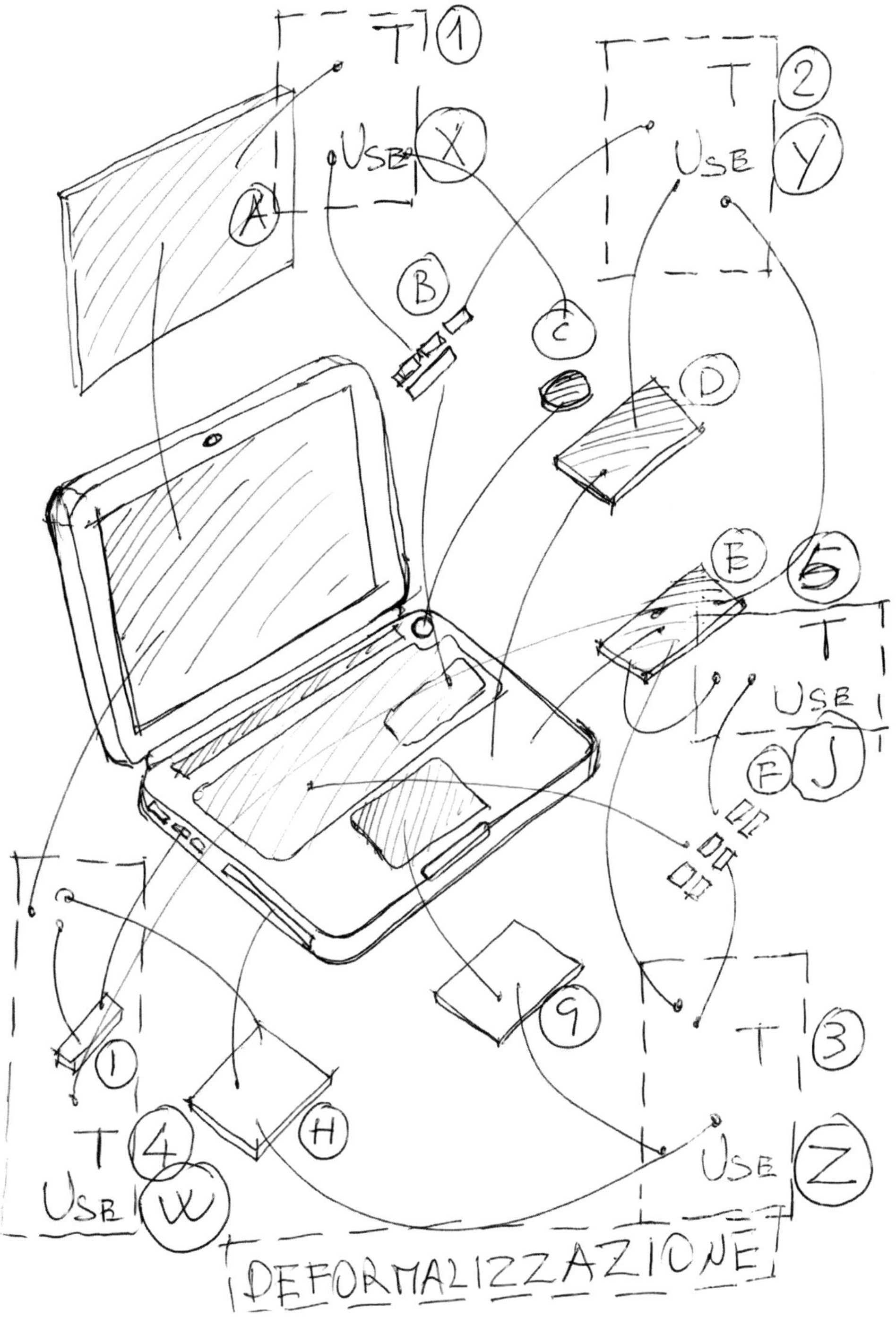
T 1
USB X
A
B
C
T 2
USB Y
D
E
6
T
USB
F
J
I
H
9
T 4
USB W
T 3
USB Z
DEFORMALIZZAZIONE

Forms of technology

The images of things, the induced and deduced messages that they can exercise, the judgments of good or bad and the sensations of novelty or obsolescence that they generate in the observer, go beyond the relationship that they have with their primary function. A continuous antithesis between real and perceived quality, opposite but complementary poles of every evaluation process. The collective imagination linked to forms of technology, including science fiction, hi-tech systems and virtualization, is subject to the same considerations and takes on connotations capable of building universal reference standards. In this sense, it is difficult to accept images belonging to tradition for applications linked to new technologies. By tradition we must understand objects and widespread ways of acting in constant use within a specific social group. It is its extreme distribution that makes an iphone appear old after a few months, much to the delight of its manufacturers. If this is true, it is easy to understand the sense of inadequacy that is felt before a humanoid robot, beyond the real innovations provided. For us, robots are part of the science fiction tradition of Isaac Asimov or George Lucas, despite their ability to exercise empathy with the user, they are part of a consolidated memory and therefore tend to no longer be able to generate technological amazement, which is precisely what their developers intend to obtain: not to think of a technical, functional object, but of a more human form of aid which you can also tend to become attached to.

In a post-contemporary era, our way of reacting to stimuli related to the use of aids capable of operating, amplifying and simplifying daily actions, is similar to a research in which ethical and social aspects are the limits of a controversial sense of operating. On the one hand, therefore, it is permissible to hybridize technology with a veil of humanity, on the other hand we have arrived at the shattering dematerialization and de-formalization of objects, or rather, one hypothesizes a cohesion or connection that is only temporary of the most innovative components rather than continuing to develop a formal and static vision of the function.

From the amazement in terms of design, arising from the "empty box", due to the miniaturization and consequent definition of the functional vacuum of the early electronic age, we have come to the acceptance, as if inevitable, of both wearable or integrated technologies, and of the connected body, an extension to man of the internet of things. Omnipresent information technology (ubicomp), which tends to be connected always and everywhere, includes the evolution of the usual connection tools: wi-fi, networks, computers, tablets, mobile phones, smart watches and glasses, in addition to the development of microchips that can be integrated into the human body for the reverse construction of cyborgs. It is reasonable to imagine that enabling humans to do impossible actions beyond limits allowed by nature is simpler than building androids comparable to human thought. Human enhancement is a widespread desire that admits compromises that were previously unacceptable, or at least developed as endowments for people unable to pursue certain actions deemed essential to building an adequate quality of life. Man by integrating technology eliminates the use of peripherals and middleware for the relationship between man and machine. Implant technology reshapes the very term of affordance, creates fewer fears than genetic engineering or biohacking, and becomes an integral part of that environmental intelligence: smart city, smart home, smart car, where everyware is a fundamental and now accessible part. That the objects of daily management of the most common actions and relationships, of staying connected, of the total sharing of experiences and information, are indispensable but invasive, is an idea shared and reinforced by the numerous hypotheses of products that tend to simplify access to networks and to improve the relationship with ourselves. The improvement of exoskeletons and bio-aids, bionic legs that transform disability into power, neural interfaces as integration between biological and digital intelligence, or the brain machine interface (BMI), now declared operational, lead us to envisage a future in which technology will assume customizable, unique, unrepeatable images, foregoing communication through stereotyped forms. Technology, the virtual, new computer applications, giving up images, need highly communicable messages, terms and phrases. In this scenario, giving a new name to the action is more important than the name of the product itself.

Stra-ordinario ordinario

Nell'immaginario di Claes Oldenburg, extra ordinario era modellare a scala urbana un oggetto comune. Per Marcel Duchamp equivaleva ad arteficizzare il gesto che ne elevava alcuni a opera d'arte. Per Alessandro Mendini extra ordinario era condividere il progetto ibridando esperienze e immagini, contravvenendo alla consuetudine del gesto creativo individuale. Per Bruno Munari, alla ricerca della definizione di metodi che generano fantasia, extra ordinario era sinonimo di trasposizione di: colore, peso, materiale, luogo, dimensione, relativo all'abituale senso comune di leggere gli oggetti. Nella poesia extra ordinario è trasformare vocaboli in parole, e nella politica, monologhi in dialoghi. Per anni la tecnologia nella sua incalzante evoluzione è stata capace di meravigliare e accendere stupore. Cambiare stato dei materiali da solidi a liquidi, al fine di trasmutarne le caratteristiche, oggi appare naturale ma all'origine del gesto era pura alchimia, magia perversa e pericolosa e in quanto tale oltre l'ordinario comprensibile e accettabile. Straordinario nelle diverse epoche è stato: librarsi in volo, immergersi negli oceani, pensare, operare e raggiungere la luna. Extra ordinario è raggiungere i limiti delle prestazioni umane o consentire di oltrepassarli tecnologicamente. Nei cento metri piani il tempo di 9"58 di Usain Bolt è più straordinario dei 9"74 di Asafa Powell, ma realmente straordinario è che bastano appena 13 millisecondi perché nel nostro cervello si fissi un'immagine decodificabile, ciò ci fa pensare che probabilmente a breve straordinario sarà il modo di registrare i record in tale sport. Il corpo umano è straordinario, basti pensare alla Divina Commedia recitata a memoria, dalla prima all'ultima parola e viceversa da Pico della Mirandola, capacità che oggi può sembrare inutile ma ugualmente sorprendente.

Extra ordinario è disarcionare la normalità, tradire la tradizione, immaginare effetti comprensibili e facili da individuare in un patrimonio legato alla consuetudine. Lo straordinario immaginato, quello spesso anticipato nei movie di fantascienza, è stimolo all'innovazione. Le video conferenze e gli ologrammi, nella loro sostanza, rappresentano uno stadio avanzato di quello che tutti abbiamo desiderato guardando le scene di teletrasporto in Stargate. Straordinario è anche retrodatare i gesti, tornare alle origini ed essenzialità delle cose, come quando rimaniamo stupiti da un suonatore di bicchieri, per cui abbiamo sentito la necessità di coniare un termine ugualmente straordinario come quello di cristallofonista. Scuotere la normalità è gesto indispensabile all'innovazione d'uso del quotidiano. La neve artificiale in una piccola palla di cristallo o i comandi vocali dei nuovi device interattivi, generano in noi un senso di appagamento che riempiono i momenti di apatia sensoriale. I gadget turistici o la tecnologia connettiva, in molti casi soddisfano lo stesso bisogno di de-standardizzare la noia.

Al contrario, stravolgente è quando extra ordinario diventa lo stupore per la normalità. Imbattersi in un no-sense sociale di giardini curati, strade pulite, autobus urbani in perfetto orario, code ordinate ai botteghini o trovare rampe per disabili per accedere al teatro. It don't make no sense unless "I'm doing it with you", canta Justin Bieber, indicando che lo straordinario, la fuga dalla normalità, deve essere condivisibile. Lo stupore, l'alterazione della regola, deve essere trasmissibile per essere tale. Anche i gesti quotidiani possono, quindi, essere straordinari. Alcuni oggetti di design, nella loro capacità di evolvere la tipologia lo sono stati. La *Vespa* di Corradino D'Ascanio o la lampada *Arco* dei Castiglioni, hanno generato meraviglia nel solo immaginare la libertà d'uso che potevano generare, un lusso funzionale che non conosceva uguali. Un lusso condivisibile, oltre la qualità dei dettagli, tecnologica o materica del prodotto. Nel nostro modo di analizzare le cose, possedere e condividere lo straordinario quotidiano è alla base del concetto di lusso nell'era contemporanea.

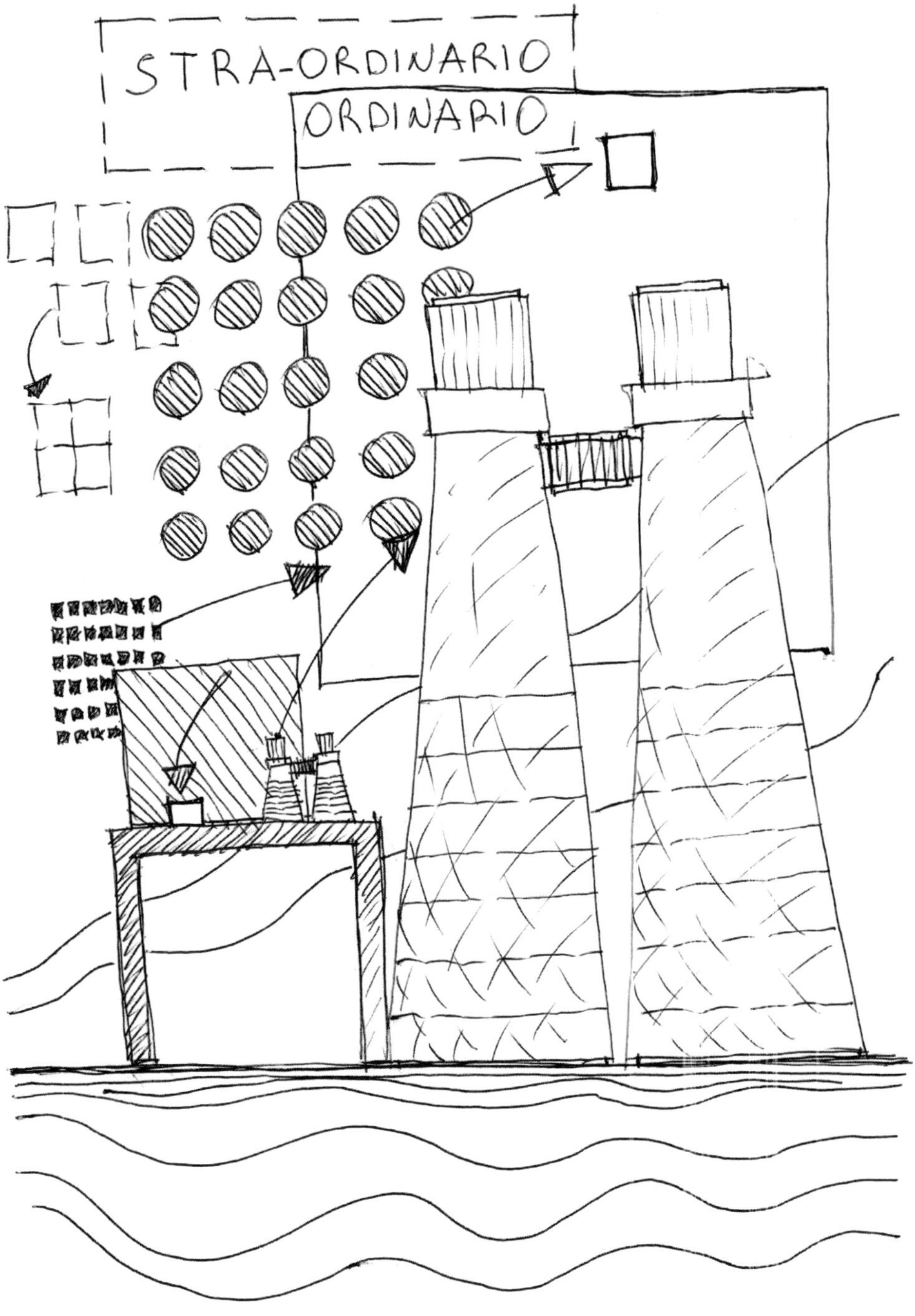
STRA-ORDINARIO
ORDINARIO

Extra-ordinary ordinary

In Claes Oldenburg's imagination, it was extra ordinary to model a common object on an urban scale. For Marcel Duchamp it was equivalent to making the gesture that elevated some of them to works of art. For Alessandro Mendini extra ordinary meant sharing the project by hybridizing experiences and images, contrary to the custom of the individual creative gesture. For Bruno Munari, in search of the definition of methods that generate imagination, extra ordinary was synonymous with the transposition of: colour, weight, material, place and size, relating to the usual common sense of interpreting objects. In extra ordinary poetry it is transforming words into words, and in politics, monologues into dialogues. For years, technology in its relentless evolution has been able to amaze and spark astonishment.

Changing the state of materials from solid to liquid, in order to transmute their characteristics, appears natural today but at the origin of the gesture was pure alchemy, perverse and dangerous magic and as such beyond the ordinary, understandable and acceptable. Extraordinary in different eras has been: soaring in flight, diving into the oceans, thinking and landing on the moon. Extra ordinary is reaching the limits of human performance or allowing to go beyond them technologically. In one hundred metres, Usain Bolt's 9"58 time is more extraordinary than Asafa Powell's 9"74, but really extraordinary is that it only takes 13 milliseconds for a decodable image to be fixed in our brain, which leads us to think that probably the way to register records in this sport will soon be extraordinary. The human body is extraordinary, just think of the Divine Comedy recited from memory, from the first to the last word and vice versa by Pico della Mirandola, a skill that today may seem useless but equally surprising.

Extra ordinary is to unsaddle normality, betray tradition, imagine understandable and easily identifiable effects in a heritage linked to custom. The imagined extraordinary, often seen in science fiction movies, is a stimulus for innovation. Video lectures and holograms, in their essence, represent an advanced stage of what we have all desired from watching the teleportation scenes in Stargate. Extraordinary is also backdating the gestures, going back to the origins and essentiality of things, like when we are astounded by a glass player, for which we felt the need to coin an equally extraordinary term like that of crystallophonist. Shaking up normality is an indispensable gesture for innovation in everyday use. The artificial snow in a small crystal ball or the voice commands of new interactive devices stir up a sense of satisfaction that fills the moments of sensory apathy. Tourist gadgets or connective technology, in many cases satisfy the same need to de-standardize boredom.

On the contrary, overwhelming is when extra ordinary becomes a sense of astonishment towards normality. Bumping into a social no-sense context of manicured gardens, clean streets, punctual city buses, orderly queues at the box office or finding disabled ramps to access theatres. It don't make no sense unless "I'm doing it with you", sings Justin Bieber, indicating that the extraordinary, the escape from normality, must be shared. Amazement, the alteration of the rule, must be communicable to be such. Even everyday gestures can, therefore, be extraordinary.

Some design objects, in their ability to evolve a typology, have been. Corradino D'Ascanio's *Vespa* or the *Arco* dei Castiglioni lamp caused wonder in simply imagining the freedom of use they could generate, a functional luxury that knew no equal. A shareable luxury, beyond the quality of detail, the technological or material quality of a product. In our way of analyzing things, possessing and sharing the everyday extraordinary is at the root of the concept of luxury in the contemporary era.

Dal bello e buono all'ergonomia delle relazioni

Stare bene in un ambiente è legato alle sensazioni che scaturiscono dalla percezione degli elementi che lo compongono. Forme, dimensioni, luci, oggetti, finiture, colori, costituiscono specifici messaggi che influenzano il nostro modo di vivere ogni irripetibile istante. Ipotizzare stati d'animo, progettare esperienze sensoriali, non è semplice e i risultati sono rilevabili solo attraverso la risposta che essi producono. In questo siamo spesso portati a semplificare il pensiero progettuale e utilizzare come requisiti prioritari aspetti più tangibili e verificabili. Il bello o brutto delle composizioni o la rispondenza all'uso, in tal senso, sono elevati a bilancia del feeling ambientale. In effetti possiamo anche essere circondati da cose ritenute belle e buone, ma se non le osserviamo e le interpretiamo non riceviamo da esse nessun riscontro. Se è vero che la percezione, intesa come reazione allo stimolo, è la capacità di acquisire comprendere e interpretare l'informazione, è altresì vero che elaboriamo tramite le esperienze e le conoscenze pregresse. Non è lo sguardo o l'uso ma la relazione che noi instauriamo con l'ambiente che genera l'effettivo stato d'animo. Guardare un quadro in un museo o galleria d'arte equivale a confermare la predisposizione all'interpretazione, la necessità di essere stupiti da qualcosa che non conosciamo fino in fondo. Un rubinetto lucido o opaco, nichelato o dorato, non cambia la sua funzione ma altera il nostro tempo e modo di risposta. Progettare la relazione con le cose pertanto, è parte integrante di ogni forma di pensiero. Rilevare, interpretare, ipotizzare consuetudini o estreme relazioni con gli oggetti è insito nel nostro modo di organizzare o alterare la realtà. L'ergonomia, ad esempio, è lo studio del rapporto ottimale tra oggetto, azione e dimensione umana, ma se è la relazione nel suo complesso che genera la risposta non sarebbe giusto affermare che lo studio dell'ergonomia delle relazioni è il fattore prioritario? La dimensione umana, i percentili, danno indicazioni assolutamente utili da rispettare e applicare con dovizia, mentre la relazione con gli oggetti, nella sua variabilità legata al luogo e momento d'uso, oltrepassa gli aspetti di semplice bellezza e funzionalità.

L'ergonomia delle relazioni, se accettiamo la provocazione del termine, è quindi una pratica progettuale che definisce, oltre allo scopo primario del gesto, i requisiti delle interazioni tra le persone coinvolte e gli oggetti e gli spazi che la rendono fattibile, legando gli stimoli e i risultati dell'azione al progetto dell'identità degli ambienti in cui esso avviene. La relazione è un fattore primario, un requisito intangibile, in grado di generare modificazioni d'uso estetiche e funzionali, incontrovertibili.

Il rapporto tra fruitore, funzione e estetica degli oggetti è mutato da epoca a epoca, passando dal bello e buono della téchne classica, all'emancipazione estetica dell'oggetto d'uso, dalla bellezza pura a quella aderente. A queste convergenze teoriche, si affianca la trasformazione del prodotto, che nel suo percorso da artigianale a industriale a merce, cambia radicalmente posizione con la nascita del mondo digitale che ha generato nuove occasioni e interpretazioni contrastanti nella relazione tra scopo e mezzo. Un dualismo sempre presente, come ad esempio il dualismo tra la visione funzionalista e il futurismo, in cui si dava importanza o al risultato dell'azione o al messaggio indotto come opportunità di cambiamento. Nel primo dare priorità alla funzione era un modo per incitare l'osservatore a guardare l'oggetto industriale con altri occhi e porlo come il risultato di una nuova professione, nel secondo il dinamismo rappresentava il nuovo e oltrepassava la relazione tra forma e uso.

La personalizzazione delle teorie, le minime e individuali variazioni di pensiero, hanno bisogno per essere protette di nuove definizioni. La voce: ergonomia delle relazioni, pone l'accento sulla necessità di attenzione a fasi e requisiti progettuali non necessariamente legate all'interazione diretta tra uomo e macchina. In sintesi vuole essere un modo alternativo di interpretare e guardare il normale senso delle cose.

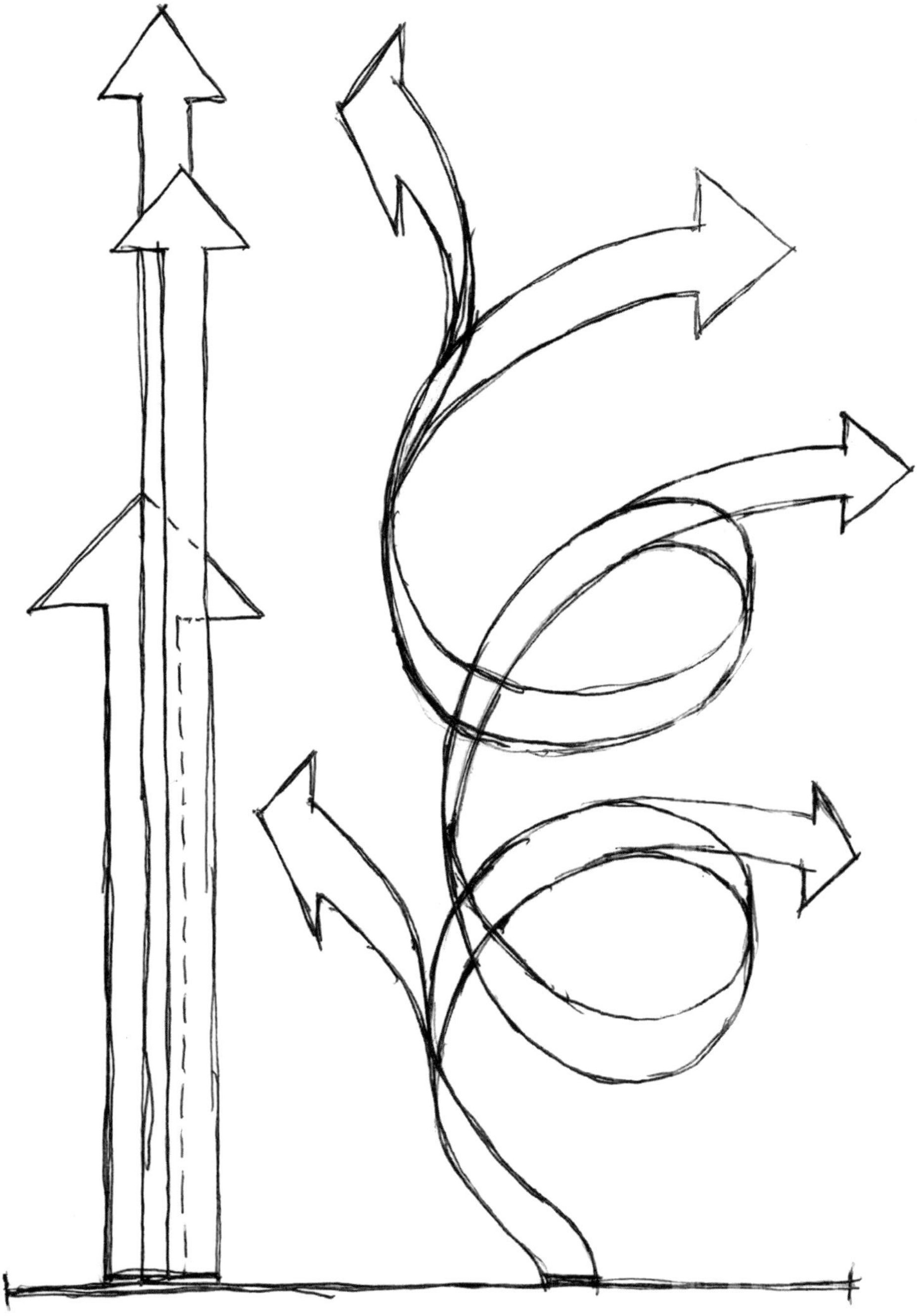

From the beautiful and good to the ergonomics of relationships

Feeling good in an environment is linked to the sensations that arise from the perception of the elements that compose it. Shape, dimension, light, objects, finish and colour, constitute specific messages that influence our way of living every unrepeatable moment. Hypothesising moods and designing sensory experiences is not easy and the results are detectable only through the response they produce. We are therefore often led to simplify design thinking and use more tangible and verifiable aspects as priority requirements. The good or bad of compositions or the correspondence to use, in this sense, are elevated to the balance of environmental feeling. In fact, we can also be surrounded by things considered beautiful and good, but if we do not observe and interpret them, we do not receive any feedback from them. If it is true that perception, understood as a reaction to the stimulus, is the ability to acquire, understand and interpret information, it is also true that we process through previous experiences and knowledge. It is neither observation nor use, but the relationship we establish with the context that generates the actual mood. Observing a painting in a museum or in an art gallery is equivalent to confirming the predisposition for interpretation, the need to be amazed by something we do not fully understand. A faucet, glossy or opaque, nickel-plated or gold-plated, does not change its function but alters our time and way of responding. Therefore, designing the relationship with things is an integral part of every form of thought. Detecting, interpreting, hypothesising habits or extreme relationships with objects is inherent in our way of organising or altering reality. Ergonomics, for example, is the study of the optimal relationship among object, action and human dimension, but if it is the relationship as a whole that generates the answer, would it not be fair to say that the study of the ergonomics of relationships is the priority factor? The human dimension and the percentiles give useful indications to be carefully respected and applied, while the relationship with objects, in its variability linked to the place and moment of use, goes beyond the aspects of simple beauty and functionality.

The ergonomics of relationships, if we accept the provocation of the term, is therefore a design practice that defines, in addition to the primary purpose of gesture, the requirements of interactions between the people involved and the objects and spaces that make it feasible, linking the stimuli and the results of the action to the project of identifying the contexts in which it takes place. The relationship is a primary factor, an intangible requirement, capable of generating irrefutable aesthetic and functional changes in use.

The relationship among user, function and aesthetics of objects has changed over time, passing from the beautiful and the good of classical téchne, to the aesthetic emancipation of the object of use, from pure beauty to that adherent. These theoretical convergences are accompanied by the transformation of the product, which along its artisanal and industrial path to commodity, radically changes position with the birth of the digital world, that has generated new opportunities and conflicting interpretations in the relationship between purpose and means. An ever-present dualism, such as the dualism between the functionalist vision and futurism, in which importance was given either to the result of the action or to the message conveyed as an opportunity for change. In the first, giving priority to function was a way to encourage the observer to look at the industrial object in a new light and place it as the result of a new profession; in the second, dynamism represented the new and went beyond the relationship between form and use.

The personalisation of theories, the minimal and individual variations of thought, need to be protected by new definitions. The voice: ergonomics of relationships emphasises the need for attention to design phases and requirements not necessarily related to direct interaction between man and machine. In a nutshell, it aims to be an alternative way of interpreting and observing the normal sense of things.

Caldo, freddo, semplice, complesso

Stare chiusi in casa nel periodo invernale è stato sempre considerato un momento particolare. Anche se non realmente costretti, il clima freddo impone restrizioni di movimento che alterano il nostro senso di libertà. In questa particolare situazione, sostare di fronte ad un camino acceso è un privilegio di cui oggi solo pochi possono godere. La gestione del fuoco vivo è complicata, specialmente se si abita in luoghi altamente antropizzati in cui rifornirsi di legna è assai problematico. L'uso di caminetti tradizionali aperti, in contrasto con un pensare diffuso, è spesso vietato dai regolamenti comunali, in quanto produttori di inquinamento atmosferico da polveri sottili. I dati confermano questo aspetto, ma al contrario utilizzare il condizionatore per rinfrescare la temperatura, sovraccaricando il consumo della rete elettrica urbana, non è altrettanto valutato come anti ecologico e non ci si chiede se la sorgente che produce elettricità sia effettivamente pulita. Il fuoco acceso non è più indispensabile, è un privilegio per chi abita in piccoli centri periferici o privi di altra fonte di riscaldamento. La fiamma, nella sua asimmetria, imprevedibilità, alterabilità, è per molti di noi ipnotica, la sua capacità di creare atmosfera è talmente evidente che la sola candela accesa propone legami con una tradizione lontana che esalta la lentezza del saper vivere. Quello che realmente manca nella contemporaneità è la consapevolezza della complessità del gesto come rito e le semplificazioni delle attività domestiche, generate dall'evoluzione dell'era della meccanizzazione, distolgono da un rapporto diretto tra manualità e controllo del risultato atteso. Il ripensamento collettivo di questo aspetto è insito nella necessità di un ritorno alla cucina tradizionale, all'acquisto diretto di alimenti nei luoghi di produzione, all'uso della bicicletta come mezzo individuale. Azioni che complessizzano la nostra quotidianità e non esclusivamente per scelte ideologiche.

La ricerca di un rapporto dialettico con le cose, dell'esaltazione della manualità come fonte di personalizzazione del gesto, torna a far parte del nostro modo di concepire le comodità. La pandemia in corso ha esaltato alcuni di questi aspetti, lo stare in casa forzatamente ha incentivato la necessità di mettersi alla prova, di moltiplicare e stimolare le nostre abilità, pur anche nella gestione delle cose domestiche. La consapevolezza che il tempo necessario per preparare un ragù equivale a quello per sceglierne uno pronto al supermercato non genera più inquietudine. Il caldo e il freddo nei gesti, l'alterazione del concetto di immediato, tornano ad essere strumenti di riflessione progettuale. L'era della modernizzazione ha avuto timore della complessità, la semplificazione continua ci ha tolto la capacità di concentrazione e di ragionamento, risparmiare tempo si è tramutato nella logica innaturale di non comprendere il perché e le conseguenze dirette delle nostre azioni.

La mancanza di riti ha trasformato gli ambienti domestici in luoghi in cui stare e non in cui fare, spazi di attesa tra gesti reiterati, tra azioni e pensieri semplificanti, come li ha definiti Edgar Morin, che contrastano con la comprensione olistica del nostro ambiente. Sottolineare che la pandemia ha riacceso la voglia di diversificare i propri gesti, di desemplificare la propria esistenza, tra un agire intellettuale e uno manuale, introduce alla necessità di rimodulare l'affinità d'uso dei prodotti, di formulare momenti di formazione ibrida, di pensare ad una meno stereotipata gestione dell'economia domestica. Ipotizzare una moltiplicazione delle fonti di reddito individuale in cui combinare le opportunità dello smart working e quelle di un nuovo artigianato evoluto e condiviso. In definitiva, attualizzare i modi di concepire la coesistenza sociale, sperimentata a quanto pare, in tempi non così distanti e dimenticati. E pensare, che era solo voglia del tepore di un caminetto acceso.

Opposizione-sovrapposizione / Opposition-overlap.

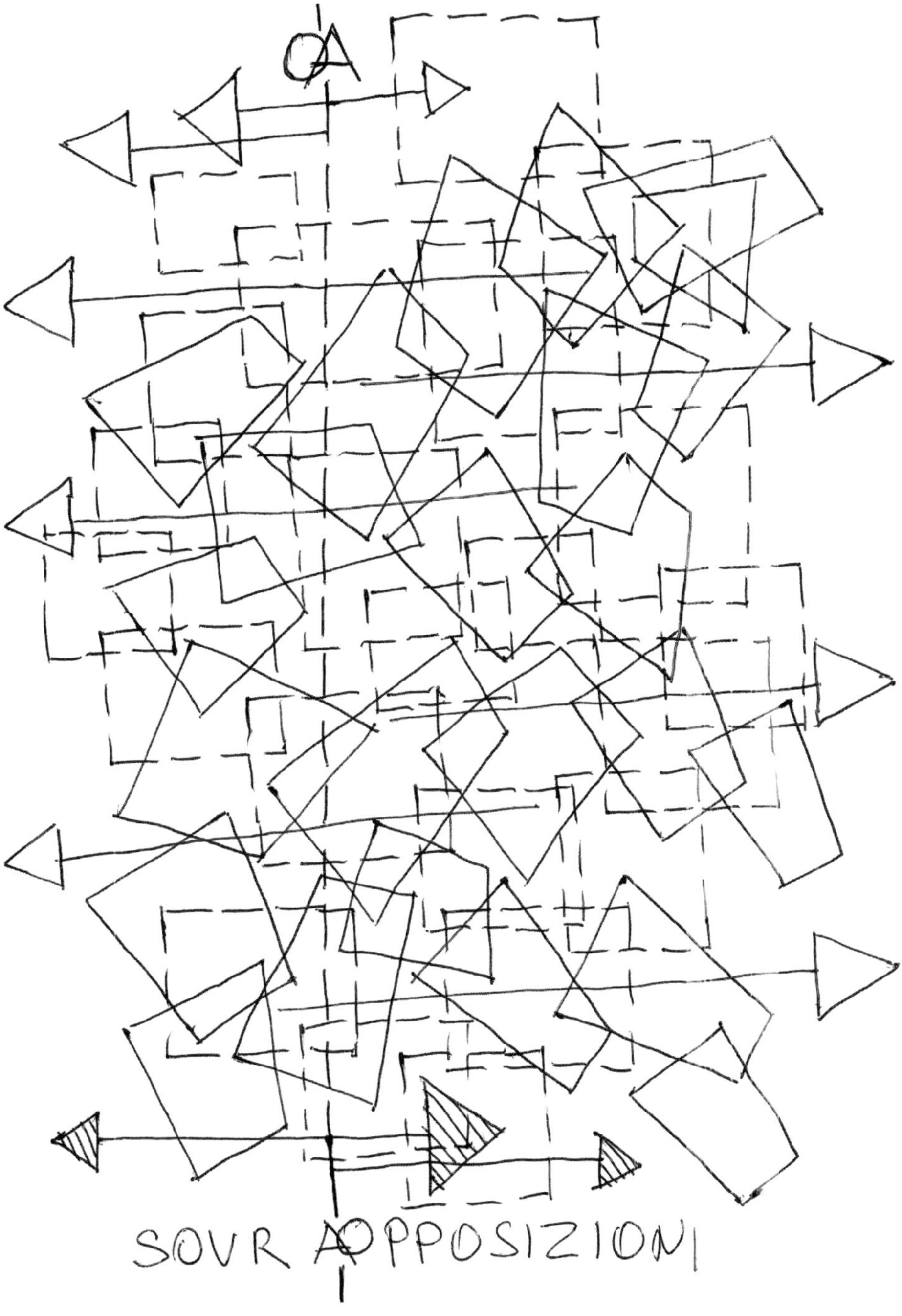

Hot, cold, simple, complex

Staying indoors during the winter has always been considered a special moment. Although not really forced, cold weather imposes restrictions of movement that alter our sense of freedom. In this particular situation, standing before a lit fireplace is a privilege that only a few can enjoy today. The management of a live fire is complicated, especially if you live in highly anthropized places where getting wood is quite problematic. The use of traditional open fireplaces, in contrast to widespread thinking, is often prohibited by municipal regulations, since they are producers of air pollution by fine dust. Data confirm this aspect, but on the contrary, using air conditioners to cool the temperature, overloading the consumption of the urban electricity grid, is not equally evaluated as anti-ecological and it is often not questioned whether the source that produces electricity is actually clean. The lit fire is no longer essential, it is a privilege for those who live in small suburban towns or without any other source of heating. The flame, in its asymmetry, unpredictability and alterability, is hypnotic for many of us. Its ability to create atmosphere is so evident that the single lit candle conjures up links with a distant tradition that enhances the slowness of knowing how to live. What is really missing in the contemporary world is the awareness of the complexity of the gesture as a ritual and the simplifications of domestic activities, caused by the evolution of the era of mechanization. They distract us from a direct relationship between manual skills and control of the expected result. Collective rethinking of this aspect is inherent in the need for a return to traditional cuisine, direct purchase of food in the production areas, the use of bicycles as an individual means. Actions that make our daily life complex and not exclusively for ideological choices.

The search for a dialectical relationship with things and the enhancement of manual skills as a source of personalization of the gesture, becomes part of our way of conceiving comfort. The ongoing pandemic has underlined some of these aspects. Staying at home forcibly has encouraged the need to test ourselves, to multiply and stimulate our skills, even in the management of domestic matters. The awareness that the time needed to prepare a ragù sauce is the same as that of a ready-made one at the supermarket, is no longer a cause of anxiety. The heat and cold through gestures, together with the alteration of the concept of the immediate, return to being tools for reflection in terms of design. The era of modernization has always feared complexity. Continuous simplification has deprived us of the ability to concentrate and reason and saving time has turned into the unnatural logic of not understanding the why and the direct consequences of our actions.

The lack of rituals has transformed domestic environments into places in which to stay and not to do, spaces of waiting between repeated gestures, between actions and simplifying thoughts, as defined by Edgar Morin, which contrast with the holistic understanding of our environment. To underline that the pandemic has rekindled the desire to diversify one's gestures, to de-simplify one's existence, between an intellectual and a manual action, introduces the need to remodulate the affinity of the use of products, to formulate moments of hybrid formation, and to think of a less stereotyped management of the domestic economy. Hypothesizing a multiplication of individual income sources in which to combine the opportunities of smart working and those of a new, evolved and shared craftsmanship. Ultimately, updating the ways of conceiving social coexistence, apparently experienced in times not so distant and forgotten. And to think that it was once just a desire for the warmth of a lit fireplace.

È naturale fare così

La differenza tra naturale ed ecologico è spesso travisata, nel pensare che utilizzare quello che la natura mette a disposizione equivale ad adottare un atteggiamento sostenibile.

Nella realtà delle cose anche gli idrocarburi sono prodotti della terra e tutti sappiamo quante problematiche il loro utilizzo ha generato nell'era contemporanea. La gestione e salvaguardia dell'ambiente è quindi materia complessa, intrisa di convinzioni e modi di usare le risorse che hanno progressivamente trasformato il concetto di artificiale verso un più ampio spettro di opportunità e relazioni tra le fasi di utilizzo delle cose. Il riciclo è una necessità sociale ed economica, la green economy non è solo un modo di gestire ma anche di trasformare l'immagine dei prodotti che giornalmente utilizziamo. Diventa consueto: adattarsi all'aspetto dei ricomposti, sostituire il valore estetico delle venature del legno con il casuale intreccio delle fibre pressate, abbandonare il lucido ed esaltare il matt, riconoscere il ruvido come elemento tattile più semantico che funzionale. Il massello, il pesante, il loro impatto estetico, rappresentano il tempo in cui il potere, anche quello più innocuo e quotidiano, aveva bisogno di segni tangibili facilmente riconoscibili e condivisibili. L'essenziale, il gesto e il modo d'uso, sostituiscono oggi quella impellente necessità. Si guarda a cosa fai e non più con che cosa fai determinate azioni. Il valore del servizio prende il posto di quello materico, la connettività e il 5G, sono il vero "prezioso" contemporaneo.

Il comportamento generato dal rispetto dell'ambiente è considerato parte integrale della nostra educazione, un pensiero aggiunto che crea stile e riconoscibilità sociale, che trasforma radicalmente il concetto di possesso, dando ampio spazio di interpretazione a quello di condivisione.

Il materiale naturale, quindi, si assottiglia progressivamente diventando un layer impalpabile e tendente al virtuale. Sempre più spesso al "non voglio e non posso essere la causa del taglio di un albero secolare" si associa una gestione oculata delle foreste, con diradamento selettivo e reimpianto programmato, che oltre a lenire i dubbi dei più sensibili, comporta un notevole risparmio e un più controllato mercato delle materie prime.

Il riuso delle briccole in larice dei canali di Venezia, o la gestione dell'immensa quantità di legno conseguente alla tormenta della val di Vaia, sono aspetti complementari, che introducono a nuovi concetti di interpretazione e gestione del territorio. Il primo aggiunge al prodotto una relazione affettiva con la sua precedente vita, un feticismo sano e innocuo che trasforma e ibrida l'oggetto d'uso con il gadget turistico. Il secondo pone in evidenza che la riforestazione non può essere estensiva e la trasformazione dei luoghi è legata ad una coscienza storica che non può essere disattesa. Sempre più le cave di pietra diventano teatri e cattedrali affascinanti, musei all'aperto, tracce evidenti del "nulla si crea, nulla si distrugge, tutto si trasforma", ed è la qualità dei risultati dell'uso dei materiali da lì estratti, che da reale valore all'evoluzione umana.

Queste problematiche, appena accennate e a cui sarebbe necessario dedicare molte più riflessioni, sono e sono state spinta innovativa per l'industria dei semilavorati e per un loro uso progressivamente diffuso. Il riciclo degli scarti di lavorazione, la coscienza del disassemblaggio, del monomaterico, del progetto a chilometro zero, hanno consentito di immaginare e realizzare sistemi di lavorazione sempre più efficienti, industrializzati e salubri, che trasferiscono il concetto di "naturale" dal materiale al loro uso. È naturale rispettare l'ambiente, salvaguardare i territori, dare una seconda opportunità ai prodotti, tracciare la loro trasformazione, museografare la loro esperienza d'uso, creare nuovi valori sociali, immaginare le sensazioni che un prodotto può generare al di fuori della pura funzione estetica. È "naturale" fare così.

Naturale + naturale / Natural + natural.

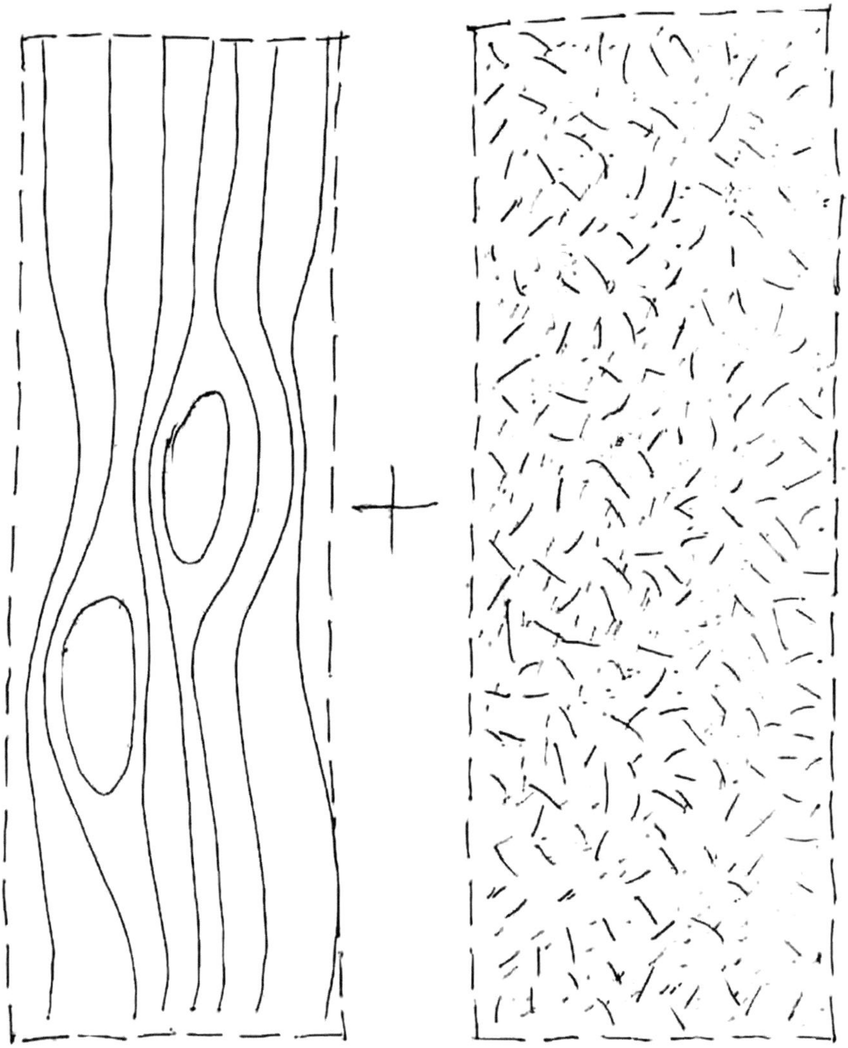

The natural way to do it

The difference between natural and eco-friendly is often conflated, in thinking that to use what nature makes available is the same as having a sustainable attitude.

Actually, hydrocarbons are a natural product of the earth and we all know how many problems their use has caused in modern times. The management and protection of the environment is a complicated problem, clogged with beliefs and ways of using resources that have gradually turned the concept of artificial toward a broader spectrum of opportunities and relations among the many stages of the uses we make of things. Recycling is a social and economic necessity; the green economy is not just a way of managing but also a way of transforming the image of the products we use every day. We are getting used to the idea of adapting to the appearance of new composites, exchanging the esthetic value of the veining in wood for the casual bond of pressed fibers, giving up the polished finish and exalting the matt, recognizing roughness as more of a semantic element than a functional, tactile one. The thick block, the heaviness of a material and the esthetic impact of its solidity are remnants of a time in which power, even the most innocuous and ordinary, needed tangible, easily recognizable and communicable signs. The essence, the gesture and the mode of use now replace that impellent need. We look more at what you do and not so much as what you do it with. The value of the service takes the place of its texture; connectivity and 5G are what's we consider "precious" now.

The behavior generated by respect for the environment is considered an integral part of our education, an added thought that creates style and social recognizability, that radically alters the concept of possession, giving more space for interpretation of that which is or should be shared.

Natural material is steadily dwindling, gradually becoming an impalpable layer tending toward the virtual. More and more often when we hear "I can't and won't be the cause of cutting another hundred-year-old tree", we think of thoughtful forest management, with selective thinning and programmed replanting which, in addition to easing the doubts of the most sensitive among us, generates considerable savings and a more controlled raw materials market.

The reuse of the crumbling larch piles from the Venetian canals, or the management of the immense quantity of wood salvaged from the storm in Val di Vaia are complementary aspects that introduce us to new concepts of interpretation and management of the country's resources. The former adds to the product an affectionate relationship with its previous life, a healthy, innocuous fetishism that transforms and hybridizes the use with the tourist gadget. The latter highlights the fact that reforestation cannot be extensive and that the transformation of places is linked to a historic awareness that should not be overlooked. More and more, stone quarries become fascinating theaters and cathedrals, open-air museums, clear evidence of the axiom "nothing is created, nothing destroyed, everything is transformed", and it is the quality of the results of the uses made of the materials taken from them that indicates the real value of human evolution.

These problems that we have only sketched out here and to which much deeper reflection should be reserved, are and have been the innovative thrust for the industry of unfinished products, and for the gradual spread of their use. The recycling of process residues, the awareness of disassembly, of single material manufacture, of the zero-kilometer project, have all contributed to enable us to imagine and develop increasingly efficient and industrialized yet healthy processing methods that transfer the concept of "natural" from the materials to their use. It is natural to respect the environment, protect the land, give a second life to products, trace their supply chains, memorialize the experience of their use, create new social values, imagine the sensations that a product can generate beyond the mere esthetic function. That is the "natural" way!

Fare pesante, fare leggero

Il fare leggero o pesante corrisponde alla variazione di più di una singola caratteristica. Ai valori fisici oggettivi si sovrappongono percezioni sensoriali spesso legate ad abitudini interpretative o generate dalle forme e messaggi impliciti e espliciti del prodotto. Se è vero che i messaggi indotti, ovvero quelli volutamente progettati per incrementare l'appeal o comprensione d'uso del prodotto, sono più incisivi dei quelli dedotti, intesi come conoscenze dirette dovute al proprio know how, è anche vero che essi possono generare segnali che contrastano con il generale senso delle cose. La ceramica è più fragile del ferro che a sua volta è più malleabile dell'acciaio. Fatti concreti che portano a interpretare come inusuale un coltello in ceramica o un martello in vetro che, se proposti, consentono di attrarre nella loro anomalia materica l'attenzione di chiunque.

Nel nostro modo di leggere le forme, cento chili in un decimetro cubo, sono meno pesanti di cento chili in un metro cubo. Come mille chili in un metro cubo sono più pesanti di un chilo per mille decimetri cubi. Il peso concentrato o dilatato e il peso scomposto sono fattori che personalizzano l'interpretazione dello sguardo. Un aereo a terra è più pesante di uno in volo, evidenziando la contrapposizione tra lettura oggettiva ed emotiva. La consuetudine è il fattore che determina la coscienza formale e la sua variazione è in grado di generare inquietudini o meraviglie. Dalle azioni pubblicitarie all'arte, gli aspetti emotivi delle alterazioni materiche sono sempre state aree di sperimentazione. Gli orologi molli di Salvador Dalì, nel loro dualismo tra razionale e irrazionale e ricerca degli opposti, o i *balloon dog* di Jeff Koons, animali fuori misura rifiniti con colore trasparente su struttura in acciaio inossidabile lucidato a specchio, sono opere raffinate e leggere nel loro disimpegno, in cui la stravaganza materica origina attrazione nell'osservatore anche meno attento. Dall'arte al riciclo creativo il passo è breve, ma in questo caso si parla di tutt'altra leggerezza, legata ad un gesto cosciente, – più emotivo che utile.

Il pesante leggero o il leggero pesante sono antitesi di un diverso modo di vivere gli oggetti e gli ambienti. Il vuoto del minimalismo può essere interpretato come leggero dal punto di vista formale, pesantissimo da parte della trasformabilità e personalizzazione d'uso. Ambienti finiti, in cui qualsiasi gesto d'uso è trasgressione progettuale. Se tradizionalmente fare pesante è sinonimo di resistenza e fare leggero di fragilità, la ricerca materica dell'ultimo secolo si è concentrata sull'ipotesi opposta, ricercare forme, intrecci, polimeri, ricomposti, in grado di sostituire i materiali tradizionali nel loro resistere agli sforzi. La ricerca del fare leggero e resistente nel design contemporaneo, per anni è stata rappresentata dal limite strutturale delle esili strutture delle sedie. Dalla *Superleggera* di Gio Ponti alla *Bertoia* della Knoll, le forme esili in legno di frassino e il sottile filo di metallo inox intrecciato, si contrappongono e rappresentano lo scontro tra tradizione e modernismo. Il fare leggero giunge oggi, con la digital fabrication, a sostituire le esperienze tipiche della manifattura analogica. Oggetti in cui gli intrecci tridimensionali, oltrepassano il progetto tipologico degli oggetti per realizzare forme astratte rispondenti ad un uso più strategico che pratico. Fare leggero o fare pesante, non è mai stato condizione generata dal peso del materiale, ma da come le forme resistenti si sono integrate tra di loro. La natura da sempre ci ha indicato e insegnato a strutturare i materiali in forme adeguate agli usi, ne è evidenza le nervature delle foglie più consistenti in regioni a pioggia battente e meno in quelle a precipitazioni moderate. L'uso cosciente dei materiali e tecnologie a disposizione non possono non tener conto dell'ambiente in cui gli oggetti andranno a svolgere la propria funzione, inducendo ad un fare leggero più incentrato al rispetto dei fattori etici e sociali, che a quelli prettamente materici.

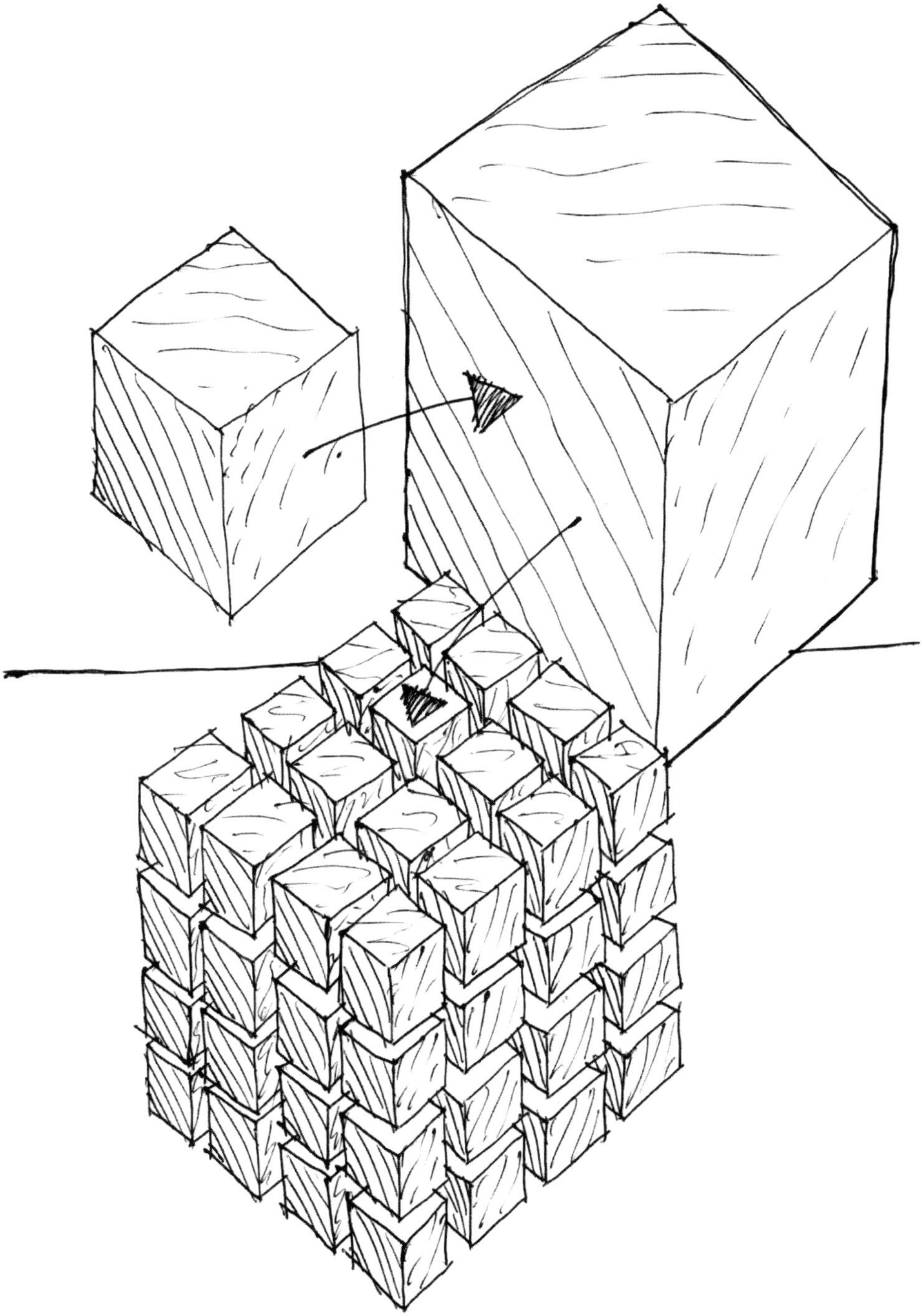

Making heaviness, making lightness

Making something light or heavy corresponds to the variation of more than a single characteristic. Sensory perceptions overlap with objective physical values, often linked to interpretative habits or generated by the implicit and explicit forms and messages of the product. If it is true that the messages deliberately designed to increase the appeal or understanding of the use of the product, are more incisive than those inferred, intended as direct knowledge due to one's own know-how, it is also true that they can generate signals which contrast with the general sense of things. Ceramic is more fragile than iron which in turn is more malleable than steel. Concrete facts that lead to the interpretation of a ceramic knife or a glass hammer as unusual which, if proposed, allow you to attract the attention of anyone in their material anomaly.

In our way of reading shapes, one hundred kilos in a cubic decimetre are less heavy than one hundred kilos in a cubic metre. Like a thousand kilos in a cubic metre, they are heavier than a kilo per thousand cubic decimetres. The concentrated or dilated weight and the decomposed weight are factors that personalize the interpretation of one's gaze. A plane on the ground is heavier than one in flight, highlighting the contrast between objective and emotional interpretation. Custom is the factor that determines formal consciousness and its variation is capable of generating restlessness or wonders. From advertising to art, the emotional aspects of material alterations have always been areas of experimentation. The soft watches by Salvador Dalì, in their dualism between rational and irrational and the search for opposites, or the balloon dogs by Jeff Koons, oversized animals finished with transparent colour on a polished stainless steel structure, are refined, light works, where material extravagance inspires attraction in the even less attentive observer. It is a short step from art to creative recycling, but in this case we are talking about a completely different lightness, linked to a conscious gesture – more emotional than useful.

Light heaviness or heavy lightness are the antithesis of a different way of experiencing objects and environments. The emptiness of minimalism can be interpreted as light from a formal point of view, very heavy in terms of transformability and customization of use. Finished contexts, in which any gesture of use is a design transgression. If traditionally making heaviness is synonymous with resistance and making lightness with fragility, the material research of the last century has focused on the opposite hypothesis, searching for shapes, weaves, polymers, reassembled, able to replace traditional materials in their resistance to over-exertion. The quest for lightness and resistance in contemporary design has been represented for years by the structural limit of the slender structures of the chairs. From Gio Ponti's *Superleggera* to Knoll's *Bertoia*, the slender shapes in ash wood and the thin interwoven stainless steel wire contrast and represent the clash between tradition and modernism. Today, making lightness involves digital fabrication, to replace the typical experiences of analogue manufacturing. Objects in which three-dimensional intertwining goes beyond the typological project of the objects to create abstract forms, responding to a more strategic than practical use. Making light or making heavy has never been a condition generated by the weight of the material, but by how the resistant shapes are integrated with one other. Nature has always indicated and taught us to structure materials in forms suitable for use, as evidenced by the veins of leaves which are more consistent in regions with heavy rain and less in those with moderate rainfall. The conscious use of materials and technologies available cannot fail to take into account the environment in which the objects will perform their function, leading to a light approach that is more focused on respecting ethical and social factors than on purely material ones.

2022

Goccia dopo goccia

Centocinquant'anni di ecologia e ambientalismo, hanno evidenziato le molteplici contraddizioni generate dalla necessità di progredire e difendere l'ambiente. In questa storia infinita, piena di colpi di scena e cambio di prospettive, l'ambiente è una scenografia dinamica e esaltante, ideale per aggiungere spettacolarità alle azioni, piacevoli o terribili, dei protagonisti. Metafora, quella della vita come un film, idonea a disimpegnare la nostra coscienza rispetto al progressivo degrado ambientale. Le immagini, sia quelle più naturali, sia quelle artificiali, sono legate ad un immaginario collettivo sempre più effimero, in cui la distanza con i veri problemi dell'ecosistema si acuiscono progressivamente. In questa sceneggiatura, siamo tutti spettatori, comparse e protagonisti e le azioni dei singoli si intrecciano con quelle più resilienti di un sistema globale malato, legato alla necessità di spingere una economia non più in grado di mediare tra le due visioni contrapposte. Le singole sequenze, ovvero le gesta della quotidianità, tra azioni di riciclo, riuso, salvaguardia e risparmio, solo per citarne alcune, sono sempre più la punta di un iceberg immenso e difficile da governare.

Lo scopo di questi modi di fare è contribuire a costruire un giudizio collettivo indispensabile a generare resistenza, ipotizzando e attuando soluzioni ai problemi ambientali più prossimi alla salvaguardia dello stile di vita acquisito. Goccia dopo goccia, si scavano le montagne e il design, in questo contesto, ha contribuito moltissimo a diffondere una immagine positiva e utile alla guerra quotidiana contro lo spreco. Dallo smaltimento differenziato alle plastiche biocompatibili, dal chilometro zero alla tutela della biodiversità, dal risparmio energetico a quello dell'acqua potabile, sono stati costruiti prodotti e soluzioni che hanno avuto credibilità e successo, per un breve o lungo periodo, sottoposti alla positività della proposta e allo sconforto prodotto dalle immagini generate dalla globalizzazione selvaggia. Difficile pensare al riciclo della carta come azione eco-indispensabile se immersi nelle terribili sequenze dell'Amazzonia in fiamme. La nostra coscienza, tra scelte ideologiche e imposizioni legislative, ha bisogno, in fasi alterne, di risultati tangibili e futuribile creatività. Trasformare l'eccezionalità del gesto in buona abitudine, deve concorrere a generare una gratificazione plausibile e equipollente, oppure deve necessariamente essere legato ad una sua semplificazione.

In questo senso, se le motivazioni etiche non sono sufficienti a motivare le necessarie trasformazioni sociali, utilizzare il cestino pubblico in un parco deve diventare più facile che gettare il rifiuto per terra, ridurre il consumo di acqua durante una doccia, deve essere legato alla capacità di potenziare la sua azione di beneficio sulla pelle, all'utilizzo dei mezzi pubblici deve corrispondere una adeguata frequenza, economicità o gratuità. L'acqua potabile domestica, ad esempio, è una porzione minima rispetto a quella utilizzata in agricoltura e nell'industria, una goccia rispetto al mare. Il cittadino si fa carico, tramite le sue tariffe, della necessità di non incrementare drasticamente il suo costo per queste attività, a favore di un prodotto sempre a disposizione. Sarebbe indispensabile corrispondere a questa azione, a volte inconsapevole, prodotti sani, eco-compatibili e eticamente corretti. L'industria, tramite l'evoluzione dei materiali, delle tecnologie e dei sistemi di controllo sempre più adeguati, sta progressivamente rispondendo a questa necessità. Il sistema delle convivenze, tra aree fortemente, moderatamente e debolmente antropizzate, guarda alla rigenerazione e alle nuove tecnologie connettive, come ulteriore passaggio a uno stile di vita adeguatamente compatibile. Al design, rimane l'onere di continuare a generare semplificazioni, positività e credibilità alle singole buone azioni quotidiane.

Goccia dopo goccia / Drop by drop.

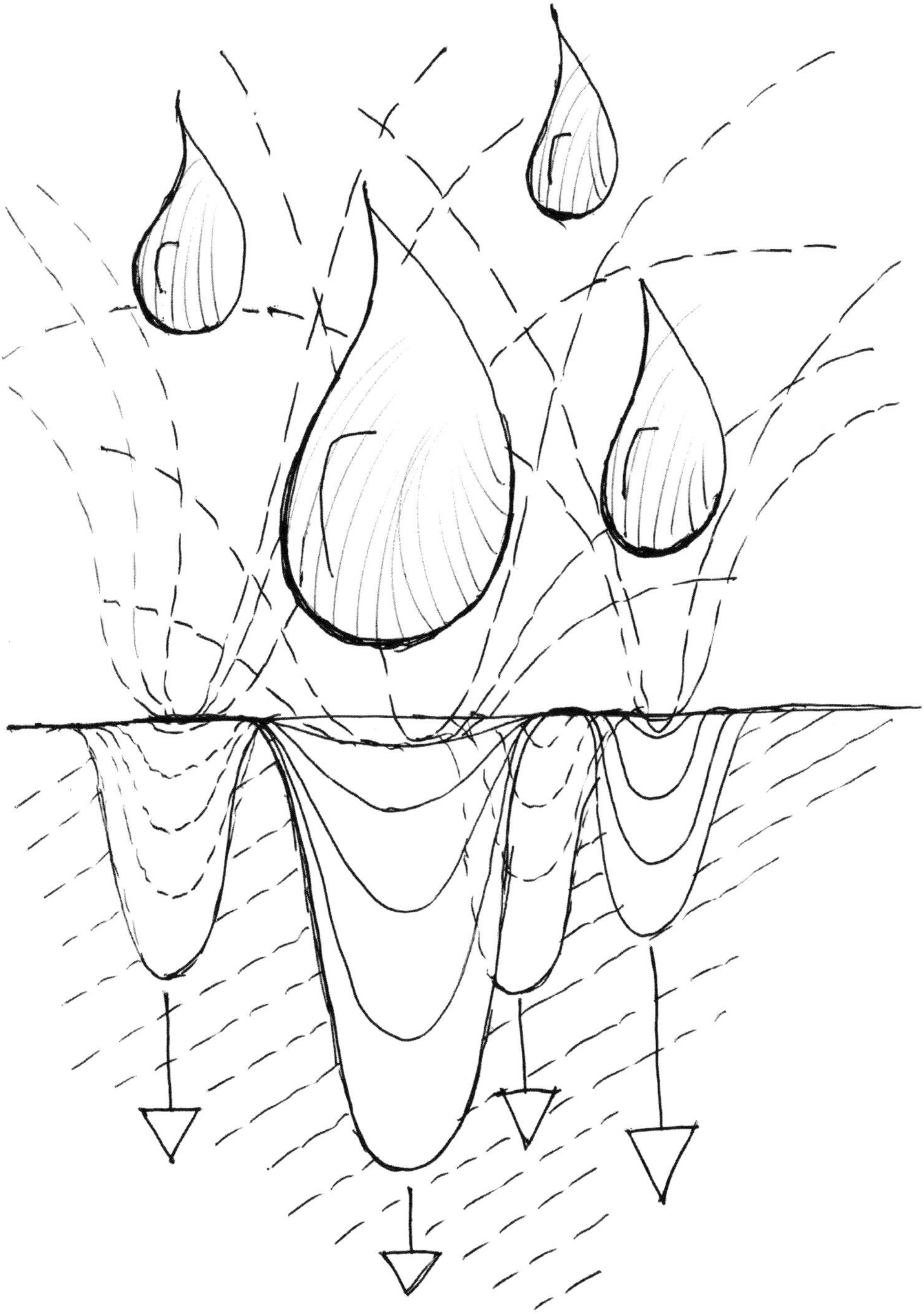

Drop by drop

One hundred and fifty years of ecology and environmentalism have highlighted the many contradictions generated by the need to progress and defend the environment. In this never-ending story, full of twists and turns and changing perspectives, the setting is a dynamic and exciting setting, ideal for adding spectacularity to the actions, whether pleasant or terrible, of the protagonists. Metaphor, that of life as a film, suitable to disengage our conscience from the progressive environmental degradation. The images, both the most natural and artificial ones, are linked to an increasingly ephemeral collective imagination, in which the distance from the real problems of the ecosystem is progressively sharpened. In this script, we are all spectators, extras and protagonists and the actions of the individuals are intertwined with the most resilient ones of a sick global system, linked to the need to push an economy that is no longer able to mediate between the two opposing visions. The individual sequences, or the deeds of everyday life, such as recycling, reuse, safeguarding and saving, just to name a few, are increasingly the tip of an immense iceberg, that is difficult to govern.

The purpose of these methods is to help build a collective judgement, essential in generating resistance, hypothesizing and implementing solutions to environmental problems closest to safeguarding the acquired lifestyle. Drop by drop, mountains are being excavated and design, in this context, has contributed greatly to spreading a positive and useful image in the daily war against waste. From differentiated disposal to biocompatible plastics, from zero kilometre to biodiversity protection, from energy saving to drinking water, products and solutions have been created that have achieved credibility and success, for a short or long period, subjected to the positivity of the proposal and to the discomfort produced by the images generated by wild globalization. It is difficult to think of paper recycling as an eco-essential action if immersed in the terrible sequences of the Amazon in flames. Our conscience, between ideological choices and legislative impositions, needs, in alternating phases, tangible results and future creativity. Transforming the exceptional nature of gesture into good habit must contribute to generating a plausible and equivalent gratification, or it must necessarily be linked to its simplification.

In this sense, if ethical reasons are not sufficient to motivate the necessary social transformations, using the public trash can in a park must become easier than throwing waste on the ground, reducing water consumption during a shower, must be linked to capacity to enhance its beneficial action on the skin, the use of public transport must correspond to being adequately frequent, affordable or cost-free. Domestic drinking water, for example, is a minimal portion compared to that used in agriculture and industry, a drop compared to the ocean. Through their tariffs, citizens take on the need not to drastically increase costs for these activities, in favour of an ever-available product. It would be essential to match this sometimes unconscious action with healthy, eco-compatible and ethically correct products. The industry, through the evolution of materials, technologies and increasingly adequate control systems, is gradually responding to this need. The system of cohabitation, between heavily, moderately and weakly anthropized areas, looks to regeneration and new connective technologies, as a further step towards an adequately compatible lifestyle. Design remains with the burden of continuing to generate simplifications, positivity and credibility to individual good daily actions.

qb

Un pizzico, un pugno, mezzo bicchiere, una tazzina di caffè, sono i termini di misura di alcuni ingredienti per le dosi di molte ricette. Con la diffusione del cucinare come pratica condivisa, i ricettari hanno preferito, in molti casi, sostituire alle misurazioni per paragoni, basati sulla pratica individuale, il peso inteso come il più adeguato metodo per definire la giusta quantità degli alimenti in gioco. In molti casi anche i liquidi vengono tramutati in grammi. Questa è l'interpretazione di chi, come me, guarda con relativa attenzione le numerose trasmissioni di cucina giornalmente in onda. È palese che pesare, determina la corretta quantità, ma evidenzia la totale mancanza di fiducia nell'interpretazione e personalizzazione del neo cuoco, cui inizialmente non viene lasciata la possibilità di variare e anche di sbagliare. Si sa che cambiare strada, in molti casi, determina inizi d'innovazione. La normalizzazione, è il temine più idoneo a descrivere il fenomeno ed è sicuramente uno dei metodi per il perseguimento della qualità, intesa come il grado di rispondenza del gesto o dell'oggetto all'uso predefinito. L'efficienza, invece è la costanza con cui il risultato atteso viene raggiunto.

La regolarità nel realizzare una pietanza, che corrisponde a fissare il sapore e gusto del prodotto, è insita nella ricerca di omologazione dell'esperienza che molti avventori desiderano, ed è implicita nella ripetibilità della ricetta, al di la della qualità giornaliera e stagionale degli alimenti che in essa entrano in gioco. Ogni piatto deve avere un qualcosa che permette di gestire questo aspetto, un elemento, un tocco, si sarebbe detto una volta, in grado di stabilizzare il sapore e di conseguenza il mercato del gusto. Le spezie hanno in molti casi questo compito, coprire le mancanze e variazioni naturali dei componenti primari. Aspetto, quello dell'omologazione del gusto, ben espresso da Alessandro Baricco in un suo approfondito brano, pubblicato in *I barbari*, dove descrive le richieste di fissità del gusto che affligge il mercato internazionale dei vini. L'uso della preparazione di una pietanza, come paragone alle fasi di sviluppo di un progetto di design, non è nuovo, basti pensare alla metafora del "riso verde" di Bruno Munari, ma è ancora in grado di evidenziare come nel progetto la diffusione di certe regole e normative, ha assunto nel tempo priorità rispetto alla trasgressione congenita delle azioni di sperimentazione. L'abitudine al consueto, alla giusta dimensione, non deve essere il pretesto per scaricarsi di dosso le responsabilità del risultato. Ci troviamo di fronte, ad esempio, un numero esagerato di sedie per ufficio che per effetto delle regole ergonomiche e staticità del gusto estetico, sono identiche, non tanto nell'immagine, ma nell'uso, tagliando di fatto, quella costante evoluzione tipologica che ha caratterizzato la metamorfosi dei prodotti tipici del Made in Italy.

Le dimensioni corrette sono quindi scorrette se si tramutano in ostacolo al cambiamento. Potremmo tornare a progettare oggetti e ambienti QB idonei ai loro scopi. Realizzare una sedia robusta tanto quanto basta agli usi propri e impropri ad essa congeniti, una camera ampia quanto basta ad accogliere, una, due o più persone, una finestratura grande quanto basta per illuminare e arieggiare un ambiente, un sedile posteriore di un'automobile largo tanto quanto basta ad alloggiare tre utenti, un vano ascensore idoneo quanto basta per essere utilizzato da chiunque, con o senza ausili alla mobilità. Potremmo in definitiva essere considerati esperti, nel vero senso della parola, nel fare qualcosa nel modo giusto e nel rispetto delle esigenze del gesto, oggetto e luogo. Richiesta lecita che presuppone "resistenza al consueto". La definizione di limite minimo non sembra spaventare, appare sensato, ma cosa succederebbe se oltre ai minimi si iniziassero a diffondere prescrizioni alle dimensioni massime delle cose, se hai limiti di velocità, positivi e necessari ma che tanto hanno fatto discutere, si affiancassero, per esempio, norme energetiche, legate alla energivorità delle cose, che delimitassero gli spazi massimi del vivere.

QB.

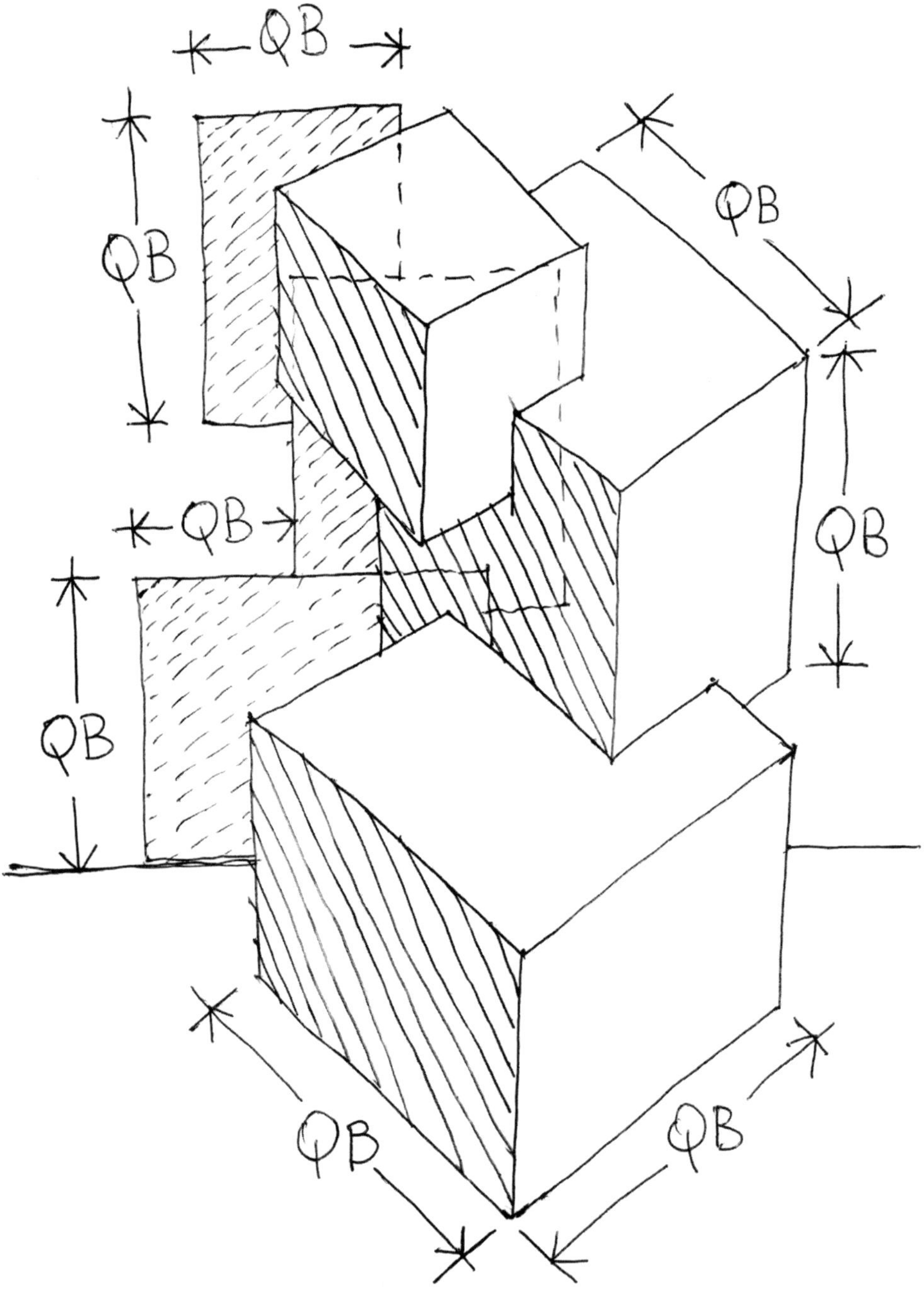

qb

A pinch, a handful, half a glass, a coffee cupful: all are terms for the measurement of certain ingredients in many recipes. With the spread of cooking as a shared activity, cookbooks have preferred in many cases, to replace measurements by comparison, based on individual practice, weight being considered the most adequate method for defining the proper amount of the ingredients involved. In many cases, even liquids are converted to grams. This is the interpretation of those who, like me, view with relative interest the many cooking demonstrations available online. It is clear that weighing will guarantee the correct amount, but it reveals a total lack of trust in the interpretation and personal touch of the cook just starting out, who is not even given a chance, at the outset, to change anything, much less to make a mistake. We know that in many cases, trying something different leads to innovation.

Standardization, which seems the best way to describe this approach, is certainly one of the methods of pursuing quality, seen as the degree to which the gesture or objects fills a predefined need. Efficiency, on the other hand, is the ability to repeat the same result constantly. Regularity in the production of a dish, which means fixing the flavor and aroma of the product, is implicit in the search for the standard of experience that many diners are looking for, and is fundamental for the repeatability of the recipe, beyond the daily and seasonal quality of the ingredients in play in it. Every dish must have a certain something that makes it possible to manage this aspect, an element, a touch, we used to call it, able to establish the flavor and thereby target its specific taste market. Spices serve that purpose, in many case, covering shortcomings and natural variations in the primary ingredients. This is an aspect – the approved and expected flavor of a food – that is well expressed by Alessandro Baricco in one of his thoughtful essays, published in *I Barbari*, where he describes the demands of fixed flavor that afflict the international wine market. The use of the preparation of a dish as a metaphor for the stages of development of a design project is not new, we need only think of Bruno Munari's "green rice problem", but it is nonetheless revelatory of how in design, the application of certain rules tends to become mandatory, and over time acquires priority with respect to the transgression congenital to any action of experimentation. The habit of the usual, the right size, should not be the pretext for neglecting our responsibility for the outcome. We find ourselves, for example, with a ridiculous number of office chairs that, by effect of ergonomic considerations and the static nature of esthetic taste, are identical, not so much in appearance but in use, effectively blocking that constant structural evolution that has always characterized the metamorphosis of the typical products bearing the "Made in Italy" label.

Correct measurements are therefore wrong if they become an obstacle to change. We could go back to designing QB objects and environments suited to their purpose. Designing a chair that is sturdy enough for the proper and improper uses ordinarily made of it, a room large enough to hold one, two or more people, a window large enough to allow light and air into a room, the back seat of a car wide enough for three people, an elevator car appropriate for access by anyone, with or without aids to mobility. We could, in short, be considered experts, in the true sense of the word, just for doing a thing right in respect of the gesture, object and place. It is a reasonable demand that takes "resistance to the ordinary" for granted. The definition of minimum limits does not seem to bother anyone, apparently making perfect sense, but what would happen if in addition to the minimums we began to set limits on the maximum dimensions of things? When you have speed limits, which appear to be positive and necessary, everyone gets riled up about them. Suppose, for example, we were to set energy limits, based on the energy-demands of things, or limits on the maximum age of human life.

I materiali culturali

La genesi di un'azione progettuale che produce o trasforma oggetti e ambienti o semplicemente modifica i loro modi d'uso, diversamente da quello che generalmente ipotizziamo, non ha iniziato la sua evoluzione esclusivamente nel periodo del contemporaneo, meglio identificato come quello della rivoluzione industriale, al contrario troviamo notizie e esempi che risalgono a tempi non sospetti. Al di là delle necessarie precisazioni intorno allo sviluppo del termine design, le preoccupazioni e le azioni collaterali al realizzare e diffondere un prodotto o servizio, sono insite in ogni epoca. In tal senso il realizzare cose, è stato fin dall'inizio legato all'individuare e rispondere alle sollecitazioni dell'ambiente ma contemporaneamente ha sempre fabbricato bisogni. Agli aspetti funzionali, dimensionali, materici, tecnologici, sono perennemente stati abbinati requisiti derivanti dai sistemi di vendita dei prodotti, dall'uso progressivo dei mezzi di comunicazione, dalla crescita dell'importanza dell'appartenenza sociale e del conseguente valore aggiunto. Nel baratto, ad esempio, si applicavano valutazioni di merito del prodotto scambiato, l'uno per uno non è mai stato considerato un sistema equo. Il commercio è antico come il mondo, ed anche gli aspetti legati alla diffusione dell'immateriale come merce, sono riscontrabili in molte azioni del passato.

Se ci basiamo esclusivamente sulla funzione, il prodotto deve necessariamente comunicare se stesso, far intendere chiaramente al suo possibile acquirente, cosa può fare e come. Se un artigiano apparteneva ad una corporazione, come nel Medioevo, al prodotto aggiungeva un messaggio indotto, che lo raffigurava come parte di un sistema in continua evoluzione, in grado di innovare e proteggere la maestria acquisita. Ciò detto, programmato o no, era evidente l'uso del concetto di identità e unicità. Messaggio conciso a cui corrispondeva nel mercante la convinzione di essere nel posto giusto per selezionare il meglio di quel determinato bene. I racconti abbinati ai prodotti, gli odierni storytelling, oltrepassavano i confini e richiamavano nei siti di produzione compratori che intraprendevano lunghi viaggi, nella certezza che il messaggio ricevuto avesse la sua validità e credibilità. Un vero e proprio supermercato specialistico diffuso, un "mercato naturale", che tanto occasionale non era, visto il grado di controllo, efficacia e rispetto delle regole di appartenenza. Spostandoci in ambito alimentare, nello stesso periodo, ad esempio, l'uso delle spezie era un vero e proprio status symbol. Esse non servivano solo a conservare o migliorare il sapore del cibo o a stimolare i succhi gastrici, ma ad evidenziare la ricchezza non solo economica ma di valenza culturale del proprietario, aprendo la strada ad una precoce semiotica gastronomica.

Nell'antica Roma le aziende di lucerne apportavano il loro marchio nei prodotti e a Pompei gli spazi vendita erano quasi sempre evidenziati da insegne che ne tracciavano il prodotto o servizio promesso. I materiali culturali, legati alle professioni e luoghi, alla tradizione, alla capacità di trasferire e proteggere esperienze, alla necessità di giustapporre messaggi in grado di semplificare la definizione e diffusione del concetto di qualità, intesa non solo come "idoneità all'uso", co-esercitano la loro pressione e importanza nella produzione di oggetti, servizi, eventi, dal momento in cui gli utensili e spazi costruiti, sono apparsi nella nostra evoluzione sociale. Che il territorio sia reale o virtuale, le relazioni con le azioni in esse sviluppabili, sono sempre state di fondamentale importanza. Facebook, twitter, ancora oggi evidenziano le stesse prerogative, identificare modi d'uso, costruire comunità, definire regole, vendere "spazi" e servizi, informazioni e anche illusioni. La necessità di abbinare immagini a messaggi verbali, dai simboli sacri, alle rappresentazioni iconoclastiche, è l'evidenza che nessun prodotto, reale o virtuale, può fare a meno di raffigurare il pensiero ad esso collegabile. Le azioni di comunicazione, in ogni epoca, tendono a questo, confermare e fissare i propri interessi, sensazioni e desideri.

I materiali culturali, nell'accezione contemporanea, costituiscono la parte di pensiero che genera un immaginario condivisibile e personalizzabile. Non è un caso che le antiche giare, siano diverse per dimensione e forma a seconda del luogo di origine. La dimensione dipende dalle strade e mezzi di trasporto utilizzabili. La presenza o meno di maniglie ne indica il tipo d'uso e il numero di persone impegnate nell'azione, ma contemporaneamente la forma indica anche la conformazione del territorio di appartenenza, più piccola in montagna, più ampia se vicino al mare. D'altronde un asino non è una barca.

"Un luogo, un'azione, un contenitore" / "Place, action, container".

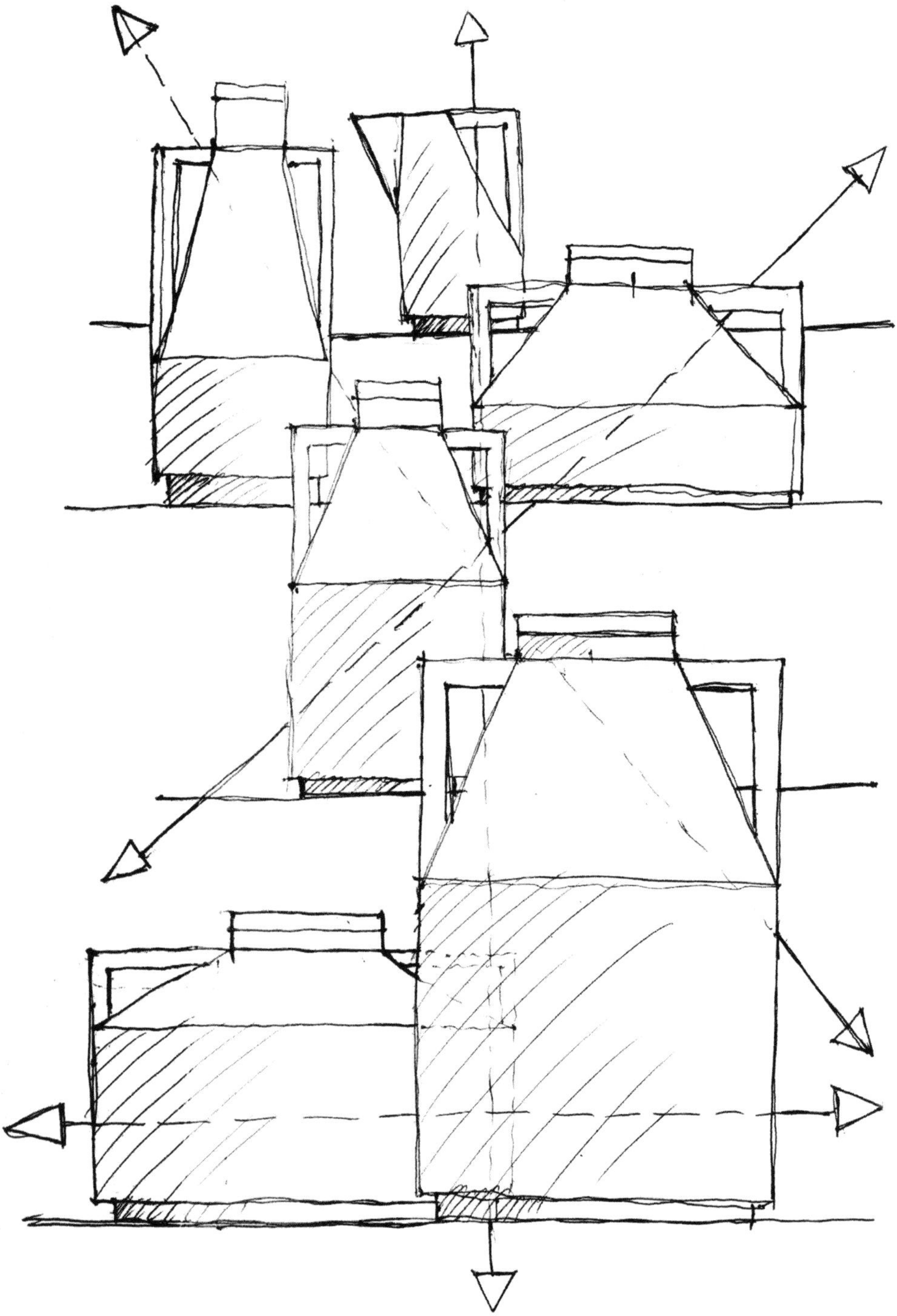

Cultural materials

The genesis of a project that produces or transforms objects and places, or simply alters the ways in which they are used, differs from what we generally expect it to be. Its evolution does not start exclusively in the contemporary period that we know as the industrial revolution but, on the contrary, we are able to find hints and examples going back to much earlier times. Aside from the necessary specification around which the term design develops, the considerations and actions collateral to the realization and spread of a product or service are inherent in every epoch. In this sense the realization of things has always been attributed to their identification and as a response to the demands of the environment which, at the same time, however, continues to produce new needs. Requisites relative to the way in which products are sold, the increasing use of a range of means of communication, the importance of social standing and added value consequent to ownership are incessantly matched with the functional, dimensional, textural and technological aspects of the products themselves. In trade, for example, we apply assessments of merit to the product traded, one for one was never considered to be a fair system. Trade is as old as the world, and so are the aspects linked to the spread of intangibles as goods – this can be seen in many actions of the past.

If we base our reasoning exclusively on function, the product must necessarily communicate itself, make the possible buyer understand clearly what it can do and how. When artisans belonged to guilds, as in the Middle Ages, their products were expected to convey an implicit message, that configured them as part of a continuously evolving system, capable of innovating and protecting the professional mastery acquired. That said, programmed or not, the value of the concept of identity and uniqueness was obvious. The message was concise and confirmed, for the buyer, the conviction of having to be in the right place to select the best of that particular good. The stories that grew around products, what we now call storytelling, extended beyond borders and invited buyers to visit production sites, embarking on long voyages, with the certainty that the message received was valid and credible. The world, then, was a sort of enormous specialized supermarket, a "natural market", though far from unregulated, in view of the level of control, efficacy and respect of the rules of membership. In the food sector, for example, the use of spices was a very real status symbol. They did not serve only to preserve or improve the flavor of foods, or to stimulate the gastric juices, but to underscore the wealth, not only economic but also cultural, of their owner, opening the way to precocious culinary semiotics.

In ancient Rome, the producers of lanterns put their trademark on their products, and in Pompeii the shops were always marked by signs that indicated the product or service provided. The cultural elements, which linked skills to particular locations or traditions, prompted developments in logistics and the creation of systems for the transmission and protection of specific knowledge, juxtaposing messages that would eventually simplify the definition and spread of the concept of quality, seen not merely as "fitness for use". Merchants learned to join forces to secure the production of objects, services, events, from the time in which built spaces and tools began to appear in our social evolution. Whether a place is real or virtual, the relationships with actions that can be developed in them have always been fundamentally important. Facebook, twitter, etc., reveal the same prerogatives even now: to identify types of use, build communities, define rules, sell "spaces" and services, information and even illusions. The need to combine pictures to verbal messages, be they sacred symbols or iconoclastic representations, is proof that no product, real or virtual, can have success without illustrating the thought process to which it can be linked. Advertising actions, in every epoch, do just that: confirming and fixing our interest, sensations and desires.

Cultural materials, in the contemporary mind, are the part of thought that generates a sharable and customizable imaginary world. It is no coincidence that ancient amphora differed in size and shape depending on the place of their origin. The dimensions depended on the availability roads and means of transportation. The presence or absence of handles indicated the type of use and the number of people involved in the action, but at the same time the shape also indicated the morphology of the land from which they came, small in mountainous countries, larger near the sea. Because, after all, a donkey is not a boat.

Progettare è extra ordinario

L'ordinario, prima ancora che nell'aspetto delle cose, è ravvisabile nei comportamenti delle comunità. La normalità di alcuni modi di fare, usi e consumi, può essere considerata tale in alcuni ambienti e non in altri. Il consueto, il giornaliero, la routine, i riti ripetuti, sono la normalità e lo straordinario è spesso riconosciuto come la distanza da essa. La ricerca della diversità, del distacco dal quotidiano, di nuove esperienze, è lo stimolo al viaggio, reale o virtuale che sia. Cercare diversità per sperimentare o confermare, per distaccarsi o rivalutare le proprie tradizioni, per rassicurarsi sull'utilità di certi modi di fare, di apparire, per gestire la propria esistenza. Lo stereotipo come base, regole scritte o semplicemente condivise, come livello da cui muoversi verso la diversità.

La moda e il cibo, tra tutti gli ambiti possibili, sono esempi che permettono di evidenziare l'alterazione del consueto senza necessariamente risultare aggressivi. Esperienze occasionali, temporali, in cui ibridare il proprio vissuto con l'altro, con l'esotico e lo sconosciuto. È il concetto di permanenza, di trasformazione radicale, di distanza eccessiva dalle consuetudini, che spesso disturba e che determina il rigetto momentaneo o duraturo alla trasformazione in atto, pur nella sua eventuale positività e utilità. È evidente che le modificazioni del gusto, inteso in senso ampio, hanno necessità di essere riconosciute, di essere diffusibili, per cui una moda lo è davvero, quando ad essa viene abbinato un termine che la contraddistingue.

Vestirsi di nero, con oggetti metallici a corredo, capelli colorati e scarponi esagerati ai piedi, sarebbe una descrizione molto complessa da utilizzare, ma essere punk è diventato questo, al di là delle valenze sociali e di controtendenza culturale che il movimento ha idealmente diffuso. Oggi, essere punk, sarebbe retrò, e anche questo termine è entrato di diritto nel nostro modo di tacciare, o meglio taggare, nuovi e vecchi comportamenti.

Lo straordinario ha quindi la necessità di essere definito tale per fare notizia, ha la necessità, appunto, di essere condivisibile e tracciabile rispetto al consueto. Ogni estate è l'estate più calda o più fredda, del decennio, del secolo o da quando abbiamo dati rilevabili. È la distanza da quel concetto di livello medio, che crea normalità vera o presunta. In tutto questo, dobbiamo affermare, che spesso non siamo in grado di rilevare lo straordinario positivo, più facile usarlo nel senso contrario. "La qualità si percepisce quando non c'è", è un modo di dire per dimostrare come sia difficile evidenziare gli aspetti che la possono certificare.

Riabituarsi a godere della diversità, dell'alterazione, della molteplicità delle immagini, dei generi musicali o tipi di performance, rivalutare la necessità di stimolare azioni di anti-omologazione, è necessario per considerare il "futuro" ancora possibile. L'innovazione come modificazione progressiva della normalità di guardare e gestire le cose. Lo straordinario inteso come evoluzione continua e non come esagerazione momentanea, come semplice gesto di distacco in grado di evidenziare messaggi, denunce sommerse e destare attenzione. Dal punto di vista teorico, extra-ordinario può corrispondere ad un gesto formale, un messaggio semantico, una innovazione tecnologica, una alterazione tipologica, una evoluzione delle prassi o modi di fare, etc., aspetti generati dall'evoluzione sociale, dalla scienza e dalle tecniche ad essa applicata.

Lo straordinario è sperimentazione pura, un modo di progettare progresso, di ipotizzare un "futuro anteriore, un uso futurale delle cose", in grado di generare distrazioni alla normalità. Se progettare è azione attuale per una visione di futuro possibile, progettare è extra-ordinario.

Jacovitti geometrico / Geometrical Jacovitti.

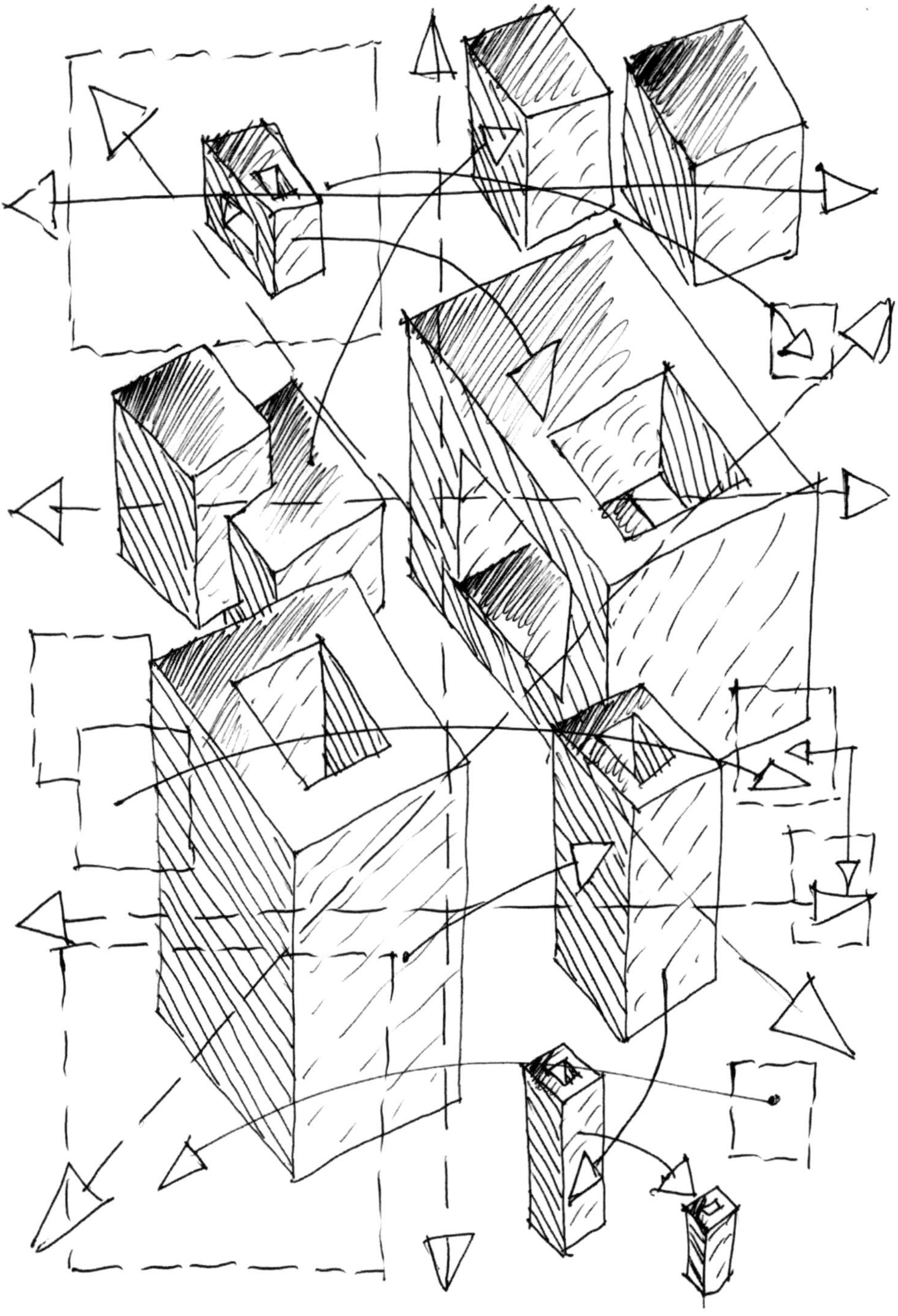

Designing is extra-ordinary

The ordinary, even before being observable in the appearance of things, can be seen in the behavior of communities. The normalcy of certain ways of doing things, usages and customs, can be considered as such in certain environments and not in others. The usual, the everyday, the routine, the repeated rituals, are what is normal and what is exceptional is often perceived as the distance from it to the other. The search for diversity, for detachment from the ordinary, the desire for new experiences are what stimulate us to take a trip, whether real or virtual. The search for diversity serves to explore or confirm, to detach ourselves or reassess our own traditions, for reassurance about the utility of certain ways of acting, of appearing, to manage our existence. The stereotype as base line, rules written down or simply shared, as the plain from which we move toward diversity.

Fashion and food, of all the possible sectors, are examples that enable us to highlight the alteration of the usual without necessarily being aggressive. Occasional experience, moments in which our lived experience mingles with the exotic and unknown. It is the concept of permanence of radical transformation, of excessive difference from the standard that often disturbs us and determines our momentary or lasting refusal of the transformation we see around us, even in any possible positive and useful aspects. It is clear that changes in taste, viewed broadly, need to be recognized, to be sharable, so that a fashion really becomes one, when it is matched to a word that distinguishes it.

Dressing in black, with metallic accessories, dyed hair and exaggerated boots on our feet would be a very complex description to use, but to be punk is to be this, beyond any social value and cultural countertrend that the movement has ideally spread. Now, to be punk would be retrò, and even this word has entered by right into our way of marking, or perhaps we should say "tagging" new and old behaviors.

What is extraordinary needs to be defined as such, in other words, in order to make news. It needs to be sharable and traceable with respect to the usual. Every summer is the hottest, or coldest summer of the decade, the century or since we have been keeping records. It is the distance from that concept of the average level that creates true or accepted normalcy. In all this we have to say that often we fail to notice what is extraordinary in a positive sense. It is easier to use it in the negative. "Quality is noticed when it is absent", is a commonplace that shows how difficult it can be to notice the elements that can certify it.

Getting used to enjoying diversity again, alteration and a multiplicity of images, musical genres or types of performance, re-evaluating the need to stimulate actions of anti-standardization, is essential to considering the "future" still possible. Innovation as the gradual change in the normal ways we observe and manage things. The extraordinary understood as continuous evolution and not as momentary exaggeration, as the mere gesture of detachment capable of revealing messages, submerged objections, arousing our attention. From the theoretical standpoint, extra-ordinary can refer to a formal gesture, a semantic message, a technological innovation, a typological alteration, an evolution of practices or ways of behaving, etc., aspects generated by social evolution, science, and the techniques applied to it.

The extraordinary is pure experimentation, a way to design progress, to theorize an "anterior future, a futuristic utilization of things", as a way to generate distraction from normalcy. If design is an action in the present for a possible future vision, designing is extra-ordinary.

Coerenti contraddizioni

Molto spesso mi capita di guardare oggetti bianchi, ricevendo la netta sensazione di essere di fronte a prodotti progettualmente non conclusi. Ovvero, che in essi risieda ancora lo stimolo a possibili variazioni. È sicuramente un mio punto di vista, e chiedendomi il perché, mi sono convinto che il bianco puro non è una scelta definitiva. Il bianco è acromatico, nella sua capacità di essere il risultato della somma dei colori dello spettro visivo. Un colore cannibale, che nasconde le infinite possibilità espressive del mondo circostante. Forse è il risultato della paura o rifiuto del foglio o tela bianca, su cui anche un piccolo segno impercettibile è sufficiente a eliminare l'ansia del vuoto. La prerogativa al colore, al decoro in genere, che le superfici consentono, anzi pretendono, è una condizione legata ai messaggi indotti e dedotti che gli oggetti, e quindi i progettisti, possono utilizzare per ampliare le sensazioni ricevibili dallo sguardo verso un oggetto. La grana stessa dei materiali, più o meno fine, nella sua capacità di usare l'ombra portata come effetto cromatico, corrisponde ad una ben precisa scelta. Come lo è anche l'uso del lucido, nella sua esaltazione dei riflessi, in grado di segnare e accentuare le forme curve. Se il bianco di Carrara, fosse semplicemente bianco, non avrebbe ottenuto il successo planetario che da Michelangelo in poi, gli è riconosciuto. In effetti il bianco di Carrara ammette molte varianti, e anche quello statuario, più nobile e ricercato, è la somma di ampie zone bianche e leggere sfumature grigie impercettibili, che unite ad una particolare e bassa rifrazione della luce, esaltano la maestria nello scolpire le forme.

Ombre e riflessi si comportano come cromie, e la loro gestione, la loro capacità di essere un decoro attivo, è pratica sottile che molto spesso viene dimenticata o lasciata al caso. Sappiamo che nelle fasi progettuali, anche la scelta del nome di un prodotto, può cambiarne il valore semantico e trasformare, o facilitare, le percezioni del fruitore, quindi, un colore non usato, un decoro mancato, per pura scelta intellettuale, generica e di stile, può togliere compiutezza al progetto. Il decoro, il colore, sono messaggi aggiuntivi a quello primario della forma e questo pensiero, contrasta con un'altra verità, che la forma è di sé stessa decoro. Lo stile o teoria dello *Streamline*, che genericamente vuol dire "snellire", aveva nell'affusolare, nel rispondere con la forma alle necessità aerodinamiche di un mezzo, un'apparenza funzionalista, ma nella realtà, applicata a molti oggetti statici, le forme generate non corrispondevano a specifiche richieste d'uso. Le sagome slanciate erano il decoro di un periodo in cui la tecnica cercava una immagine alternativa a quella dei tiranti e puntoni delle forme reticolari, che ancora oggi, basta osservare una scarpa Nike per convincersi dell'esattezza del pensiero, impera nell'immaginario del prodotto tecnologico.

Se la forma è decoro e il bianco non è una scelta definitiva, ci troviamo di fronte ad un dubbio cruciale, perché aspetti apparentemente in contrasto possono coesistere? Forse perché forma e colori nella loro forza espressiva possono essere considerati dello stesso peso in una composizione, oppure perché i contrasti, formali e ideologici, in genere si attraggono. Letture o posizioni considerate in contrasto, citando una pratica progettuale tipica di Alessandro Mendini, sono il limite di coerenti contraddizioni. La storia del design è ben intrisa di soluzioni contrapposte e sovrapposte, di carattere ideologico o economico, etico o commerciale. Aspetti che genericamente sono ben diffusi nelle discussioni e prassi legati al progetto e che rendono la scelta dei requisiti legati ai prodotti non sempre coerenti e lineari. Conflitti che entrano di diritto nella definizione di chi è e cosa fa un designer. A tale discussione possiamo rispondere con un semplice aneddoto, che se la pratica del progetto fosse facile da definire e limitare, forse non avremmo usato per definirla il termine "design".

Definito-indefinito / Definite-indefinite.

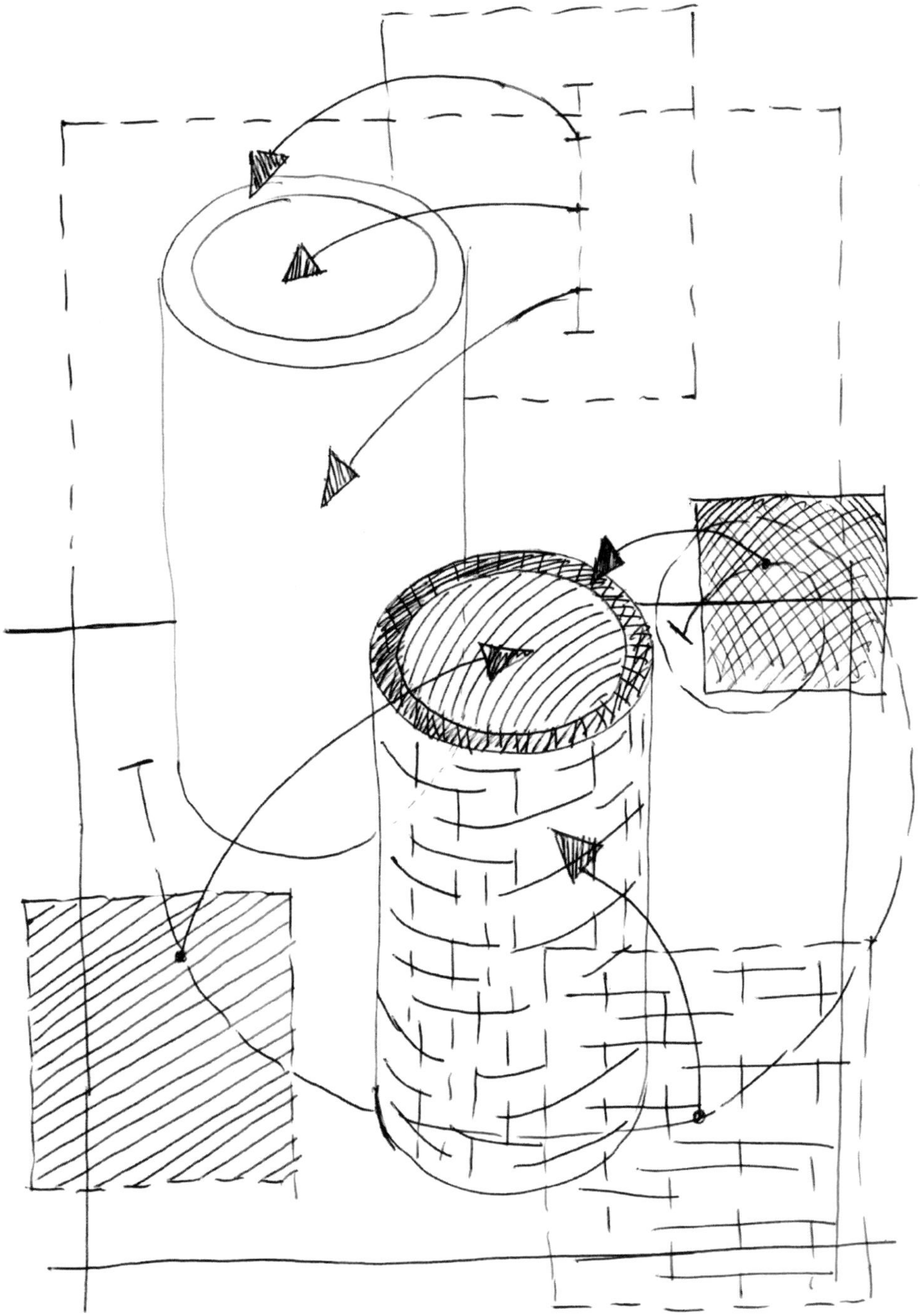

Coherent contradictions

I often find myself looking at white objects and receiving the definite impression of observing the results of incomplete projects. That is to say, there is still within the product the stimulus for possible variation. It is surely a personal viewpoint and, when I ask myself why, I simply don't believe that pure white is a final choice. White is the absence of color, in its ability to be the result of the sum of all the colors of the visible spectrum. It is a cannibal color, one that conceals the infinite expressive potential of the surrounding world. Perhaps it is dictated by fear or rejection of the white page or canvas, on which even a tiny imperceptible sign would be sufficient to eliminate the anxiety of emptiness. The prerogative of color, of embellishment in general, that surfaces allow, indeed, demand, is a condition linked to the inductive and deductive messages that the objects, and thus their designers, can use to amplify the sensations perceptible from looking at them. The very texture of the material, with its coarse or fine grain, its ability to use shadow to chromatic effect, are all responses to specific choices. The same is true for the use of gloss, its exaltation of reflection the degree of marking and accentuating curved shapes. If the white of Carrara marble were simply white, it would not have obtained the planetary success that, from Michelangelo on, it has achieved. Effectively, the white of Carrara marble has many variants, and even statuary marble, the most noble and sought-after, is the sum of ample zones of white and almost imperceptible, pale gray shadings that, particularly at a low level of light refraction, exalt the mastery of the artist in sculpting the shapes.

Shadows and reflections act like colors, and managing them, their ability to be an active decoration, is a subtle art that is often overlooked or left to chance. We know that, in the design stages, even the choice of the name for a product can change its semantic value and transform, or facilitate, the perceptions of the user. Thus a color not used, a decoration not applied by pure intellectual, generic and style choice, may detract from the completeness of the project. The decoration, the color, are messages beyond the primary information of the shape, and this thought contrasts with another truth, that the shape is itself an embellishment. The style or theory known as Streamlined, which generically means "sleek" and "tapering", by responding with its shape to the need of a vehicle to be aerodynamic, was apparently functionalist, but actually, when applied to numerous static objects, the shapes generated did not correspond to specific requisites of use. The sleek contours were the decor of a period in which technology was looking for an alternative image to that of the reticular pattern of tie rods and struts that we still see today. It is sufficient to look at a Nike shoe to convince oneself of this: it reigns in our conception of the technological product.

If shape is decoration and white is not a definitive choice, we find ourselves faced with a crucial doubt: how can such apparently contrasting aspects coexist? Perhaps because shape and color, in their expressive force, can be considered to have the same weight in a composition, or because contrasts, whether formal or ideological, in general attract one another. Interpretations or positions considered to be contrasting, mentioning a project tendency typical of Alessandro Mendini, are the limit case of coherent contradictions. The history of design is thoroughly drenched in contrasting and overriding solutions of an ideological or economic, ethical or commercial character. These are aspects that are generically widespread in the discussions and practices linked to the project and that make the choice of requisites linked to the products appear occasionally lacking in coherence and linearity. There are conflicts that enter by right in the definition of what a designer is and does. We can respond to the discussion with the simple observation that if the practice of the project were easy to describe and limit, perhaps we would not have used the word "design" to define it.

Wellness ambientale

Se oltre al wellness tradizionale, ovvero la ricerca del benessere in grado di armonizzare gli aspetti fisici e psicologici tra corpo e mente, tornassimo a contemplare quello ambientale, considerando come nella mitologia, il mondo come un organismo attivo e in grado di reagire o assorbire i danni provocati dallo stress generato dai fattori antropici, ci troveremmo a considerare le nostre azioni di programmazione territoriale in modo totalmente inverso. Dovremmo supporre che Gea, dea della terra, è soggetta a modificare il proprio comportamento in risposta alle sollecitazioni che noi generiamo, nel bene e male, con il nostro modo di operare. Cambiando prospettiva e prendendo a prestito il terzo principio della dinamica di Isaac Newton, per cui a ogni azione ne corrisponde un'altra uguale e contraria, appariremmo forse più pragmatici ma i risultati nella sostanza non muterebbero. Poetica o scienza che sia, siamo di fronte a problematiche conclamate che esigono un cambiamento repentino e non più differibili.

In questa prospettiva, può il design prendersi carico di cercare soluzioni alle lesioni traumatiche inflitte ai territori da una sbagliata e reiterata attività di programmazione urbana? Può la definizione di un corretto e ideale wellness ambientale, costituire stimolo alla costruzione di pratiche, procedure e modi d'uso del territorio idonei a lenire il senso di insicurezza che pervade larga parte delle nostre comunità? Il design, seguendo la regola del problem solving, analizza e cerca di dare buone soluzioni ai bisogni del mercato e dei consumatori, al contrario, molto spesso le soluzioni tecniche ai pericoli ambientali, costituiscono loro stesse ferite profonde ai territori. Invadere terre morbide, spostare corsi d'acqua, rompere la continuità superficiale resiliente delle aree verdi, contribuisce a modificare la risposta dei luoghi a specifici e anomali eventi naturali. Una pur piccola ferita superficiale è il punto più frequente per la diffusione di una infezione sottocutanea, così l'indifferenza nel modificare l'ordine armonico delle complesse strutture naturali, comporta reazioni imprevedibili e inevitabili. Meglio prevenire o curare?

L'aspetto più incoerente nel caso di disastri naturali in ambito urbano, è la decisione di non tentare di invertire il processo e di non rigenerare lo stato modificato. Esistono nella storia umana molti esempi di luoghi in cui disastri inaspettati, hanno consigliato di abbandonare i luoghi e cercarne di più idonei. È evidente che questo coincide con l'accettare l'errore e determinare le responsabilità, incombenze politiche difficili da assumere che determinano inamovibilità e il concreto rischio di ripetibilità dell'evento. In questi casi interviene il cambiamento climatico che da fattore primario, si trasforma e si personifica nel Signor Malaussène, che la penna di Daniel Pennac dipinge come capro espiatorio per lenire le controversie nel grande magazzino di Belleville, ma come in quel romanzo si ipotizza, l'insoddisfazione, la rabbia, sono solo momentaneamente accantonati, dietro azioni e promesse molto discorsive e poco pratiche. L'errore nel giudizio o nella valutazione è parte integrante della ricerca scientifica, quello che non si accetta e ripetere l'esperienza senza individuare ipotesi che possano creare risultati diversi e positivi. Diffondere le informazioni, condividere i risultati, evidenziare i fattori di rischio, fanno parte del processo. Cosa dire dei risultati ottenuti nei comportamenti ambientali da una puntuale, costante e reiterata informazione che utilizza il catastrofismo a scopi di pura demagogia? Il rischio intellettuale fa parte del naturale modo di procedere, e le fasi di progetto, nella loro circolarità e infinita ripetibilità, ne evidenziano l'esistenza.

Senza intraprendere un viaggio difficile nell'interpretazione e valutazione delle nuove norme ambientali, che la legislazione sul controllo del territorio sta progressivamente introducendo, ci si rende conto che esse sono applicabili più facilmente alle nuove trasformazioni e poco incidono sulle modifiche del costituito. Quindi è evidente, che l'unica possibilità di stimolare azioni concrete immediate è costruire una coscienza ecologica intrisa di consapevolezza dei rischi reali e vulnerabilità dei luoghi, in cui lo spostare in avanti le scelte definitive non sia considerato solo dal punto di vista delle responsabilità oggettive ed economiche. Considerare gli aspetti psicologici e formali che le soluzioni ai disastri ambientali generano nella comunità, corrisponde a non accettare che la soluzione del rischio sia un aspetto puramente tecnico. Valutare la relazione stretta che esiste tra fatti gravi e le relative perdite e traumi permanenti individuali e sociali, deve assumere il valore di requisito di base, in cui l'arte e la sensibilità progettuale possono incidere profondamente, come il *Cretto* di Burri a Gibellina e il nuovo viadotto San Giorgio, in sostituzione del ponte Morandi a Genova, possono e devono insegnare.

Uguale e contrario / Equal and opposite.

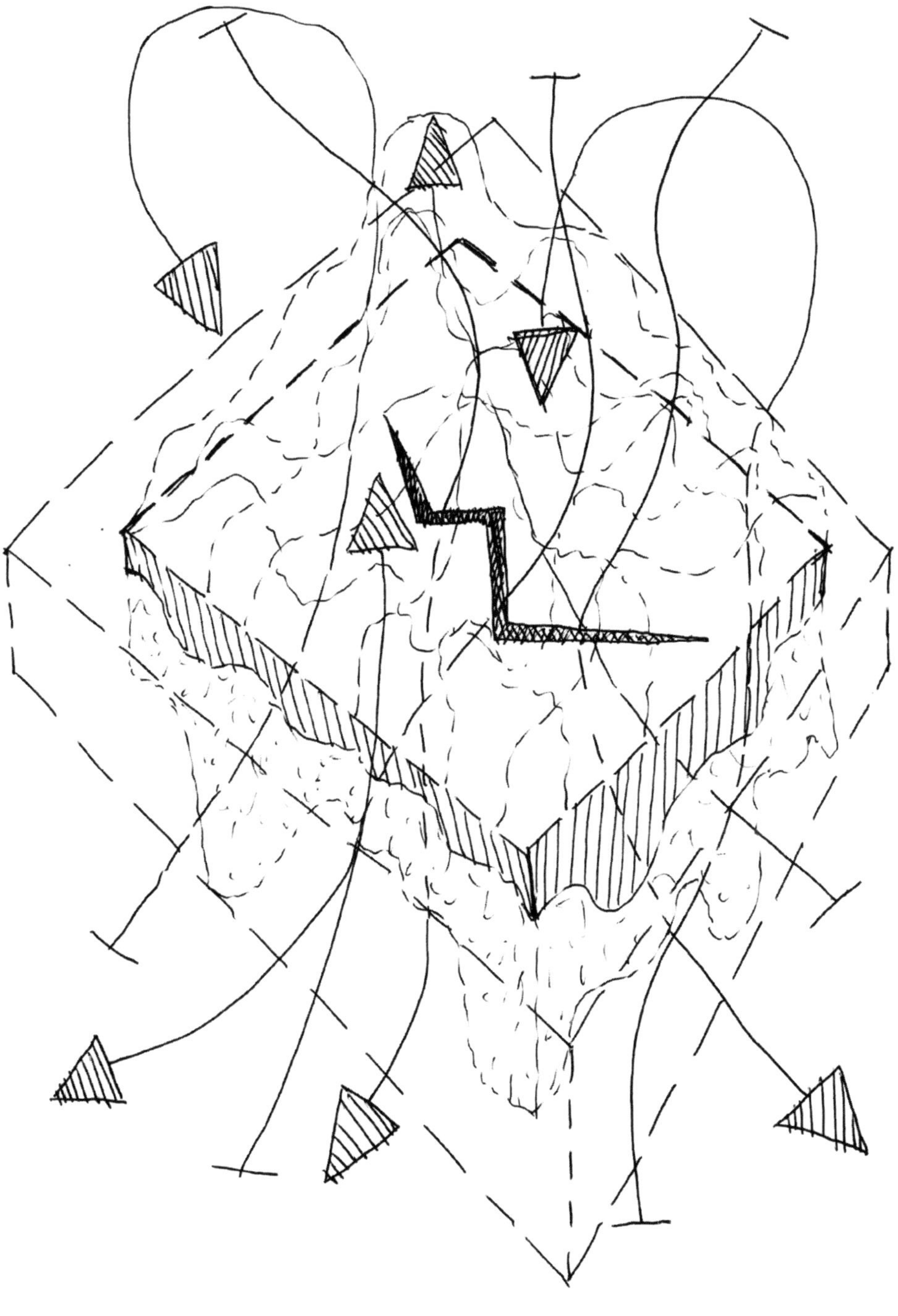

Environmental wellness

If our concern for traditional wellbeing, that is the search for a wellbeing that can harmonize the physical and psychological aspects of our bodies and our minds, should ever go back to including environmental wellbeing, considering our planet a living, active organism, as it was viewed in myth and legend, with the ability to react or adapt to the damage caused by anthropic factors and the stresses they generate, we would be forced to consider our actions of local and regional planning in totally different ways. We would have to suppose that Gea, goddess of the earth, is subject to adjusting her behavior in response to the stresses we place on her, for good or evil, by our actions. To take a different viewpoint and look at the issue on the basis of Newton's third principle of dynamics, that for every action there is a corresponding and equal reaction, might seem a more pragmatic approach, but the outcome would not change. Whether we take a poetic or a scientific view, we are facing a serious situation that demands significant change without further delay.

In this perspective, can design take responsibility for finding solutions to the traumatic injuries inflicted on the world's territories by an erroneous and constant activity of urban programming? Can the definition of a correct and ideal environmental wellness provide sufficient stimulus for the creation of practices, procedures and ways of using the land that will relieve the sense of insecurity pervading so many of our communities? In accordance with the rules of problem solving, design analyzes and tries to find good solutions for the needs of the market and consumers. Unfortunately, while often the best technical solutions for environmental hazards have the result of causing grave damage to an area, invading weaker areas, moving waterways, interrupting the resilient surface continuity of green zones, contributing to alter the response of certain places to specific, extraordinary natural events. Even a small superficial injury can facilitate the entry of an subcutaneous infection, and in the same way our indifference to an alteration of the harmonious order of complex natural structures can trigger sudden and inevitable reactions. It is better to prevent or to treat?

The most incoherent aspect in the case of natural disasters in the urban environment is the decision not to try and reverse the process and not to restore the altered state. There are, in human history, many examples of places in which unexpected disasters made it advisable to leave the site and find a more suitable abode. It is clear that all this coincides with acceptance of the error and determines the assignment of responsibilities, political duties that are difficult to take on, and that often have the effect of causing a hardening of positions, with the real risk of repeating the same mistake. In these cases, climate change rears its ugly head as primary factor, personified by M. Malaussène, who the pen of Daniel Pennac portrays as the scapegoat used to settle disputes at the Belleville Emporium, but as happens in those stories, the outcome is that dissatisfaction and anger are only momentarily abated in the face of very discursive but highly impractical actions and promises. Errors in judgment or in assessments are an integral part of scientific research, what is unacceptable is to repeat the experiments without identifying the variations that could generate different, positive results. Spreading information, sharing outcomes and highlighting risk factors are part of the process. What can we say of the results obtained in environmental behavior by a prompt, constant and reiterated information service that uses catastrophism for purely demagogic purposes? The intellectual risk is part of the natural way of acting, and the stages of the project, in their circularity and infinite repeatability only serve to emphasize its existence.

Without setting off on a difficult attempt to interpret the new environmental legislation being enacted by local governments in an effort to control at least their own area, we have to observe that they are more readily applicable to new construction and have little effect on alterations to the built environment. Thus it is clear that the only way to stimulate immediate concrete actions is to develop full ecological awareness based on knowledge of the real risks and vulnerabilities of individual sites, where postponing a definitive decision will not be considered only from the standpoint of objective and economic responsibilities. Considering the psychological and formal aspect that the solutions to environmental disasters cause in the community means not accepting that the solution to the risk is a purely technical matter. Taking account of the close relationship that exists between tragic events and the relative permanent individual and social loss and trauma will have to become a fundamental requisite, one on which art and design sensitivity can have a decisive effect, as Burri's *Cretto* at Gibellina and the new San Giorgio erected to viaduct replace the Morandi Bridge in Genova can and must teach us.

Finito di stampare nel mese di settembre 2023
presso Bieffe Industria Grafica, Recanati.